U0738378

THE GLOBAL URBANIZATION:
THE STRATEGY CHOICE OF
NEW URBANIZATION OF NINGBO

全 域 都 市 化

宁波新型城市化的战略选择

林崇建 俞建文 等著

ZHEJIANG UNIVERSITY PRESS
浙江大学出版社

序

　　城市是人类文明的摇篮,城市化是经济社会发展的强大引擎。改革开放以来,宁波历届市委、市政府接力推进城市开发建设,宁波城市框架全面拉开,城市经济蓬勃兴起,城市面貌焕然一新,城乡发展加速融合,初步形成了现代化大都市的格局。当前,宁波城市发展已站在向全域都市化迈进的新起点上。我们要紧紧围绕推动宁波跻身全国大城市第一方队这一目标,深刻领会新型城市化的内涵与特征,牢牢把握宁波城市化发展的现状与趋势,更加注重城市功能集成、城市内涵提升、城市价值开发,努力走出一条有地域特色、有质量效益、有群众口碑的新型城市化道路。

　　我们所追求的新型城市化,是以人为核心的城市化。"城市,让生活更美好。"推进新型城市化,核心是以人为本,目的是造福百姓。要把人口战略放在城市发展的首要位置,无论是城市空间布局、城市基础设施建设、城市公共服务供给,还是城市生态环境保护、土地综合利用,都要把握城市人口增长的变化趋势,深入研究不同发展阶段、不同人口规模结构条件下的人的需求。特别是要坚持以人为本的核心理念,不在追求城市化"率"上做文章,而要在城市化的"化"上下功夫,有序推进农业转移人口市民化,构建普惠均等的基本公共服务体系,让人民群众享有更好的生活品质。

　　我们所追求的新型城市化,是城乡一体的城市化。宁波推进新型城市化,面临着优化空间布局和强化功能品质的双重挑战、做强中心城区和促进以城带乡的双重任务。要深入推进"多规融合",优化资源要素配置,统筹抓好城市与农村、主城与县(市)、"一核"与"两翼"的发展,着力打破城乡二元结构,消除城市形态断层,全面提升宁波都市区综合实力和辐射带动力,加快形成以工促农、以城带乡、工农互惠、城乡一体的新型工农、城乡关系。要围绕实现农业更强、农村更美、农民更富的目标,大力发展生态农业、精致农业和"民宿经济"等富民产业,打造一批美丽乡村和特色小镇。

　　我们所追求的新型城市化,是环境友好的城市化。规模无序扩张、资源无序索取、人口无序增长的城市化，注定是不可持续的。我们不能走以牺牲环境为代价的城市化发展路子，不能"摊大饼式"地让城市无限扩张发展，而是要促进"城市轴"更加紧凑、高效，建设环境友好型城市、紧凑精致型城市。要牢固树立"绿水青山就是金山银山"的发展理念，把城市作为花园来规划，作为盆景来打造，优化功能布局，集约利用资源，狠抓生态治理，完善综合配套，让城市生活更加怡人，让城市发展更可持续。特别是要保持"五水共治"、"四边三化"、"三改一拆"、"三治理一提高"的推进强势，让绿水青山成为美丽宁波最靓丽的风景、最具竞争力的发展优势。

我们所追求的新型城市化，是产城融合的城市化。产业是城市发展的根基，没有产业的支撑，推进新型城市化就好比是无源之水。而没有完善的城市功能和良好的人居环境，就引不进、留不住人才，推进新型工业化就好比是无本之木。推进新型城市化，必须坚持产城融合，促进人口集中、产业集聚、要素集约、功能集成，走出一条新型城市化与新型工业化良性互动的发展新路子。要坚持以城聚业，加快提升城市综合服务功能，优化人居环境、商务环境和政务环境，以汇聚一流的人才、集聚一流的产业。要坚持以业兴城，加快建立以创新驱动发展为主的动力结构、以现代服务业和先进制造业为主的产业结构，做大做强城市经济，促进高端产业与高端人才"双集聚、双提升"。

我们所追求的新型城市化，是个性鲜明的城市化。城市只有保持个性特色，才能生机勃勃、丰富多彩。要立足"三江汇流"的自然景观、"书藏古今"的悠久文脉、"港通天下"的开放气魄这三大特色，对宁波城市进行"个性化定制"，走出一条有个性特色的城市化发展路子。要加快"两心一轴、三江六岸"核心景观系统建设，使之展现出与现代化国际港口城市相匹配的品位和气派。要保护好每一个古镇、古村、古街区和建筑遗存，注重在现代建筑中融入地方文化元素，使之成为凝固的艺术精品、永久的文化记忆。要主动对接服务国家"一带一路"和长江经济带建设，打造辐射长三角、影响华东片、在国际国内有地位的"港口经济圈"，推动宁波从港口国际化、产业国际化向城市国际化的转变。

浙江省委常委
宁波市委书记

2015 年 8 月

目　　录

第一章 宁波新型城市化目标导向

21世纪是城市的世纪。一个国家或地区在全球经济中的控制力和影响力,往往通过其核心城市来实现,并在很大程度上取决于这些核心城市在全球城市层级体系中的等级地位。当前,中国正处于城市化加速期,快速推进的城市化将对未来中国城市发展方向产生重大影响。党的十八大提出了"促进新型工业化、信息化、城镇化、农业现代化同步发展"的目标要求,党的十八届三中全会又提出要"坚持走中国特色新型城镇化道路"。在宁波成为国家新型城镇化试点城市的背景下,总结提炼城市化发展的一般规律,探索并走出一条符合宁波实际的新型城市化发展道路,提高城市发展水平和国际竞争力,提升在全球城市等级体系中的地位,既是宁波城市化科学发展的必然要求,也是体现国家意图的战略举措。

一、城市化发展一般规律

规律是关于事物和现象存在及其变化的内在规定性。城市化是社会经济发展到一定阶段的必然产物,它作为一种社会经济发展过程,自有其内在的规律性。遵循城市化规律是推进城市化健康发展的基本保证。城市化不仅表现为城市数目的增多、城市面积的扩大、城市人口的增加,还包括人口职业的转变、产业结构的转变、空间形态的变化,也包括人类社会的组织方式、生产方式和生活方式的变化,由此衍生出城市化不同的发展模式与发展道路。

(一)城市化概念的不同视角

自工业革命以来,城市化浪潮促进了全球经济的迅猛增长与发展。对城市本质有不同认识,各学科对城市化内涵的理解也各不相同,都根据自己的学科特点对城市化概念进行了解释,并具有其合理性(见表 1-1)。

表 1-1   城市化内涵的不同视角

学科	对城市化内涵的理解视角
人口学	注重人口迁移在城市化中的重要作用
地理学	强调城市化过程中的城市数量增加和城市地域扩大的地域空间过程
社会学	关注城市生活方式的拓展和生活质量的变化
经济学	注重从农业向非农业经济结构的转变
综合性	强调城市化是一个涵盖了人口、经济、社会、文化、景观等多方面因素的综合性转变过程

1. 人口学视角

人口学把城市看作人口高度密集的地区,人口规模和密度成为其判断城市的标准。人口学认为,人是社会活动的主体,也是城市的主体。正因为有着人的存在,城市才显得有意义。鉴于此,人口学所说的城市化是指人口城市化,即农村人口不断涌向城市的一个地理迁移现象和过程,最终导致城市人口占总人口的比重不断上升。20 世纪 70 年代末,我国即对城市化概念的内涵从人口学视角做出了初步界定,提出城市化是一个国家社会经济发展到一定阶段必然经历的发展过程,是全球性的社会现象,这种现象突出表现为农业人口向非农业人口、乡村人口向城市人口的转化与聚集。

城市化作为人口的大规模迁移和集中的过程,或者说表现为人口从相对平面分散向有限空间聚集的过程,包含两方面的内容:一是农村人口向城市集中,导致城市人口数量增加,城市人口占总人口的比例不断上升。威尔逊在其主编的《人口学辞典》中所做的解释就是"人口城市化即指居住在城市地区的人口比重上升的现象"[①]。二是城市新出生人口超过死亡人口的

---

① Wilson C. The Dictionary of Demography. Oxford:Blackwell Publishers,1986:224-226.

城市人口自然增长与农村人口向城市迁移的机械增长。

人口城市化是人类社会发展到一定历史阶段的产物,它的产生绝不是偶然的,而是社会经济发展的必然趋势,从根本上说,是社会生产力发展的结果。这种人口向城市的集中,是一种随着经济的发展和社会的进步而自发形成的且不以人们的意志为转移的客观过程,是农村的强大"推力"和城市的强大"拉力"共同作用的必然结果。从农村的"推力"角度来看,推动农业人口向城市转移的力量主要有两个方面:一是农业劳动人口迅速增加和土地资源有限性的矛盾,迫使农业人口向农业以外的产业部门转移;二是农产品收入弹性较低的现实促使农业劳动者向非农产业转移。从城市的"拉力"角度来看,城市经济的发展,经济规模的扩大,特别是城市第三产业的发展等所带来的较高的收入水平、更加方便和舒适的生活方式等因素,强烈地吸引着农业人口向城市迁移。人口城市化的这一进程,有力地促进了劳动力在地区和部门间的合理流动,在城镇中不断发展各种产业。因此,人口城市化进程是一种不断调整产业结构和就业结构的途径和手段,能够促进产业结构和人口就业结构的合理化,从而实现城市化的健康发展。

2. 地理学视角

地理学主要研究地域与人类活动之间的关系,它非常注重经济、社会、政治和文化等人文因素在地域上的分布状况。地理学所指的城市化是在一定地域范围内发生的一种空间过程,是由社会生产力的变革引起的人类生活方式、生产方式和居住方式改变的一个综合性过程。具体来说,由于社会生产力的发展,居民和产业在具备特定地理条件的地域空间里聚集,并在此基础上形成消费地域,其他经济、生活用地也相应产生,并呈现出日益集中的趋势,使地域中城市性因素逐渐扩大,从而实现聚落和经济布局的空间区位再分布的过程。从这种观点出发,地理学家一般认为城市化应该包括四个方面,即原有市、街、地的再组织和再开发,城市地域的扩大,城市关系的形成与变化以及大城市地域的形成。

经济、人口城市化反映在空间载体上,表现为农村地域向城市地域的转变、城市地域的升级、农村景观向城市景观的转变等过程。空间城市化是城市化的载体,城市化水平的推进必然会在空间上体现出来,即城市化过程在地域空间的外在表现,包括具有现代文明特征的城市载体形成和交通条件等基础设施改善等方面。因此,衡量城市化水平的单一指标除了常用的人口比例指标外,另一个常用指标就是城市用地比重指标,即以某一区域内城市建成区面积占区域总面积的比重来反映，这正是从空间城市化的角度来度量城市化发展程度的思想体现。

3. 社会学视角

社会学认为城市与乡村的区别是城市形成了一种特有的生活方式，而城市化则是农村生活方式转化为城市生活方式的过程，是由传统的农业文明转变为以现代化城市基础设施及公共服务设施为标志的现代城市文明的过程。从社会发展的角度看，城市是先进生活方式的发源地。随着社会的发展，人们产生了向城市聚集的观念和行为，并不断被吸引、纳入城市的生活组织中去，从而形成了与农村相对应的城市社会，而且随着城市发展而出现的城市生活方式也不断地被强化。因此，社会学所指的城市化强调的是人类文化教育、价值观念、生活方式、宗教信仰等社会演化过程，是社会结构的变化，是各个方面更加社会化的过程，是传统性逐渐减弱、现代性逐步增强的过程。在这种理念下，城市化不是目的，而只是一种手段，其根本目的是提高人们的生活水平，改善人们的生活质量，促进人的技能和素质提升，提高人类社会的整体发展水平，使人与人、人与自然的关系和谐发展，是对人的思维方式、生活方式、行为方式、价值观念、文化素质等方面全面改善和提高的过程。

不管是人口的集聚，还是经济活动的集聚，城市化的本质是通过追求聚集效应而改变社会经济结构和人们的生产方式、生活方式，最终实现城市现代化，提高人们的生活水平。生活方式、生活质量的城市化，属于美国学者弗里德曼所说的城市化Ⅱ。[①] 伴随着经济、产业结构、人口、空间的城市化进程，人们的生产方式、行为习惯、社会组织关系乃至精神与价值观念都会发生转变，从而形成与乡村不同的生活方式。城市化在带动农业与工业发展、促使产品的种类与数量大大增加从而丰富城市居民物质生活的同时，通过促进第三产业的发展，极大地带动了科学、文化、娱乐、教育等产业设施的建设，丰富了城市居民的精神生活。与乡村生活方式相比，城市化生活突出的特点是生活现代化和服务社会化水平较高，生活更加舒适、便利、快节奏、高效率，文化娱乐活动丰富，对外联络紧密，并且拥有较高的消费水平和较

---

① 美国学者弗里德曼将城市化分为城市化Ⅰ和城市化Ⅱ。前者包括人口和非农经济活动在规模不同的城市环境中的地域集中过程、非城市型景观转化为城市景观的地域推进过程；后者包括城市文化、生活方式和价值观在农村地区的扩散过程。

多的社会福利保障。这种城市化的生活方式,使城市更具有魅力,对乡村产生很强的吸引力。在城市化进程中,既有进入城市的人口慢慢接受、学习城市生活方式的过程,也有伴随着城市影响的扩散,周围乡村生活方式逐渐改变的过程。

4. 经济学视角

经济学把城市看作工业和服务业经济活动高度聚集的结果,是市场交换的中心,把非农业产值和非农业人口规模与比例当作城市的标准。基于这一观点,经济学着重从农业向非农业经济结构转变的角度来定义城市化,认为城市化是指不同等级地区的经济结构转换(即农业向第二、第三产业的转换)过程,特别重视资本、劳动力等生产要素的流动在城市化过程中的作用,同时也包括从全球经济体系的角度来研究国家和地区的城市化问题。美国著名经济学家库兹涅茨就是其中的代表,他认为,经济结构变化最重要的是产品的来源和资源的去处从农业活动转向非农业活动,即工业化过程;相应地,城市和乡村之间的人口分布发生了变化,即城市化过程。[①] 美国经济学家沃纳·赫希则认为,城市化是指从以人口稀疏并相当均匀遍布空间、劳动强度很大且个人分散为特征的农村经济,转变成为具有基本对立特征的城市经济的过程[②]。在利润最大化动机下,经济活动具有一种空间集中的向心力。但这种经济活动的集中倾向并非主要以空间位移来表现,而主要以生产的空间组织和企业之间联系的变化来表现。城市化进程中经济活动的这种集中倾向,最终将在空间上形成经济活动聚集。

城市化是一个人口迁移的过程,还是一个经济活动和资源要素集聚的过程。因为随着人口集中于城市,经济活动也相应集聚于城市之中。这种经济活动的集聚,主要表现在以下几个方面:一是生产的集聚,生产的集聚首先表现为第二产业的集聚,随后表现为第三产业的集聚;二是要素的集聚,这是因为城市不仅能为人们的交换提供功能完备的市场体系和交换所需的各种中介服务机构,而且还能提供交换所需的便利的交通条件和灵通的信息条件;三是消费的集聚,人口集中、产业集聚和交换集聚,必然使消费活动集聚。集中消费与分散消费相比有着本质的不同,主要表现为集中消

---

① 　西蒙·库兹涅茨:《现代经济增长》,戴睿、易诚译,北京经济学院出版社 1989 年版。
② 　沃纳·赫希:《城市经济学》,刘世庆、李泽民、廖果译,中国社会科学出版社 1990 年版。

费不仅能促成消费潮流的产生,从而形成消费方式社会化效应,而且具有降低消费成本的功效;此外,集中消费还能衍生出新产业,例如教育、文化、娱乐、健身、保健等。

同时,经济城市化还是城市化的动力之一,在市场经济机制的作用下,经济城市化的实质是分工、专业化生产以及减少交易成本的结果。分工与专业化生产使劳动生产率提高、技术进步以及分工链加长(或中间生产部门增加),导致协作关系的重要性、依赖性加强,表现为两方面:一是劳动生产率提高以及技术进步使生产规模扩大,即出现规模经济;二是分工链延长或中间生产部门增加使一定空间范围内集中了众多的经济活动,也就是聚集经济。经济城市化中最直接的推动因素是工业化,而服务业等第三产业则是城市化向更高层次深入的表现。以工业化为基础的城市聚集经济活动具有突出的空间密集性,在这里,聚集可以理解为经济要素和相关经济活动处于相对密集的状态,对应于经济要素和经济活动的密集型空间组织与资源配置结构。因此,必然会对工业化所必须依赖的共同资源、交通运输、市场以及为生产和生活服务的各种基础设施增加投入,形成相互促进的关系,从而使城市规模扩大,或新的城市建立。

5. 综合性视角

随着各学科对城市化理论研究的不断深入,以及学科间的相互渗透与交叉,不少学者致力于探求具有综合性的、为大家普遍认同的城市化定义。如罗西在《社会科学词典》中认为城市化一词有四个方面的含义:一是城市中心对农村腹地影响的传播过程;二是全社会人口逐步接受城市文化的过程;三是人口集中的过程,包括集中点数量的增加和每个集中点的扩大;四是城市人口占全社会人口比例的提高过程。[①] 而美国学者弗里德曼则将城市化分为两个过程,前一过程包括人口和非农经济活动在规模不同的城市环境中的地域集中过程、非城市型景观转化为城市型景观的地域推进过程,这一过程是可见的、物化了的或实体性的过程;后一过程包括城市文化、城市生活方式和价值观在农村地域扩散的过程,这一过程是抽象的、意识或精

---

① 参见许学强、朱剑如:《现代城市地理学》,中国建筑工业出版社 1988 年版,第47 页。

神上的城市化,即文化层次上的城市化。[①]

综合国内外学者的观点,城市化是一个涵盖了人口、经济、社会、文化、景观等多方面因素的综合性转变过程,是人类社会从传统社会向现代文明社会的全面转型和变迁的过程。其内涵应包括两方面:一方面是指变农村人口为城市人口、变农村地域为城市地域的过程,即城市化的数量过程;另一方面,城市化的根本在于城市的经济、社会、技术变革在城市层级体系中的提升并扩散进入乡村地区,以及城市文化、城市生活方式和价值观等城市文明提升并在农村地域的扩散过程,这是城市化的质量过程。

(二)城市化演进的不同阶段

城市化的直观表现是人口和经济社会活动在特定的相对狭小地域范围内的集聚。从更广的视角看,城市化是一个国家(地区)走向现代化过程中同步发生的多维结构变化中的一维。凡是成功实现现代化的经济体,其城市化水平和质量都达到了较高水平。成功迈入现代化行列的国家(地区)的历史经验表明,城市化不是一个线性均速发展的过程,而是历经了不同的发展阶段。

1. 城市化发展的三个阶段

世界城市化的进程大致经历了三个阶段:一是工业革命前时期(1850年以前)。早期城市因生产力水平不高,可提供城市居民需要的农副产品数量有限,所以城市发展受到限制。那时城市数目少、规模不大,城市人口比重小,主要分布在灌溉发达、利于农业生产或便于向周围征收农产品的地带。早期城市主要为行政、宗教、军事或手工业中心。这个阶段延续的时间最长,城市人口增长缓慢。公元 100 年全球城市化率约为 4.7%,1850 年也仅为 6.4%,将近两千年的时间里,城市化率只提高了 1.7 个百分点。二是工业社会时期(1850—1950 年)。18 世纪中叶开始,迎来了城市发展史上一个崭新的时期。在工业革命的浪潮中,城市发展之快、变化之巨,超过了以往任何时期。工业化带动城市化,是近代城市化的一个重要特点。因工业革命而兴起的大规模生产,吸引并聚集了大量人口,促进了城市形成和扩大。欧美国家城市数目激增,城市规模快速增长,英国在 1900 年城镇人口

---

① 参见康就升:《中国城市化道路研究概述》,《学术界动态》1990 年第 6 期,第 56—59 页。

比重达到 75％，成为世界上第一个城市化国家。近代世界城市化的又一特点是亚非国家城市化的兴起，出现了一元的封建城市体系向封建城市与近代城市并存的二元结构转化。世界城市体系的出现是近代城市化的第三个特点。1950 年，世界城市化水平上升到 29.2％。三是当代世界的城市化（1950 年至今）。第二次世界大战后，城市化开始形成世界规模。因为从 20 世纪 50 年代到 70 年代初期，资本主义国家经济增长较快，殖民地半殖民地国家取得政治独立以后，经济上也有一定发展，这一切大大加快了世界城市化的进程。截止到 2011 年，全球总人口 69.74 亿，生活在城市的人口 36.32 亿，城市化达到了 52.1％。发展中国家成为推动世界城市化的重要力量。1950—2011 年期间，发展中国家城市化率水平提高 28.9 个百分点，高于发达国家和地区近 6 个百分点。这个阶段全球城市规模结构体系演变的主要特点是特大城市集聚的人口比重越来越大，超大规模城市数量增幅显著。2011 年全球超过 1000 万人口的城市数量为 359 个，比 1970 年增加了 8 倍多；占全部城市数量的比重也由 1970 年的 2.8％增长至约 9.9％。与此同时，低于 50 万人口的城市尽管数量有所增加，但这些城市人口占总人口比重由 1970 年的 61.6％降至 2011 年的 50.9％，下降了约 10 个百分点。

根据发达国家的城市化经历，一个国家或地区的城市化过程大致呈一条拉平的 S 形曲线。当人口城市化水平达到 30％左右时，进入快速发展阶段，达到 70％左右时，进入相对稳定阶段。发达国家的城市化过程至今经历了四个阶段：一是集中趋向的城市化阶段。该阶段城市化的主要特征是中心城市人口和经济迅速增长，特别是市中心城区形成高度集聚。二是郊区城市化阶段。这个时期城市化的特征是，在工商业继续向城市，特别是大城市中心集中的同时，郊区人口增长超过了中心市区。三是逆城市化阶段。在郊区城市化继续发展的同时，中心市区显现衰落景象，出现人口净减少。四是再城市化阶段。中心市区经济复兴，人口出现重新回升。

2. 传统城市化与新型城市化发展模式比较

改革开放以来，快速的城市化进程为中国经济社会发展提供了强大的动力，城市的聚集效应和规模经济极大地提高了资源配置效率，有力地促进了经济的快速发展和人民生活水平的提高。然而，传统模式的中国城市化进程在取得显著成效的同时也产生并带来了许多矛盾和问题。伴随着对我国传统城市化发展的反思，关于新型城市化的研究逐渐受到国内学者和政府的广泛关注。我们认为与传统城市化发展模式相比，新型城市化"新"在以下几个方面(见表 1-2)。

表 1-2　传统城市化与新型城市化发展模式比较

模式	传统城市化	新型城市化
城市化理念	以物为本	以人为本
城市化目的	GDP 增长、地方财政增收	人的全面发展与幸福、城市竞争力提升
城市化核心内容	人口由农村向城市的空间转移	人口转移与结构转型相结合
城市化方式	粗放、外延式、注重城市规模扩张	集约、内涵式、注重城市质量提升
基本动力	以工业化为主要动力	新型工业化、信息化融合推动
城市空间	"摊大饼"式无序蔓延,注重产业功能空间扩张,忽视生活功能空间配套和完善	精明增长,空间紧凑,更加强调居住和生活空间的营造和完善,以及城市功能提升
城市建设管理	贪大求洋,资源大量消耗,环境恶化,千城一面,缺乏特色,重建设轻管理服务	环境友好,优美宜居,传承区域文化,生活舒适方便,充满人情味,基本公共服务有保障,注重城市管理服务
城乡关系	城乡对立,二元分割,城市繁荣,乡村凋敝,外来人口的半城镇化	统筹城乡,城乡共赢,公共服务均等,共同富裕,外来人口融合、市民化
区域关系	单兵作战,各自为政,恶性竞争	区域合作,协同发展

注:相关内容主要参考梁桂全:《广州新型城市化发展道路研究》,广州出版社 2012 年版。

(1)城市化发展理念

传统的城市化道路凸显了以物为本、见物不见人、以 GDP 为纲的观念,以至于追求物质财富的增加,甚至是追求 GDP 和地方财政收入的增长,成为城市化发展的基本导向。而新型城市化以科学发展观为引领,树立以人为本的基本理念,回归城市化的本质内涵,明确人是城市的主体,人的全面发展和幸福是城市化的终极目标。城市的人要能平等地享受到基本公共服务,要更加重视农民工的利益诉求,不断促进外来工市民化,使之充分分享现代城市文明成果,实现外来工与本地人口的大融合。在整个城市化过程中,规划为人而设计,交通为人而建设,环境为人而美化,资源为人而优化,人在城市中可以找到归宿感。总之,一切都从人的需求、人的尺度、人的视角出发,坚持城市发展为了人民、城市发展依靠人民、城市发展的成果由人民共享,更加注重改善民生,更加注重生态环境建设,更加注重人文关怀,更加注重共同富裕,建设人民群众共享的美好家园。

(2)城市化的核心内容

传统城市化强调的是人口由农村向城市的空间转移,属于外延式的城市化。而新型城市化发展是人口转移与结构转型相结合的发展模式,更加强调城市化过程中的结构转换,即地区经济社会结构由传统社会向现代社会的转型。新型城市化发展是人们生产与生活方式由农村型向城市型的转化,是一种产业结构及其空间分布结构的转化,是传统劳动方式、生活方式向现代化生产与生活方式的转化,以及城市文化、城市价值观在地域上的扩散,生产和生活文明程度不断提高、不断现代化的过程。

(3)城市化发展方式

传统的城市化发展方式以粗放型为主,强调城市规模扩张,可持续性差。城市建成区面积扩张速度远远快于城镇人口增加速度,城市扩张低密度化和分散化,环境承载力也难以为继,资源环境面临严峻挑战。而新型城市化坚持集约化、生态化的可持续发展方式,充分利用现有城市物质基础,整合城市内部各组成要素,完善城市结构,强化城市内涵和提升城市功能;注重人口、产业、生产要素等在数量和规模上的增长与扩张,更强调通过紧凑城市来提高人口的居住密度和经济集聚度,以实现节地、节材、节水、节能,实现城市质量的提升以及人口、经济、自然的协调发展;不仅要考虑经济利益,更要考虑社会、环境和资源利益;不仅要满足当代人的需求,更要符合子孙后代的利益。

(4)城市化发展基本动力

产业发展特别是非农产业发展是城市化最基本的动力。传统城市化的基本动力来源于重物轻人、粗放发展的传统工业化,主要通过招商引资和工业园区、开发区建设推进工业产业发展,而现代服务业发展滞后,导致城镇化的推动力失衡。新型城市化发展以新型工业化为基本支撑,按照资源集约高效利用的要求,注重产业的合理布局与配套集群发展,特别注重发挥具有圈套优势的先进制造业、战略性新兴产业,以及现代服务业等主导性高端产业对城市化的驱动作用;注重生产方式和工艺流程创新升级,从而催生城市化的新理念和模式,推动城市向数字城、信息城、智能城、知识城方向发展。

(5)城市空间结构模式

传统的城市化在城市规模扩张上,往往盲目地拉大城市框架,"摊大饼"

式无序蔓延,注重产业功能空间扩张,忽视生活功能空间配套和完善,导致空间布局不合理、城市功能缺失与紊乱、城市人口过度集中与分散并存、交通拥堵等"城市病",现代城市社会的优越性难以得到充分体现。新型城市化将更加强调居住和生活空间的营造和完善,以及城市功能的提升。在空间布局上,按照精明增长理念,促使城镇地理空间优化、中心城市与卫星城镇共同繁荣,努力推动形成"多中心、组团式、网络型",紧凑高效的城市空间格局。

(6)城市建设管理

传统的城市化往往重开发建设而轻管理服务,导致不少城镇脏、乱、差现象严重,交通拥堵问题日趋严峻,公共服务设施闲置、低效运转等问题日益凸显。城市建设贪大求洋,热衷于大规模的新区开发,大广场、大马路、大绿地和豪华行政中心等政绩工程或形象工程建设,导致千城一面,资源大量消耗,城市建设缺乏人文气息和个性特色。新型城市化应把改善管理服务作为提高城市化质量的核心,加强城市服务管理,为居民提供完善、优质的基本公共服务,丰富公共服务的层次,营造生活舒适方便、包容多元文化、富有亲和力和归属感的城市居民生活环境。在城市建设上重视城市文化传承,依托城市的生态特色、历史文化和城市风貌形成个性化的产业、生态、文化和人居环境。

(7)城乡关系

传统的城市化以重城轻乡为基本发展取向,城乡二元结构明显,矛盾突出,城乡居民收入以及享受的各项福利待遇差距依然悬殊,城市的成长繁荣与农村的落后衰败并存。大量农民工由于没有获得市民身份,无法在就业、教育、社会保障、公共服务、住房等诸多领域享受与城市居民同等的待遇。新型城市化坚持统筹城乡发展,把城市化与新农村建设、促进农村人口转移以及发展农村经济结合起来,走城乡共同繁荣的路子。改变制约城乡统筹发展的体制性因素,实现城乡良性互动合作,促进城市基础设施向农村延伸、基本公共服务向农村覆盖、城市现代文明向农村辐射。

(8)区域关系

在以行政区为单位的经济社会治理模式下,传统的城市化发展模式直接导致区域内城市间缺乏功能性区分,产业同构,重复建设严重,资源配置低效,直接影响到城市职能的发挥,削弱了城市群的综合竞争力。新型城市化要求在全球化背景下,顺应区域和城市竞争发展的新趋势,破除行政壁垒,引领区域一体化发展,并以此不断强化城市的区域管理和服务中心职能。

(三)城市化发展的不同道路

一般而言,相近的区域,由于其历史、经济、文化以及自然条件具有类似的特征,区域内的城市化发展道路非常相似。但对于不同的区域,特别是处于不同发展阶段的区域,其城市化发展道路往往不尽相同。城市区域在经济基础、区位条件、资源禀赋以及城乡发展现状等方面的差异,决定了不同区域的城市化道路是多样的、有差别的。纵观世界各国和地区不同区域的城市化实践,城市化发展道路主要有以下几种类型(见表1-3)。

表 1-3　城市化不同发展道路比较

道路选择	全面城市化	全域都市化	农村城镇化
发展基础	少数中心城市地域大、功能强,郊县面积相对较小的城市区域	中心城市实力较强,其县域的城镇发展基础好、潜力大的城市区域	县域经济相对较弱,农村地区面积大、城市的辐射和带动作用有限的地区
发展特点	把郊县逐步拓展为大都市的城市腹地,城区面积不断扩张直至消灭农村	以中心城市为主体,周边中小城市为支撑,周边的农村地区逐步成为城市郊区,形成网络都市格局	通过乡镇企业成长和劳动力转移,促进城乡之间的要素资源的合理流动,实现城与乡的共同发展
典型区域	美国纽约、中国上海	日本东京、中国宁波、中国厦门	中国珠江三角洲区域

1. 全面城市化

全面城市化是指对于少数中心城市地域大、功能强,郊县面积相对较小的城市区域,通过把郊县逐步拓展为大都市的城市腹地,城区面积不断扩张直至消灭农村的过程。这也是一种以边缘城市发展为主的城市化道路。边缘城市是指位于原中心城市周围郊区新发展起来的商业、就业与居住中心。它是人口、商业及就业等多种因素综合作用的结果。这一发展道路的典型是20世纪五六十年代的人口居住郊区化、70年代以超级市场为代表的商业郊区化的美国城市发展道路。

人口郊区化是全面城市化道路的直接推动力。随着城市化进程的推进及中心城市的集聚发展,中心城市成为各种社会、经济及环境等问题的集聚地。与中心城区形成鲜明对比的是,郊区因空气新鲜、环境良好等因素吸引了越来越多的城市居民。此外,交通基础设施的改善、轿车的普及方便了人们中长距离的通勤,促成了居住在郊区和周边农村、就业在中心城区的基本城市结构。

商业的扩张是全面城市化的孵化器。大量人口的外迁和郊区、周边农村居民融入城市,也导致了对商业及服务业外迁的需求,由此带动了郊区商业的兴起和发展。众多新商业设施在郊区涌现,其典型形式是城市商业综合体。这些城市综合体的形成,促成了相关行业的集聚,尤其是促进了娱乐、餐饮以及各项服务业等各种以大量人流为基础的行业的集聚。

此外,产业的信息化、弹性化、分散化丰富了郊区的功能。当今美国正处于由福特制工业生产向现代信息经济转变的阶段,生产方式小而专、经济控制权力集中化与重构、生产的国际化和分散化以及生产组织弹性化是其重要特征。一方面,信息产业及高新技术产业已成为全美经济中最为活跃的一部分。这些产业在空间布局上具有较强的灵活性。另一方面,依托便捷的交通、通信手段,传统产业也大大减弱了对中心区位的需求,对环境的要求日益提高,郊区良好的环境正符合新的需求特点。

2. 全域都市化

对于中心城市实力较强,其县域的城镇发展基础好、潜力大的城市区域,则应选择全域都市化。就是形成以中心城市为主体、周边中小城市为支撑的区域性城市网络,周边的农村地区逐步成为城市郊区,规模不等、分工有序、功能补充的中小城市将吸纳各自周边的农村人口和产业集聚,形成较高程度的集聚,进而实现网络都市格局。

全域都市化是城市发展到一定阶段的产物,都市区是由中心城区和外围地区共同组成并以中心城区为核心的新的城市空间形态,是中心城区与外围地域共同形成的具有紧密社会经济联系的城市功能性地域。全域都市化可使区域发展既有其外在规模上的特殊性,又有其内在功能上的独特性。与非都市区比较,都市区拥有相对健全的生产与服务体系,有规模化的都市型工业、外向型经济体系和高等教育与科研开发机构以及产业化基地,集聚了一定数量的区域性公司的管理机构,具有较高的融资能力。随着我国城市化的加速和城市的迅速扩展,全域都市化已经成为一种重要的城市化道路。我国面临城市化进程的跨越,正处于以都市区化带动城市化的新城市时代。

新的发展时期,城市区域将从传统中心地型城市体系走向现代网络城市。网络城市由规模不等的城市功能性结点构成,不同结点组合形成独特而富有活力和弹性的交流创新环境。城市空间不是各个城市功能结点区域的简单堆砌,而是走向有序发展和多元化。网络城市能比同等规模的中心地型城市享受到更大的多样性和创造性,更少的交通堵塞和更多的区位自由,地方的积极性也将得以进一步的施展。更为重要的是,网络城市有助于调解与疏解原有中心城市在功能或人口等方面的压力,解决资源紧缺问题,其竞争优势已在众多国际性城市中得到验证。根据众多国际性城市的发展经验,随着城市规模的扩张,城市功能日益多元化、复合化。自 20 世纪 70 年代以来,国际性城市的功能空间系统已经由原来的单中心结构进入多中心网络化发展阶段。例如,东京在丸之内 CBD 外,先后兴建新宿、涩谷、池袋、临海等 4 个副中心;上海新一轮城市总体规划提出建设松江、青浦、南桥、城桥、嘉定、宝山、闵行、惠南、金山、空港、海港等 11 座新城。

全域都市化发展使得中心城市和外围副中心组团之间联系密切,通常都有较清晰的职能分工与协作,具有统一的公共基础设施,构成有机网络。通过积极引导,生态空间将受到良好的保护与维持,信息网络系统和交通网络系统将在区域范围内得到整合,并有助于网络化大都市地区的形成与完善。全域都市化不仅强调大都市区整体功能在大区域的集聚与辐射,同时也重视其中心市区在空间上对小地域的直接扩散与带动;不仅将放大和强化传统城镇体系模式下中心城市的功能,也将通过功能与空间的有机疏解解决中心城市存在的环境约束问题,而且还将其力量所及的区域有机整合,形成城乡高度一体化的发展态势。

3. 农村城镇化

对于县域经济相对较弱,农村地区面积大、城市的辐射和带动作用有限的地区,农村区域的发展将在很大程度上担负起缩小城乡差距的重任,通过乡镇企业成长和劳动力转移,进而加快农村城镇化的进程,促进城乡之间的要素资源的合理流动,实现城与乡的共同发展。在中国城市化实践中,珠三角地区城市化具有典型意义。改革开放以来,珠三角地区经济发展迅速,城市化进程明显加快,成为当今中国最富有经济活力的地区之一。珠三角地区在城市化进程中,存在农村兴办乡镇企业和城市吸纳农村劳动力转移两种交互影响的现象。

珠三角地区乡镇企业的兴起,给农业人口提供了大量的就业机会,使他们逐步摆脱原有相对落后的生产和生活方式,进而融入城镇生活体系中。尤为重要的是,该地区在体制创新和比较优势的基础上,通过产业的集聚和扩散,创造了一种自我反馈推进的城市化道路。伴随着企业规模的扩大和企业数量的大幅增加,转入乡镇企业从事生产经营活动的农村劳动力人数大大增加,直接推动了农村城镇化进程。以制造业为主的小工业区、产业街等产业载体在自我积累的同时,人口大量集中,消费市场的不断扩张和基础设施需求的膨胀等因素推动城建、运输、服务等其他产业的发展,进一步吸引周边地区劳动力、资金、技术等要素向该地区集中,从而推动了农村城镇化进程。

同时,农村劳动生产率的提高,以及限制人口流动的政策的松动,为农村劳动力进城提供了可能。大量外来人口进城谋生,促进了城市规模的扩张和城市人口的增加。

采取什么样的城市化发展道路受不同国家或地区多重因素的影响和制约,包括历史、政治、经济、人口、文化、地理环境、资源禀赋以及在全球经济一体化中所处的地位等。因此,城市化发展道路的选择并非只是一个城市化发展模式的简单定位问题,而是涉及诸多条件的综合考虑。从本质上讲,这些因素或条件的不同就从最基本的层次上客观地、内在地决定了城市化发展道路具体类型的差异性,即不同国家或地区所具备的因素或条件的特质性决定了不同的城市化发展道路。我们虽然强调在选择城市化发展道路时必须十分注重对区域特点的研究,但绝对不是说在选择城市化发展道路时仅仅拘泥于本土的个性特征,拒绝参考其他国家或地区在城市化过程中的经验和教训。相反,我们非但不能这样做,而且必须要把二者有机地结合起来。概而言之,城市化发展道路的选择既要参考世界城市化发展进程的一般规律、国内外城市化发展道路的得失,又要结合现阶段的国情、省情、市情,同时还必须考虑到未来城市化发展过程中所要面临的任务和挑战,因此,城市化道路的选择必须注重现实性和前瞻性的统一。

二、宁波新型城市化的战略地位

在国家全面推进新型城镇化的历史条件下,宁波应抓住国家新型城镇化综合试点的契机,进一步将新型城市化提升为城市发展的主战略,走全域都市化发展道路。全域都市化目标导向的新型城市化道路是宁波顺应城市发展规律的选择,也是破解宁波发展难题的有效途径,更是推动宁波新一轮发展的现实动力。

(一)顺应城市发展规律的必然选择

新型城市化仍具有巨大的发展空间。从数量来看,当前宁波城市化率接近70%,其中仍有1/3左右的城市常住人口没有全面享受市民待遇,根据经典城市化理论判断,宁波仍处于城市化的加速发展阶段;从质量来看,城市化进程中宁波城乡统筹发展水平达到浙江省第一,但区域差距、城乡差距仍然较大,社会发展滞后于经济发展,这正是新型城市化需要着力解决的问题。为此,必须抓住机遇,努力提高新型城市化的质量和水平,推进宁波现代化国际港口城市建设。

新型城市化的本质是提升生活品质。城市是人类为满足自身生存和发展需要而形成的,在现实中这种需要集中表现为生活品质的提升。从覆盖人群看,新型城市化不仅有利于推动宁波本地农民转化为市民,而且也将有序促进外来务工人员进城,高品质的城市公共服务将覆盖更为广泛的人群;从发展内容看,新型城市化更加注重城市文明、社会民生、生态环境等方面,其实质就是为了满足人的多方面、多层次的需要,真正实现城市以人为本的要求。

新型城市化在"新四化"中起着引领作用。新型城市化能有效集聚大量的技术工人和专业人才,这为工业转型升级提供了必要的创新要素和人才资源,而新型城市化带来的消费能力提升也为工业化创造了市场需求;新型城市化对农村剩余劳动力具有较强的吸引力和容纳能力,而农村劳动力的转移将为农业规模化、现代化经营创造条件;新型城市化可为信息化提供发展场所和活动空间,并带动信息产品的需求。由此可见,新型城市化在"新四化"中具有牵一发而动全身的统领地位。

(二)破解宁波发展难题的有效途径

新型城市化有利于解决市域发展空间散乱的问题。市域发展空间散乱,不仅是对资源的严重浪费,而且不利于城市功能的整合提升,因此需要走集约高效、统筹发展的新型城市化道路。新型城市化强调城乡互促共进发展,通过城乡规划、基础设施、产业布局、公共服务和社会管理的一体化,促进城市建设与新农村建设的协调发展;新型城市化强调大中小城市和小城镇协调发展,对宁波来说,就是要构建"一核多节点"的城市空间布局,促进中心城市、节点城市和村镇居民集聚点的协调发展。

新型城市化有利于缓解日益严重的资源环境制约。改革开放以来,宁波城市化进程快速推进,但由于发展的集约化程度不高、粗放型特征明显,导致资源环境的约束越来越显著。新型城市化着力走低碳环保的绿色生态发展道路,有利于形成经济发展和资源环境保护之间的"双赢"局面。新型城市化强调集约高效,可充分发挥空间聚集优势,强化对土地、资金、能源等资源利用的规模效应,减少经济发展对资源能源的消耗;新型城市化强调环境友好,不仅要加大污染治理和生态建设的力度,而且更要从源头上减少污染排放,促进人与自然和谐相处。

新型城市化有利于破解产业转型升级困难的局面。新型城市化可产生集聚效益、规模效益和分工协作效益,通过加大对资源整合的力度,进一步提高产业布局的集中度;新型城市化强调产城融合,围绕产业集聚区进行城市基础设施和公共服务的配套,有利于人才、信息、资本、科技等生产要素的集聚,强化产业创新发展的要素支撑;新型城市化不仅能够推动教育、医疗等公共服务的发展,也能够推动商贸、旅游等消费型服务业和金融、保险、物流等生产型服务业的发展,带动宁波从工业经济向服务经济转型升级。

(三)推动宁波新一轮发展的现实动力

新型城市化是宁波扩大内需的最大潜力。新型城市化将带动大量农村人口转移到城镇,伴随收入的提高和生活方式的改变,居民消费结构升级和消费方式转变,从而带来消费需求倍增;新型城市化将产生庞大的城市轨道交通、供水供电、环保通信、教育医疗、文化娱乐等基础设施、公共服务设施以及住房建设需求,政府投资和民间投资都将明显增加,带动多个相关产业的发展,有助于消化过剩产能,为宁波扩大内需提供"弹跳板"。

新型城市化是实现"人才红利"的有力依托。新型城市化内在要求提高劳动生产率,通过"机器换人",倒逼劳动者提高素质和技能,为推动宁波产业升级提供基础人力资源保障;新型城市化注重提升宜居宜业水平,通过加快完善城市功能和人文生态环境,提高对高素质人才的吸引力,实现宁波发展从"人口红利"向"人才红利"的转变,为宁波实施创新驱动战略提供有力的智力支持。

新型城市化是宁波全面深化改革的重要契机。新型城市化要求实现农业转移人口市民化,必须协调推进户籍制度、土地制度、财税体制、住房和社会保障制度等系列配套改革,以解决农村人口转移所面临的制度性障碍;新型城市化要求实现城市建设管理创新,必须加快推进城市建设投融资机制、行政区划优化、中心城市与节点城市财权事权匹配等改革,这为贯彻落实党

的十八届三中全会精神、加快破除制约城市发展的深层次体制机制问题提
供了新的契机,释放宁波新一轮发展的"改革红利"。

三、宁波全域都市化的发展框架

　　宁波新型城市化的目标就是要推进全域都市化,通过市域统筹、城乡一
体、整体谋划,经过十年左右的发展,形成"网络布局的大中小城市共同承担
独特功能、城乡基础设施按现代城市标准对接联网、特色化产业集群有机根
植于城市体系、城乡居民共同享受高水平均等化品质生活、政府更好地发挥
作用、多元主体共同参与城市运行"的格局。简言之,就是形成空间布局网
络化、基础设施同城化、城市产业融合化、居民生活品质化、城市运行高效化
的现代化城市格局(见图 1-1)。

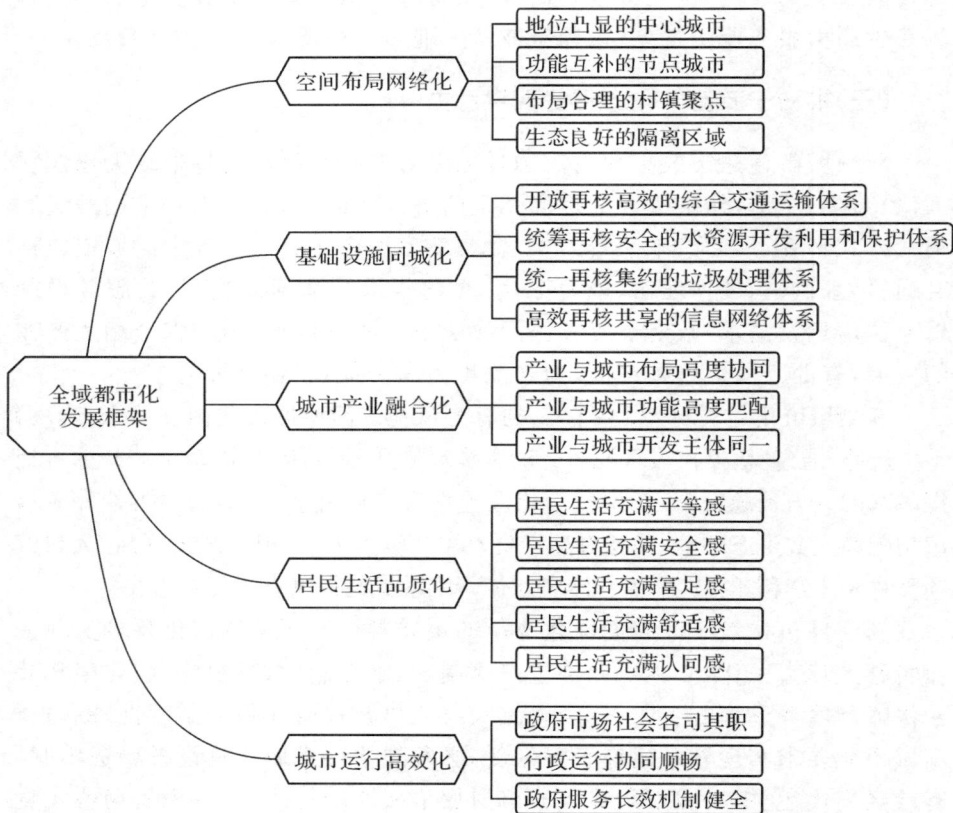

图 1-1　全域都市化发展框架

(一)空间布局网络化

空间布局网络化,就是形成由良好的生态隔离带和永久性基本农田承担生态功能,以控制功能强大的中心城市为核心、以功能独特的中小城市为节点、以宜居的村镇集聚点为基础的"一核多节点"网络化的三级城镇体系。空间布局网络化是全域都市化的空间载体,其目的是通过空间结构的优化和调整,解决由于内外功能不平衡而产生的种种大都市问题,如城镇职能的雷同和重复、旧城有机更新缓慢、新城建设散而不充分等问题,在区域层面上获取整合效应,以提升城市化质量和城市空间效率。

地位凸显的中心城市。中心城市成为高端要素、高端产业的集聚高地。中心城市具有较强的辐射影响力,在金融、教育和科技等方面具有强大的跨区域服务能力。中心城市具有较为发达的高技术产业、现代服务业和总部经济。

功能互补的节点城市。节点城市由县(市)城、有条件的产业园区和部分卫星城、中心镇、特色镇等区域构成。各节点城市具有现代城市的基本功能,根据不同区位条件、发展基础和潜力,确定主导产业、人口密度、城市定位,集聚、吸引周边要素,营造都市能级的特色功能。联动发展,充分发挥网络城市的范围经济和实现整体的协作效应。

布局合理的村镇集聚点。村镇集聚点由一般镇(乡)驻地和中心村组成,构成新型城市化的基础区域,以居民生活服务为核心定位,发展相关生产和生活服务业,配套城市基本公共服务。

生态良好的隔离区域。生态隔离区由生态隔离带和永久性基本农田组成。确定市域生态保护红线,保护利用好已有的自然山体、河流、湖泊、湿地,规划建设人工生态隔离带,切实发挥其在城市功能组团中的天然屏障作用。严格保护耕地和基本农田,实现现代农业发展与生态保护双赢目标。

(二)基础设施同城化

基础设施同城化,就是道路交通、供水、供电、通信、信息、环保等基础设施逐步实现城乡对接和区域联网,按城市标准统筹规划、建设与运营管理,形成区域、城乡之间基础设施的互联互通、共建共享体系。基础设施同城化是全域都市化的基础支撑,旨在解决路网布局、给排水设施、环保基础设施、信息网络等方面存在的短板,有效促进公共服务共享和资源要素整合,实现基础设施有效对接、互联互通。

开放、高效的综合交通运输体系。形成覆盖城乡、线路布局合理、各种运输方式紧密衔接、辐射能力显著的综合交通基础设施网络。形成以市域轨道交通、高速公路为骨架的内外对接的交通网络;形成以城市轨道交通、快速路为骨架的中心城市交通网络,形成覆盖城乡、线路布局合理、运行高效的市域一体化公交客运体系。

统筹、安全的水资源开发利用和保护体系。创新水务管理体制,统筹全市自来水生产及输配业务、污水收集处理及排放、水务投资与运营、水务设施设计及建设等业务,实现市域农村水利与城市水务的一体化保护与发展;城市供水水质综合合格率达到100%,实现城乡供水的同网、同质、同价;提高防洪、排涝的建设标准,防止重大内涝灾害发生,全面建成人水和谐的城乡水利防灾减灾体系。

统一、集约的垃圾处理体系。打破行政区划限制,建立市域统一规划、合理布局、共建共享的生活垃圾处理设施;城市生活垃圾分类收集处理体系健全,"村收集、镇转运、县处理"的生活垃圾收运处理体系全面建成、高效运行,医疗等废弃物分类收运和集中处理全面实现,城乡垃圾资源化利用和无害化处理走在全国前列。

高效、共享的信息网络体系。推进基础通信网、无线宽带网、数字电视网、电子政务网络等基础设施的共建共享;建成以"宽带、泛在、融合、安全"为标志,以"城乡一体、全面覆盖、百兆到户、无线城市、功能提升、满足应用"为目标的智慧城市信息基础设施。

(三)城市产业融合化

城市产业融合化,就是以特色产业集群和合理城市布局为基础,通过整体谋划、分类推进,把特色产业集群有机根植于城市体系之中,实现目标统一、布局合理、生产生活生态功能匹配、开发管理主体同一,形成产业与城市共生共利、持续发展的格局。城市产业融合化是全域都市化的核心要素,旨在解决人口的集聚和产业的布局不协调问题,实现就业结构与人口结构的匹配。

产业与城市布局高度协同。增量产业布局于不同层级的城市产业集聚区域,一般产业园区向省级以上产业园区集聚,分散的乡村工业向节点城市加速转移,产业集聚度进一步提高。

产业与城市功能高度匹配。重大产业园区加速完善园区的城市功能，建设现代化中小城市；节点城市按照现代城市标准形成基础功能的同时，特别注重特色产业的形成，产业支撑强大；中心城市致力于高端产业功能和高端城市功能的双提升，形成具有国际竞争力的控制、辐射功能体系；生态保护区的产业对城市的作用为生态保育、城市安全。

产业与城市开发主体同一。近期和今后规划的开发区域做到产业与城市一体化规划、建设和管理；产业集聚区与城市功能区相近的区域整合开发管理体制，形成同一主体；节点城市周边的乡镇和产业集聚区纳入节点城市管理。经济发展主体从单一的生产型园区向生产、服务、消费的多元化发展。

(四)居民生活品质化

居民生活品质化，就是坚持新型城市化"以人为本"的核心要求，实现城乡居民有序、平等享受城市文明，人身财产食品安全有保障、发展可预期、就业充分、物质财富充裕，空气、水等生态环境健康宜居，诉求表达和有序参与的机制广泛形成，城乡居民生活充满平等感、安全感、富足感、舒适感和认同感。居民生活品质是全域都市化的价值追求，旨在塑造充满人文精神与人文关怀的城市空间，为城市居民创造更好的工作环境、居住环境、生活环境和生态环境，增强城市对创业者、外来人员和高层次人才的吸引力。

居民生活充满平等感。推进城乡要素平等交换，农民财产权利得到充分保障；保障农民公平分享土地增值收益，农村居民进城的支付能力有效提升；有序吸纳进城务工人员为城市居民，平等享受城市福利。

居民生活充满安全感。社会治安环境平安和谐，居民的人身和财产等合法权益得到充分保障；食品安全、交通安全等得到进一步加强和提升；拥有完善的就业和社会保障体系，社会保障覆盖城乡全体居民，保障水平不断提高；高质量的公共产品和公共服务体系覆盖全体城乡居民。

居民生活充满富足感。城乡居民收入持续增长，家庭财产普遍增加，城乡居民收入差距逐步缩小；经济发展能满足居民的就业和物质需求，居民衣、食、住、行、用的要求不仅能得到满足，并且能吃得好、穿得好、住得上、用得起，社会进入全面小康。

居民生活充满舒适感。基本实现经济社会发展与资源、环境承载能力相适应，生态环境质量提高与民生改善需求相适应，生态文明建设走在全国前列；整座城市容貌整洁、蓝天碧水、生态宜居、出行畅通，居民能喝上干净的水、呼吸到清新的空气、享受到健康宜居的生态环境，宜居指数达到国内前列。

居民生活充满认同感；城市新居民的生活方式和价值观念城市化，增强对社区和城市的认同感；居民主动参与城市发展的途径广泛而顺畅，诉求表达和反馈解决机制健全，主人翁意识增强，对城市认同感不断增强。

（五）城市运行高效化

城市运行高效化，就是在法治城市的理念下，构建政府、市场、社会三者责任边界清晰、各司其职、互促共进的制度安排；完善财权、事权相匹配的市域政府行政管理体制；健全协调、有序、可持续的政府服务长效机制，城市运行依法、规范、顺畅、效能。城市运行高效化是全域都市化的机制保障，旨在建立健全城市的发展体制机制，破解条块分割困境，不断优化城市运行体制、机制、手段和方法，高效率地调动城市内外资源，实现城市自身正常运转和向前发展。

政府、市场、社会各司其职。转变政府职能，政府主要承担公共服务、市场监管、社会管理、环境保护等职责；形成商品和要素自由流动、平等交换的现代市场体系，市场在资源配置中的决定性作用得到充分体现；社会组织权责明确、依法自治、活力激发，实现政府、市场、社会三者之间有序交流、功能耦合和共同治理。

行政运行协同顺畅。强化市级政府领导统筹力度，政出多门、相互干扰现象基本消除；中心城市六区实施统一的行政管理体制，众多独立、封闭的开发区域有序纳入城区管理体制；市、县（市）、乡镇的关系进一步理顺，财权、事权相互匹配，最终形成市级部门相互协调、中心城区体制一致、区域之间全面统筹的新型城市化运行体制。

政府服务长效机制健全。打破市域分割局面，完善跨区域重大项目共建共享机制；撤除行政藩篱，健全跨区域产业转移利益分享机制；实行资源有偿使用制度，完善重点生态功能区的补偿机制，市域横向生态补偿制度健全；坚持少养人、多养事，推广政府购买服务，加大项目维护、运行的财力保障，健全基本公共服务项目长效运行机制。

第二章　宁波全域都市化现状评价

自 2006 年首次提出"走新型城市化道路,努力构筑宁波都市区"以来,宁波坚持以提升都市区功能为重点,全面拉开城市发展框架,加快构筑现代都市,努力推动城市化发展由规模扩张、形态建设为主向功能提升、内涵发展的战略性转变。宁波城市化率从 2006 年的 63.1% 提高到 2013 年的 69.8%,大约以每年 1 个百分点的速度逐年递增,城乡统筹水平连续多年位居浙江省首位。2014 年底,宁波成为国家新型城镇化综合试点城市。可以说,新型城市化已成为推动宁波经济社会发展的主要动力。在当前城市化引领工业化的发展阶段,宁波应该走适合自身特色的城市化路径,即加快推进以全域都市化为导向的新型城市化进程。为此,应立足于"空间布局网络化、基础设施同城化、产业城市融合化、居民生活品质化、城市运行高效化"的目标框架,全面客观评价宁波全域都市化发展现状。①

一、市域空间框架拉开但网络化程度不够

近年来,宁波深入实施"东扩、北联、南统筹、中提升"区域发展战略。东部新城中央商务区、南部商务区、三江中央商贸区等"中提升"十大功能区块

---

① 考虑数据的可得性及代表性,在每个维度下选取若干个关键性指标,采取定量分析和定性分析相结合的方法加以说明和评价。同时,还适当与杭州、苏州进行比较,以更好地分析宁波在同类城市中所处的位置。

建设顺利,中心城区集聚辐射功能得到增强;象山港区域保护力度加大,生态经济型港湾建设取得成效;余慈地区统筹步伐加快,宁波杭州湾新区建设成效明显;卫星城和中心镇建设加速推进,节点功能逐渐显现。2012年,宁波市第十二次党代会进一步明确提出"一核多节点"的网络化都市空间架构,以中心城市为核心、县城和卫星城为节点的全域都市格局雏形显现。但应该看到,以此为依托的网络化功能体系尚未根本形成,无序发展现象仍然存在,城市集聚发展程度亟待提升。

(一)中心城区的集聚辐射能力仍需加强

城市化的推进是各种要素不断向城市集聚的过程,是集聚经济的必然产物。在这个过程中,某些主导产业或有创新能力的企业逐步在特定区域聚集,形成资本与技术高度集中、具有规模经济效益的增长极。增长极不仅具有自我发展的能力,而且可带动和辐射周边地区的发展,是市域经济发展的核心和引擎。一般来说,中心城区基础条件相对较好,其综合承载能力和集聚辐射能力的情况,将在很大程度上决定全域都市化的整体效果。

一是从中心城区首位度[①]来看,宁波中心城区在城镇体系中的地位处于结构相对合理、规模适中的位置,但与发展城市经济的更高要求相比,宁波中心城区的集聚辐射作用并没有显著优势。2012年,宁波中心城区人口首位度约为2.18,土地首位度约为1.91,而经济首位度则达到4.18,比人口首位度和土地首位度都要高。这表明在中心城区一定的行政面积上,集聚了相对更多的人口数量,同时产出了相对更高的经济总量,经济产出效益良好。但从横向比较来看,杭州中心城区的集聚程度明显高过宁波。2012年,杭州的人口首位度、土地首位度和经济首位度分别为8.78、1.69和11.40,这表明杭州大部分的经济产出和相当多的人口集聚都发生在中心城区,相比其各下辖县(市),杭州中心城区在全市中的地位明显占据绝对主导的位置(见表2-1)。

---

① 中心城区首位度是用于测量中心城区在一座城市中的主导性指标,反映区域城镇规模序列中的顶头优势性,也表明区域中各种资源的集中程度。一般用中心城区与第二大县(市)经济规模之比来表示这个首位度,通常用来反映一个城市的中心城区规模结构和人口集中程度。

表 2-1　2012 年杭州、宁波、苏州中心城区首位度比较

城市	人口首位度	土地首位度	经济首位度
宁波	2.18	1.91	4.18
杭州	8.78	1.69	11.40
苏州	2.47	1.95	1.67

二是从中心城区占全市的比重[①]来看,2012 年宁波中心城区以全市 40% 不到的人口,创造了全市近 60% 的经济总量以及 62.7% 的固定资产总额,所辖 5 个县(市)全部进入全国百强县(市)(见表 2-2)。这说明,中心城区的人均产出效率在全市来说仍然具有一定的优势,中心城区的集聚能力得到了一定的体现。但从横向比较来看,宁波这三组数值全部都低于杭州。2012 年,杭州中心城区人口比重占到全市的 63.4%,贡献了全市近 80% 的经济总量和超过 80% 的投资总额。由此可见,杭州中心城区在全市发展中占据绝对主导地位,这为中心城区发挥"核"的作用提供了有利的条件。

结合上述两组数据分析及现实中的经验判断,不可否认的是,宁波存在中心城区辐射带动能力不强的现象。之所以出现这种矛盾,我们分析原因可能有二:一是宁波中心城区虽然经济总量不小,但城市高端化、综合化、国际化服务功能能级有待提升,还不能完全满足县(市)经济发展需求,以至于北部县(市)高端生产生活服务转向上海、杭州寻求支撑;二是宁波中心城区虽然在行政上、数据统计上归为一体,但在市、区的财政体制、土地管理体制等方面仍有待理顺,以真正实现统筹和带动市域整体发展。

表 2-2　2012 年杭州、宁波、苏州中心城区在全市发展中所占比重

城市	总户籍人口(万人)			经济总量(亿元)			固定资产投资(亿元)		
	全市	市区	比重	全市	市区	比重	全市	市区	比重
宁波	576.4	224.73	38.9%	6059.2	3621.9	59.8%	2385.5	1495.2	62.7%
杭州	695.7	440.34	63.4%	7019.0	5589.8	79.6%	3100.0	2520.0	81.3%
苏州	642.3	245.2	38.2%	10717.0	4061.6	37.9%	4502.0	1806.0	40.1%

---

①　全域都市化格局下,中心城区是市域经济发展的龙头,中心城区经济发展水平越高、综合经济实力越强,其整合区域生产体系、调节区域经济活动的能力也就越强,辐射带动区域内其他地区的广度和深度也就越宽泛。通过计算中心城区在全市中的比重,可以反映中心城区集聚辐射能力的大小。

(二)市域空间内的无序发展现象仍然突出

理想的全域都市化进程是,伴随增长极(中心城区)的不断发育成长和区域内交通能源运输和信息网络的日益发达和完善,其辐射力作用于更广大的市域范围。在这个广大地域内,产业通过重新调整布局得到有机整合,原先不同能级的城市组团之间相对独立发展和无序竞争的状态逐渐改变,代之以清晰的产业分工和密切的合作关系,形成由若干不同规模、等级和各具特色的城市组团紧密关联、协同发展、具有强大活力和竞争力的城市体系。但在现实中,由于缺乏对市域空间发展的有效统筹,"摊大饼"式的粗放型城市扩张现象仍很突出,各组团之间资源分散、竞争无序态势尚未得到根本逆转。

一是新城建设散而不充分。当前,宁波各地造城积极性空前高涨,几乎每个县(市)、区及卫星城都提出新城建设的目标。这种大规模的新城建设存在不少隐患:首先是功能同质严重,特别是各新城在规划建设过程中过于追求高端商务商业功能,导致以写字楼为主的商务办公设施、以大型商业综合体为主的商业地产存在"空楼"风险。其次是人口导入困难,各新城在规划时都制定了人口集聚目标,但在城市承载能力有限、市域人口规模缓慢增长的情况下,部分新城因为缺乏产业支撑、配套不完善、交通不便利等各种原因,存在"空城"风险。

二是旧城有机更新缓慢。与新城建设热情高涨相比,旧城人口拥挤、建筑物密度大,涉及的利益比较复杂,拆迁改造的难度较大、资金难以平衡,部分卫星城、中心镇对旧城的有机更新缺乏积极性。一方面,不利于解决老城区普遍存在"失修老旧、布局不合理、功能不完善、安全隐患多"等问题,不利于改善老城区居民的生活环境和居住条件;另一方面,不利于利用旧城的发展基础来推动新城建设,造成新城、旧城之间缺乏有机联系,资源浪费现象比较突出。

三是城市化与新农村建设不够协调。城市化与新农村建设是互促共进的过程,而在实践操作中,由于两者分属于不同的管理体制和主体,彼此之间缺乏足够的协调。部分地方通过"农房两改"建设新村庄,把农民集聚起来,而不是利用周边新城建设的契机将农村人口导入城市,造成两者发展方向不一致,带来一定负面效应。如公共服务跟不上,漂亮村容村貌与公共设施的短缺形成强烈的反差；集聚效应不充分,村庄布局分散及大量房屋空置造成了土地资源的浪费。

(三)城市组团之间的生态隔离带建设有待加强

城市生态隔离带是指在城市外围或者组团之间,以林地、湿地、农业用地、园地等生态用地为主的绿色植被带,形成永久性的开敞空间。合理规划建设城市生态隔离带,既是维护城市生态健康、美化城市景观的需要,更是有效隔离各城市组团、防止城市建设无序扩展的重要手段。一般来说,生态隔离带内要求以森林景观为主,为了配合隔离带建设,在自然环境适宜的地段可适当规划湿地、农田、果园、苗圃、公园等用地,但禁止城市开发建设和严格控制村镇建设,确实是必要的重大市政基础设施,必须经科学论证后才能建设。

宁波围绕生态文明建设这一主题,依托现有的山、水、林、田等自然景观和资源,结合各地区城市、园区建设,全域都市化村庄布点规划的实施以及道路、河流绿化工程建设,对城市生态隔离带也给予了高度的重视。其中,《中共宁波市委关于加快发展生态文明努力建设美丽宁波的决定》明确规定,加快推进花卉园林主导产业示范区、城市公园、郊野公园和城市生态隔离带建设,构建覆盖城乡的绿网系统。环保部门也制定了全市生态功能区规划并予以推进和落实,但在实施过程中,存在着约束性不够、执行不到位、随意变更和调整等问题。同时,应该指出的是,宁波当前对生态隔离带的规划建设主要还停留在生态建设而非整个城市建设的层面,对于其连接各城市组团、促进城市开发建设有序推进的重要意义还认识不足。

相比之下,杭州在其城市总体规划中就明确提出了"一主三副六组团"、六条生态带的城市格局。这六条生态带分布在杭州的东、西、南、北,分别是西北部生态带(径山风景区—北、南湖滞洪区—闲林、西溪湿地风景区生态带),西南部生态带(灵山—西湖风景区生态带),南部生态带(石牛山风景区—湘湖旅游度假区生态带),东南部生态带(青化山风景区—船坞山—新街绿化产业区生态带),东部生态带(东部钱塘江滨海湿地保护区—生态农业区生态带),北部生态带(超山风景区—半山、皋亭山、黄鹤山风景区—彭埠交通生态走廊生态带)。这些生态带的主要作用就是充当六大城市组团之间的隔离带,不仅起到了满足居民日常游憩需要和生态涵养的功能,而且更关键的是,作为一条条联系城市建设区域与乡村区域的纽带,有效控制了城市的无限制蔓延,从而保障了城市的生态环境质量和宜人的居住环境。

从全国层面来看,已有不少城市将此问题提到了新的高度,值得宁波借鉴和思考。例如,成都就将保护城市近郊生态隔离带提升到了法律层面。通过制定地方条例的方式,将沿中心城区绕城高速公路两侧各 500 米范围及周边七大楔形地块内的生态用地和建设用地所构成的控制区划定为环城生态区,并从规划控制和土地利用管理层面,设置了环城生态区保护措施。另一个做得较好的城市是昆明,在 2011 年专门制定《昆明市生态隔离带范围划定规划》,计划在 5 年内建 8 条生态隔离带,以相对分隔滇池周边各个城市片区。这 8 条生态隔离带面积将达 3.47 万公顷,相当于现有滇池湿地的 10 倍。昆明市明确要求,新建的城市生态隔离带将严格控制企业建设。现有已建项目禁止改造和扩建,并逐步改造搬迁,迁出生态隔离区。

二、基础设施建设提速但同城化程度不高

"十一五"以来,宁波不断加快城乡基础设施的延伸对接。随着杭州湾跨海大桥、象山港跨海大桥、宁波绕城高速等重大项目的建成通车,宁波城市大交通格局逐步显现。2013 年末,全市公路总里程达到 1.09 万千米,公路网密度 111 千米/百平方千米,达到中等发达国家水平。一批城乡供水系统项目建成投用,全市用水普及率达 100%。环保基础设施进一步完善,全市垃圾无害化处理率达 100%,中心城区生活污水处理率达 88%。电力基础设施建设加快,新农村电气化建成总量位居浙江省第一,成为"新农村电气化市"。智慧城市建设加快推进,信息化基础设施建设位于全国前列,基于 3G 无线宽带网络接入技术的网络基本覆盖全市。可以说,城乡一体的基础设施网络正在逐步形成,但基础设施建设标准以及均衡化分布密度仍有待提高,离同城化要求仍有不少差距。

(一)市域路网规模及布局都有待加强

全域都市化背景下,交通建设要从满足群众出行需求向引导城市发展转变。其中,道路基础设施的同城化建设对于交通组织和疏导起到了非常关键的作用,也是密切沟通各城市功能组团的重要渠道。尽管宁波近年来交通基础设施建设力度很大,11 条绕城高速连接线大部分建成投用、机场

快速干道通车、市区断头路陆续打通等，加快促进了城市大交通格局的形成，但与伴随城市发展而来的大规模经济生活联系相比，无论是市域范围内的路网规模还是其空间分布都不尽合理。

一是从城市道路交通系统的总体情况①来看，到 2012 年末，全市人均道路面积达 20.53 平方米，其中中心城区为 15.87 平方米，分别比 2006 年底增长 12.7％和 14.9％。但跟苏州比较，宁波在道路建设方面仍待加强。2012 年底，苏州全市人均道路面积为 31.92 平方米，超出宁波 55％，其中市区人均道路面积为 31.39 平方米，是宁波的两倍之多（见表 2-3）。

表 2-3   2012 年宁波、苏州人均拥有道路面积   （单位：平方米）

宁波	全市	市区		余姚	慈溪	奉化	象山	宁海
	20.53	15.87		23.54	33.49	12.29	29.43	25.85
苏州	全市	市区		常熟	张家港	昆山	太仓
			吴江				
	31.92	31.39	42.48	31.04	28.42	29.26	40.61

二是从县（市）区均衡发展水平来看，苏州各县（市）的人均道路面积普遍高于宁波县（市），同时各县（市）之间发展相对均衡。2012 年宁波人均道路面积最高的地区是慈溪，是最低地区（奉化）的 2.72 倍，而苏州这一比例只有 1.43。这在某种程度上说明，宁波道路基础设施的同城化差距还很大。而且，有个现象值得注意：宁波市区的人均道路面积与全大市相比，处于一个相对落后的位置。这从一个侧面反映了，与人口的快速集聚相比，中心城区道路建设相对滞后。这种交通基础设施与城市发展的不匹配，为城市交通拥堵等现象提供了某种注解。

三是从农村公路②建设情况来看，近年来宁波大力实施乡村康庄工程，加大对农村公路建设的投入力度，宁波农村初步形成了四通八达、联网成片的公路交通网络体系。2012 年，宁波全市农村公路已达 4305.50 千米，全

---

①   人均拥有道路面积是指按城市非农业人口计算的平均每人拥有道路面积，是衡量一座城市道路交通系统水平高低的基本指标。其中，道路面积指城市（县城）路面面积和与道路相通的广场、桥梁、隧道、人行道面积。

②   农村公路一般是指通乡（镇）、通行政村的公路，是公路网的重要组成部分，也是保障农村社会经济发展最重要的基础设施之一。农村公路里程是衡量农村地区道路建设水平的重要指标。

市 3831 个行政村全部通上了等级公路。然而,与高歌猛进的高速公路、干线公路、城市道路相比,宁波农村公路发展仍然落后,跟不上农村经济社会发展的势头和乡村老百姓的殷切期待。

2012 年底,宁波全市公路里程达 10660.75 千米,其中农村千米仅占 40.4%。从技术等级来看,宁波农村公路的功能等级偏低,三级及以上等级的公路仅为 10.1%,近九成为四级及以下等级的公路。而在全市来看,农村高等级公路占全市的比重也很低,其中一级公路为 20.9%,二、三级公路分别为 12.5% 和 11.3%。并且随着等级的逐步降低,农村公路里程数在全市的比重也越高,其中农村四级及准四级公路占全市一半以上,等外公路则几乎全部在农村(见表 2-4)。这说明不仅农村公路总里程有待增加,而且农村公路的技术标准也亟待增强。

表 2-4　2012 年宁波农村公路总里程及其技术等级结构表 　（单位:千米）

指标	公路总里程	高速公路	一级公路	二级公路	三级公路	四级公路	准四级公路	等外公路
农村	4305.50	—	20.09	101.62	175.12	3147.26	159.08	555.03
全市	10660.75	462.74	959.93	813.36	1549.65	6316.32	—	558.75
比重	40.4%	—	20.9%	12.5%	11.3%	52.3%		99.3%

四是从市域路网分布情况来看,当前,宁波北部、东部路网密度高于南、西部,小城镇路网体系还不够完善,部分山区、海岛等区域的路网覆盖率还不高;中心城市与节点城市、节点城市之间的快速沟通还不够顺畅;城区快速路里程偏少,支路比例偏低,容易导致路网层次不分明、各等级道路衔接不当,运行效率难以提升;村道养护管理没有明确的责任部门和单位,基本处于失管、失养状态,影响其正常功能的发挥等。

(二)给排水设施成为城市短板

给排水建设是城市建设和发展的基础力量,是一座城市发展的"良心"所在。一方面,随着工业化和城市化的快速推进,水资源短缺的形势愈发严峻。另一方面,由于排水系统规划建设的严重不足,我国很多城市相继发生雨水排放不及时而陷入洪涝的现象。可以说,城市给排水设施建设已成为全国上下关注的焦点。在全域都市化背景下,城市的科学发展离不开给排水领域的基础支撑。

一是供水综合生产能力①有待提升。"十一五"以来,随着白溪水库引水工程、东钱湖水厂、毛家坪水厂以及"供水绕城高速公路"等一批城区供水系统项目建成投用,宁波城市供水水质与可靠性得到显著提升,基本建立覆盖城乡的优质生活饮用水系统。2012年,全市供水能力已经达到383万吨/日,其中市区为247万吨/日(见表2-5),分别比2006年增加71.7%和80.3%,全市用水普及率达100%,城市供水合格率为99.98%。与此同时,宁波城区供水范围也在逐年扩大,2012年宁波城区供水管道总长3200千米,供水范围1200平方千米,是2003年的两倍多,350多万市民受惠于此。

但跟杭州、苏州相比,宁波城市供水能力有待提升。2012年苏州城市供水能力达688.59万吨/日,比宁波高出76%;杭州市区供水能力为320万吨/日,比宁波高出29.5%。尤其是各县(市)的供水能力,苏州普遍高过宁波(见表2-5)。而且从城市供水一体化的角度来看,尽管随着城市供水管网的不断延伸,宁波跨区域供水也在增加,但目前单就中心城区来说,尚未实现城乡供水的同网、同质、同价。这说明,要真正实现全大市范围内城乡供水一体化的目标,仍然任重而道远。

表 2-5 2012 年宁波、苏州、杭州供水能力 　　　(单位:万吨/日)

宁波	全市	市区	余姚	慈溪	奉化	象山	宁海
	383.00	247.00	29.00	33.00	44.00	15.00	22.00
苏州	全市	市区		常熟	张家港	昆山	太仓
		吴江					
	688.59	348.89	106.89	87.50	65.00	150.00	37.20
杭州	全市	市区	桐庐	淳安	建德	富阳	临安
	—	320					

① 供水综合生产能力具体是指按供水设施取水、净化、送水、出厂输水干管等环节设计能力计算的综合生产能力,包括在原设计能力的基础上,经挖、革、改增加的生产能力。计算时,以四个环节中最薄弱的环节为主确定能力。这个指标可以用来反映一座城市的供水能力及用水保障程度。

二是市政排水管道①建设相对滞后。"十一五"以来,宁波加大对排水管道的改造或增设力度,逐步提高了汛期路面的排水速度。2011 年宁波全市排水管道长度为 6575 千米,其中主要分布在市区,达 3589 千米,分别比 2006 年增加 3.5％和 17.4％。与其他指标的大幅增加相比,这反映宁波排水系统发展相对缓慢。而与苏州相比,宁波无论是排水管道长度还是密度都存在一定的差距。2011 年,苏州全市、市区的排水管道长度分别是宁波的 1.7 倍、1.6 倍,其市区排水管道密度高出宁波近 34％,这进一步反映出宁波排水管道建设的相对滞后(见表 2-6)。

此外,排水系统的滞后还体现在设计标准的落后。当前,宁波市地下排水系统设计为"一年一遇",而在欧洲、美国和加拿大等地区及国家,排水系统常见的设计标准一般为"2～10 年一遇",应对大暴雨的大排水系统设计标准甚至可达到"50～100 年一遇"。尽管宁波当前的设计标准基本可以满足中心城区日常的排水要求,但若遇到突发性强暴雨,就可能引起城市内涝。

表 2-6　2011 年宁波、苏州排水能力

宁波	全市	市区	余姚	慈溪	奉化	象山	宁海
排水管道长度(千米)	6575	3589	252	624	1256	177	468
排水管道密度(千米/平方千米)	14.60	12.60	13.69	30.27	9.43	16.73	14.58
苏州	全市	市区	常熟	张家港	昆山	吴江	太仓
排水管道长度(千米)	11126	5678	1722	884	774	1336	733
排水管道密度(千米/平方千米)	15.92	16.88	—	—	—	—	—

(三)环保基础设施有待完善

城市环保基础设施建设是实现城市经济、社会可持续发展的重要组成部分,关系到广大人民群众的切身利益。作为城市重要的基础设施,城市环

---

①　市政排水是指城市生活污水、工业废水、大气降水(含雨、雪水)径流和其他弃水的收集、输送、净化、利用和排放。要有效做到这一点,离不开城市排水管道的规划、设计和建设。排水管道密度是指一定区域内排水管道分布的疏密程度,目前一般按建成区范围计算。其计算公式为:排水管道密度＝排水管道总长度/建成区面积。排水管网长度和密度基本决定了管网系统输送和排放雨污水的覆盖面积。

保基础设施具有投资大、建设周期长、运行质量要求高、公益性强等特点。与先进城市相比,宁波环保设施历史欠账多、管网建设滞后,污染治理能力亟待提高。

第一,市域内污水处理率①差距较大。城市污水处理是我国城市建设中的薄弱环节,污水处理率的高低反映了一座城市防治水污染工作的成效。近年来,随着江东北区污水处理厂、镇海后海塘污水处理厂等建成投用,宁波城市生活污水集中处理工作得到一定提升。目前全市已建成各类污水集中处理厂24座,所有县(市)均建成与城市规模相配套的污水处理厂,为水环境的改善提供了有力保障。2011年,全市生活污水处理率达到84.16%,比2006年增加15.2个百分点。但与杭州、苏州相比,宁波存在较大的差距。2011年,苏州、杭州的污水集中处理率都超过90%,其中杭州市区污水处理率甚至比宁波市区高出近10个百分点。而苏州各县(市)的污水处理率也是全部高于宁波各(县)市,甚至比宁波市区还要高,这不得不引起我们的反思(见表2-7)。

不仅如此,宁波市域范围内的污水处理也存在较大的差异。一是区域差异。市区生活污水处理率高过全市水平,达到86.85%,比2006年增加15.7个百分点。这说明,宁波中心城区以外的各县(市)在这方面的工作有待加强。其中,宁海的污水处理率(77.68%)仅略高于全国平均水平(77.40%),奉化(71.21%)、象山(76.81%)甚至低于全国平均水平。二是城乡差异。相比城市地区,全市的农村生活污水处理行政村覆盖率仅为21.40%,位居全省倒数第二,这充分反映宁波在城乡生态环境建设和治理方面仍存在较大差距。

表2-7　2011年宁波、苏州污水处理率　　　　　　　　　　(单位:%)

宁波	全市	市区	余姚	慈溪	奉化	象山	宁海
	84.16	86.85	81.50	81.00	71.21	76.81	77.68
苏州	全市	市区	常熟	张家港	昆山	吴江	太仓
	90.22	90.29	90.39	90.99	92.44	87.96	88.71
杭州	全市	市区	桐庐	淳安	建德	富阳	临安
	93.61	95.47	—	—	—	—	—

———————————

①　污水处理率是指城市市区经过城市集中污水处理厂二级或二级以上处理且达到排放标准的城市生活污水量与城市生活污水排放总量的百分比。

第二,城乡生活垃圾处理水平①仍有待均衡提升。近年来,随着慈溪垃圾焚烧发电厂、余姚生活垃圾焚烧发电项目、象山100座生活垃圾太阳能处理站、市区16座垃圾中转站与8座装潢垃圾中转站等一批环卫设施的加快建设与投入使用,宁波全市的生活垃圾处理能力不断提升。2011年,全大市城乡生活垃圾总量达到296.37万吨,城乡生活垃圾一体化处理率达到95.42%,比2010年提高1.2个百分点(见表2-8),全市生活垃圾无害化处置能力达到7300吨/日。

表 2-8　近三年宁波城乡生活垃圾一体化处理率　　　（单位:%)

年份	2009 年	2010 年	2011 年
城乡生活垃圾一体化处理率	92.59	94.22	95.42

尽管宁波城乡生活垃圾一体化处理率处于较高水平,但离"村收集、镇运输、县(市)区处理"的生活垃圾处理全覆盖要求仍有不小距离。一方面,由于观念、认识和习俗等原因,目前生活垃圾混合收运,收集方式主要是人工清扫、机械清扫以及利用垃圾收集点集中收集,各种垃圾混在一起没有做到分类收集,垃圾中可再利用资源回收率不高。另一方面,在生活垃圾处理补助政策和经费保障方面城乡标准不一、差异较大,环保投入存在重城轻农的现象。少数经济欠发达乡(镇)填埋场设施简陋、防渗措施简单,二次污染依然十分严重。

三、功能区块建设加快但产城融合度不高

产业是城市发展的基础,城市是产业发展的载体。推进产业和城市的融合化发展,就是要以城市为基础,承载产业空间和发展产业经济,以产业为保障,驱动城市更新和完善服务配套,以达到城市、产业、人口之间共生共利、持续发展的模式。这有利于实现城市土地集约化,加快推动城乡产业的集群化,通过增强产业自我发展和更新能力,从而夯实新型城市化的可持续

---

①　主要衡量指标为城乡生活垃圾一体化处理率,即指进入县(市、区)集中处理网络的垃圾占统计区域内垃圾总量的比例,以此来表示城镇、农村生活垃圾收集与处置水平的高低,处理率越高就表明垃圾无害化处理率越高。

发展基础,是构筑全域都市化格局的必然要求。当前,宁波全市有不少产业功能区块和城市功能区块都在加快推进,尽管产城融合的理念开始普及,但在操作过程中,两者融合程度仍有待加强。

(一)产业集聚发展水平相对较低

产业集聚是指同一产业在某个特定地理区域内高度集中,产业资本要素在空间范围内不断汇聚的一个过程。对城市发展来说,就是要以现有的各类产业园区、基地、集聚区为基础,紧密结合城市特色功能建设,以产业集群的要求加以集聚、重组、转型、提升,在市域范围内形成一批产业与城市相互依托、相互促进的具有国际或国内较强综合竞争力的产业集群。省级及以上开发区(园区)是产业集聚发展的重要载体和重大平台,通过计算省级及以上开发区(园区)工业总产值占全市比重,可有效衡量一个城市产业发展集聚的程度。

近年来,宁波非常重视产业发展平台的建设,全市总体上形成了以两大产业集聚区、16个省级以上开发区、120个产业基地等不同空间形态有序展开的产业布局,但企业组织布局仍比较分散,开发园区的产业集聚效应亟待加强。2012年,全年省级及以上开发区(园区)完成工业总产值6758.5亿元,在占全市工业总产值的42.7%,与2011年相比不升反降。

横向比较发现,这一比重仅比浙江省内的衢州(42.4%)略高0.3个百分点,分别比金华(51.7%)、丽水(63.5%)低9个和10.8个百分点。而与苏州相比,更是差距巨大。苏州早在2010年,全市省级以上开发区的工业总产值就达到2万亿元,在全市工业总产值中的占比超过71%,足足高出宁波将近30个百分点。尽管这与区域发展模式有一定关系,但也应该看到,宁波当前产业集聚度和集约化程度极为低下,与新型城市化集约、集聚、集中的要求相去甚远,长此以往将引发产业资源的低效率配置。

(二)作为产城融合重要载体的节点城市功能尚不完备

加快节点城市的培育发展,是宁波构筑现代都市的重要组成部分,也是转变发展方式的重要载体,对促进宁波城乡一体化、公共服务均衡化具有十分重要的意义。中心城区由于产业和人口集聚能力比较强,所以在产城融合方面具有天然的优势。但卫星城、中心镇等节点城市,由于与中心城区有一定距离,对资源的吸引能力偏弱,因而亟须增强产业发展、公共服务、吸纳就业和人口聚集功能。因此,节点城市的基本功能是否完备,是关系到全市产城融合程度的重要指标。

近年来,在协同推进新型工业化、新型城镇化和农业现代化的大背景下,宁波节点城市建设步伐进一步加快。2012 年,全市 22 个中心镇(含 8 个卫星城市),区域面积超过 2500 平方千米,其中建成区面积达到 155 平方千米,常住人口 150 万,建成区面积和常住人口均占到全市的 1/5,国内生产总值约占全市的 12%,财政总收入约占全市地方财政收入的 14%。尽管卫星城和中心镇的发展初具规模,但是很多镇依然布局散乱,辐射力、带动力不强,公共服务水平和生产生活环境都与真正的城市有着巨大的差距,未能发挥其本应有的辐射和集聚功能,在宁波网络化空间布局中的节点作用尚不明显。

尤其突出的是,当前卫星城市和中心镇对人口的集聚能力明显不足,22 个中心镇常住人口不足 5 万的有 12 个,对于卫星城市和中心镇发展成为小城市同时带动农村发展是一个制约。宁波城镇化速度的加快,在很大程度上是统计口径变动和行政区划调整的结果,土地的城市化大大快于人口的城市化。正因为人口城市化的滞后,制约了第三产业特别是金融、保险、信息、贸易、教育和房地产等以人口和经济的集中为前提的行业发展,影响着城镇对农村人口和剩余劳动力的吸纳能力。其背后的原因是,户籍制度以及与其挂钩的社会保障、社会救助、医疗卫生、教育制度等,都还没有适应务工农民进城的需要。

(三)居住—就业空间分离的"职住失衡"现象逐步加剧

居住—就业平衡理念最早萌芽于 1902 年霍华德的田园都市理论,其基本内涵指在某一给定的地域范围内就业人口数量与就业岗位的数量大体相当,大部分居民可以就近工作,从而减少通勤出行的距离、时耗与机动车的使用率,达到减少交通拥堵的目的。这与产城融合的理念不谋而合,即逐步打破传统"职住分离"的现象,促进城市就业空间和居住空间的匹配。根据居住—就业平衡的内涵,给定的地域范围内就业岗位的数量和居住单元的数量是否相等是判断居住—就业是否平衡的基本方法,其中一个重要的测度指标就是某区域就业岗位数量与在业人口居住数量比值即居住—就业平衡指数(JHB,Jobs-housing balance index)。

由于相关统计数据的缺乏,当前很难具体测算出宁波各区域乃至各街道的居住—就业平衡指数。但通过另一组数据,我们不难发现,宁波"职住失衡"现象正逐步加剧。调查显示,宁波市民每日人均出行次数为 2.34 次,有出行者人均出行次数为 2.73 次,全市一日出行总量达到 8168940 人次。大量的人员出行(其中以上班出行的比重最高)导致交通的不畅,宁波早高峰时段路段平均时速仅为 15.4 千米,晚高峰时速为 12.3 千米。平均算下来,每个宁波人每天要在路上用掉 1 小时左右的时间。

这至少说明两方面的问题:一是随着宁波城市的发展,居住郊区化的趋势已经显现,但各新城功能区以及节点城市的建设尚处于起步阶段,新城产业集聚效果不明显,难以疏解中心城区的就业功能,导致了人口居住在郊区而就业在城区的空间分离现象;二是城市优质公共服务资源在中心城区集聚明显,优质资源呈现区域固化、强化特征,难以形成有效的扩散机制,公共服务的失衡进一步加剧了长距离通勤和交通拥堵。

(四)产业发展和城市开发的融合工作体制尚未根本理顺

要有效推进产业和城市空间、功能、基础设施等融合,离不开产业和城市规划、建设、管理等工作的融合。具体来说,考察推进产城融合的工作体制,包括组织领导体系是否健全,政策体制是否完善,产业规划、城市规划和土地规划衔接是否紧密,是否已经制定出台产城融合的专项规划等多方面内容。其中,一个重要的体制问题就是,是否做到产业发展和城市开发主体的一致,以真正实现产业发展和城市发展的利益融合。当前,宁波主要存在两方面突出问题。

一是部分功能区块更多定位于产业发展,忽略了城市功能的建设,导致生活功能滞后于生产功能、城市功能滞后于产业功能、社会事业滞后于经济发展。这种"三个滞后"现象主要存在于宁波经济技术开发区、保税区等老的开发区。这些问题产生的根源与开发区规划伊始的定位是分不开的。从开发区设立的初衷来看,开发区是一个国家或地区为吸引外部生产要素、促进自身经济发展而划出一定范围,并在其中实施特殊政策和管理手段的特定区域。由于这个区域内部具备完备的产业功能和资源集聚功能,因此在自身发展与完善的过程中容易忽略与外界的联系,当开发区发展到一定程度时,长期积累的诸多产城不融合的矛盾便暴露出来,表现为在交通、居住、社会事业等配套上与城市整体发展脱节,从而导致"三个滞后"现象的产生。

二是部分功能区块存在产业开发和城市建设主体不一致的情况,导致各自发展利益的不一致以及发展重点和方向的不一致,进而对整个片区产业功能和城市功能的统筹布局和融合发展带来隐患。这种现象主要发生于杭州湾新区、梅山保税港区以及各县(市)区积极打造的"新城"以及卫星城等后起增量发展区块。总体来看,这些地区都较早引入了"产城融合"的理念,在发展规划方面,都突破了以往产业归产业、城市归城市的隔离做法,而更多强调产业集聚区和城市生活商业设施以及公共服务功能的匹配,这可从全市越来越多的"新城"概念得到体现。

但有个问题值得注意,杭州湾新区、梅山保税港区作为全市重大的功能区块,不仅应着眼于自身的产城融合发展,而且应该在宁波全域都市化格局里发挥节点新城的作用,起到对周边地区的辐射和带动作用。以北仑滨海新城为例,目前就包括梅山岛、春晓镇、上阳片、郭巨片等四个片区,涉及梅山保税港区管委会、春晓镇政府、白峰镇政府等不同行政主体。这种开发主体的不一致,暗藏着各功能主体之间利益摩擦的隐患,加大了片区资源统筹开发、利用的难度。

四、城乡统筹步伐加快但生活品质有待提升

新型城市化从本质上说,是以人为本、公平共享的城市化。宁波推进全域都市化,不仅要关注城市居民,也要关注农村居民;不仅要关注全体居民生活品质的整体提高,更要关注困难群众、弱势群体、低收入阶层生活品质的明显改善,通过加快推进城乡基本公共服务的均衡化和优质化,使宁波真正成为不同阶层人民共同生活的美好家园。近年来,宁波通过编制实施统筹城乡发展纲要、启动幸福美丽新家园建设等重大举措,全市城乡居民生活水平不断提升,不仅在浙江省最先实现城乡低保一体化,而且新农合、城乡居民养老参保率、基础养老金享受标准等位居浙江省领先地位,全市统筹城乡发展水平、农村全面小康实现度两项综合性指标均列浙江省第一,率先跨入城乡统筹水平"全面融合"阶段。尽管宁波城乡居民生活水平得到很大提升,但由于农民户口人数居多,受传统农民生活、消费习惯等因素的影响,城乡居民生活品质仍有待提高。

（一）城乡居民收入差距逐年缩小但速度缓慢

提高居民收入，是保证生活品质的根本。市场经济体制下，各种竞争机制的引入、要素分配的差异性，必然会导致收入的结构性差距。其中，城乡居民之间收入的差距，是衡量一个地区统筹城乡发展的一个重要指标。

近年来，宁波加大对居民创业、就业工作的支持力度，宁波城乡居民收入出现稳步上升态势。总体来看，宁波居民收入水平方面的指标相比并不落后，城乡居民收入处于较高水平，同时农民增收步伐快于城市居民，城乡居民收入差距逐年缩小。这可以从表 2-9 看出，近年来宁波城乡居民收入比例持续下降。2012 年，全年城镇居民人均可支配收入达到 37902 元，全市农村居民人均纯收入达到 18475 元，连续 9 年实现两位数增长。无论是城乡居民收入额还是差距，都要好过杭州。但相比苏州（城乡差距已经小于 2），宁波在促进农民增收方面仍需努力（见表 2-10）。

此外，虽然宁波农民收入已连续 9 年实现持续较快增长，但南北区域差距和收入结构问题仍十分突出。从区域上看，宁波仍有"16＋3"相对欠发达区域，涉及 398 个村，15.3 万户，44.6 万农村户籍人口。从村级集体经济实力来看，截至 2011 年底，全市还有 261 个村年集体经济收入不足 10 万元，绝大部分集中在南三县，这些都影响城乡融合进程。从收入结构上看，一方面城市困难家庭、农村低收入家庭的增收仍然困难；另一方面宁波农民人均纯收入中，财产性和转移性收入仅占 17.8％，如何增加农民财产性和转移性收入，仍需予以高度关注。

表 2-9　2008—2012 年宁波城乡居民收入　　　　（单位：元）

年份	城镇居民可支配收入	农村居民人均纯收入	城乡居民收入比
2008	25304	11450	2.210：1
2009	27368	12641	2.165：1
2010	30166	14261	2.115：1
2011	34058	16518	2.06：1
2012	37902	18475	2.05：1

表 2-10　2012 年宁波、杭州、苏州城乡居民收入比较　　（单位：元）

城市	城镇居民可支配收入	农村居民人均纯收入	城乡居民收入比
宁波	37902	18475	2.05：1
杭州	37511	17017	2.20：1
苏州	37531	19396	1.93：1

（二）社会民生的均衡化程度亟须提升

改善民生是经济社会发展的出发点和落脚点。总的来说，宁波社会事业取得了长足的进步，但从横向比较来看，整体发展水平有待提高；从内部结构来看，均衡化程度亟须提升。

一是医疗卫生方面，相比城乡居民的看病需求，全市的医疗机构资源仍显紧缺，"看病难"问题仍然突出。2012 年宁波每千人拥有卫生机构床位数为 4.90 张，比苏州的人均 7.11 张少了 45％。从内部结构来看，除了市区以外，下辖县（市）的人均床位数均低于全市平均水平，而且大幅落后于苏州的县（市），几乎只有苏州的一半。这说明，宁波医疗资源分布过于集中于市区（人均床位数与苏州市区不相上下），但各县（市）发展则相对滞后，从而影响了全市整体水平。

二是教育方面，宁波在义务教育方面走在全国前列，但在关系城市未来发展潜力的高等教育方面，需要进一步加大力度。2012 年，宁波全市共有 14 所高等院校，比苏州少 6 所。尤其应注意的是，宁波所有高校全部集中在中心城区，至今各县（市）尚未实现高校零的突破。与此对比，苏州高校资源的分布则相对均衡，每个县（市）至少有 1 所高校，昆山甚至达到 3 所。如何将高校的人才资源、科技资源进一步延伸到各县（市），有效服务地方经济社会发展，值得深入思考。

三是公共文化方面，宁波（乡）镇、街道一级的基层公共文化事业机构建设加快，但实际运行效果欠佳。2012 年底，宁波累计建成文化站 149 座，高于苏州的 99 座，而且各县（市）的文化站数量普遍高于苏州。但有个现象值得警惕，那就是文化站的"空壳化"运行。从全市文化站的平均从业人数来看，宁波（3.01 个）连苏州（8.55 个）的一半都不到，各县（市）文化站的平均人员配置也全部低于苏州。如果只有文化硬件设施的建设，而不注重公共文化队伍的建设，那么文化站将无法发挥其惠及基层群众的实际效益。

　　四是社会保障方面，全市社会保障制度的"城乡二元"问题依然突出，与城乡一体化制度设计的要求还有相当的距离，各地区之间的社会保障水平也参差不齐。近年来，宁波加强户籍人口参保扩面工作，2012年户籍参保率达到 82.9%，农村新农合参合率达到 95% 以上，并在浙江省率先实现最低生活保障"城乡一体、标准一致"。但从人均社会保障与就业支出来看，2012年宁波全市人均社会保障与就业支出为 1367.7 元，低于苏州的 1568.4 元。从地区来看，宁波中心城区的人均支出最高，达到 2091.9 元，但各县（市）的人均支出水平均低于全市平均水平，尤其以南三县更为明显。与此相反，苏州人均除了常熟较低以外，其余各县（市）的社会保障与就业支出均超过 1000 元，处于相对较高的水平。这在一定程度上反映了两地困难群体基本生活保障水平的差异（见表2-11）。

表 2-11　2012 年宁波、苏州社会民生情况比较

宁波	全市	市区	余姚	慈溪	奉化	象山	宁海
每千人拥有卫生机构床位数（张）	4.90	7.43	3.08	3.28	4.46	2.82	2.96
高等学校数量（所）	14	14	—	—	—	—	—
文化站平均从业人员（个）	3.01	3.55	2.19	3.95	2.18	2.28	2.33
人均社会保障与就业支出（元）	1367.7	2091.9	1082.1	1009.9	735.0	639.3	836.0

苏州	全市	市区		常熟	张家港	昆山	太仓
		吴江					
每千人拥有卫生机构床位数（张）	7.11	7.71	5.79	6.04	6.61	6.84	6.74
高等学校数量（所）	20	14	1	1	1	3	1
文化站平均从业人员（个）	8.55	7.60	8.67	7.90	6.78	17.18	6.57
人均社会保障与就业支出（元）	1568.4	1588.8	1417.8	636.7	1246.0	3453.4	1210.0

（三）城市生态环境质量与居民期望之间仍存在较大差距

　　综合评估宁波的生态环境质量，可以说是喜忧参半。比较而言，宁波的水系相对独立，近年水环境改善明显，但大气环境质量则持续下降，特别是

在控制工业废气和机动车排气污染方面公众满意度较低,灰霾(PM2.5)等环境问题逐渐显现,成为公众焦点。

第一,从水环境质量看,全市集中式饮用水源地水质全面改善,百姓饮水安全基本得到保障,区域性地表水环境质量恶化趋势也有所遏制,但平原河网水质优良率和功能达标率普遍较低,Ⅴ类和劣Ⅴ类比例较高。2013年上半年,宁波市地表水优良水质率为35%,功能达标率为56.3%,总体为轻度污染。造成平原河网水质污染的根本原因:一是生态用水严重不足。宁波因工业用水量很大,造成水资源开发过度,已经成为缺水城市,挤占了生态用水,加剧了平原河网水质的污染。二是农业面源污染比较严重。化肥农药流失、种植业废弃物、养殖业排泄物和农村生活污水的污染负荷已占全部污染负荷的1/3以上。三是农村环境基础条件普遍较差。缺乏完善的人畜粪尿收集和处理系统,农村生活污水处理设施建设严重滞后,有些村落生活垃圾随意堆放,造成河道淤积和水体污染,甚至导致土壤重金属污染和有机污染。

第二,从大气环境质量看,空气质量下降趋势较为明显。一是空气优良天数逐年减少。2001年到2010年,宁波Ⅰ级优的天数从212天下降到88天(最少的为2008年,只有78天)。二是酸雨污染日趋严重。2001年至今,酸雨污染已经从73.1%上升到94.7%(最高的为2008年,达到97.2%),全市几乎均为重酸雨区,且表现出硫酸与硝酸混合污染型特征。三是灰霾天数不断增加。工业、交通、电力生产等人为活动产生的大量极细微颗粒浮游在空中,与大气中的气态污染物混合、反应,产生二次污染,使得空气混浊、能见度低,公众反响强烈。四是某些区域有机废气污染问题、臭氧复合污染问题逐渐显现。深究其根源:造成宁波大气质量连年下降的直接原因是二氧化硫、氮氧化物、烟尘等大气污染物排放居高不下,但更深层次的原因是重化工业的高速发展和机动车保有量的快速增长,导致原煤、燃油等化石能源消费量双双急剧攀升。

(四)农民市民化进程中的权益保障有待加强

从全球城市化和社会发展的客观规律看,一般来说,农村的城市化与农民的市民化进程是同步进行、相互促进的。相应地,在制度上确认和保护农民享有与市民同等的权利和利益成为工业化、城市化进程的必然结果。但在我国城市化进程中没有同步给农民带来市民化的权益,甚至出现了农民权益受损的情况,宁波在一定程度上也存在这种现象。

这主要包括两方面权益：一是土地权益。当前，宁波农村土地征用存在不规范现象，农民公平分享土地增值收益的机制尚不健全，城乡平等的要素交换关系尚未确立，导致农村人口进城入镇缺乏足够的资本。二是公共服务权益。受城乡二元结构的制约，现行政策在一定程度上滞后于统筹城乡发展的实践需要，城乡基础公益设施、基本公共服务标准上"城高乡低"，质量上"城优乡劣"等问题仍然普遍。由于统筹城乡发展的协同不够，部门之间城乡发展存在政策的碎片化现象，导致农村居民在享受公共服务方面存在差异。

五、城市运行体制不断健全但效率有待提升

城市运行是指与维持城市正常运作相关的各项事宜，主要包括对城市公共设施及其所承载服务的管理等。现代城市的高度集聚性决定了城市运行的复杂性。宁波构筑全域都市化的格局，要求进一步集约利用资源，提高经济社会发展的效率。这就离不开城市运行的高效化，也就是要加强城市运行综合管理、综合协调，不断健全城市发展的体制机制，以促进城市人流、物流、资金流、信息流既能高度交汇又能流畅运行。

近年来，为提高城市管理运行的效率，宁波加快健全城市发展体制机制。各级政府财权、事权优化调整，在全市财政体制、城乡规划体制以及土地管理利用体制等方面进行了积极的探索；开展小城镇建设改革试点，大力推进中心镇培育工程，并对 8 个发展潜力较好的中心镇开展卫星城试点工作，赋予其部分县级经济社会管理权限，努力推动其向现代化小城市转变；投融资体制改革加快，一批国有投资公司组建顺利推进，民间资本进入公共基础设施建设领域的制度性障碍逐步减少；实施农村宅基地供应制度改革，积极开展低丘荒滩缓坡海域等开发利用试点，拓展城市建设用地空间，提高节约集约用地水平。但应该看到，由于统筹推进的协调机制尚不健全，条块分割、各自为政的现象仍然突出。

（一）中心城区二元体制明显

这主要体现在四个方面：一是在财政体制上，市六区实行不同的分税方法，老三区的财政独立性相对较弱，而新三区则享受县级财政待遇。二是在规划体制上，虽然新三区名义上是规划分局，但实际上规划还是各区自行决

定。三是在土地管理体制上，老三区的土地出让金由市统筹，新三区基本上由各区支配。四是在建设和管理体制上，市里只负责老三区的建设和管理，新三区自我建设和管理。在目前这种城市管理和财政体制中，市级财政调控能力薄弱，难以建立统筹推进的城市建设和管理的协调机制，导致城市化发展政策支持体系不完善，县（市）区各自为战的现象比较突出，从而影响了城市建设和城市化的推进。

此外，在宁波中心城区行政区域内，保税区、大榭开发区、高新区，东钱湖旅游度假区、梅山保税港区等各类各级功能区块林立，不仅在各区版图上成为相对独立的区块，削弱了城市联系机理，统筹城市建设困难较大，而且行政主体多元造成利益诉求难以协调，直接造成城市战略性空间资源的低效使用，功能同质化竞争严重影响城市化发展质量。

（二）部门之间协调力度不够

这主要体现在两个领域：一是在传统的城乡规划建设和管理领域，城市规划建设不到位导致的管理难度增加、土地规划与城市规划的不协调、新城建设与新农村建设之间对人口集聚方向不一致等现象时有发生。以城市规划为例，城乡规划委员会主导编制的城市总体规划、发改委主导编制的国民经济社会发展五年规划、国土资源局主导编制的土地利用总体规划等都具有宏观空间的战略属性，但由于规划、发改、国土等部门在职能和管辖范围上的局限和冲突，三大规划的审批部门、层级、法定地位和实施年限各不相同，这就导致规划过程中缺乏协调和实施不力，缺乏统一的、综合性的、可全域覆盖并体现科学发展观要求的空间战略规划及规划体系安排。[①] 在基层则表现为规划"打架"，各种规划之间相互矛盾、彼此冲突，令地方政府无所适从，规划难以得到执行和实施。此外，规划作为城市空间开发建设行动纲领的地位还不够权威，规划随意变更和规划执行不力的情况时有发生，对此缺乏有效的制约手段，导致规划效力大打折扣。

二是在新型城市化的综合领域，产业发展与生态环境容量之间的冲突、城市建设与历史文化保护之间的冲突、经济建设与民生事业投入之间的财

---

① 宁波市政府对此问题高度重视，提出要进一步加强规划统筹，发挥城乡规划对城乡协调发展和空间资源配置的统筹引领和导向作用。具体见《宁波市人民政府关于强化规划统筹促进城乡全面协调发展的若干意见》甬政发〔2014〕3 号。

力分配等问题也客观存在。这不仅容易造成基层政府无所适从,同时也导致城市发展资源难以凝聚成合力,影响了城市化推进的整体效果。以传统文化的保护和延续为例,全域都市化的一个重要特征就是要营造城市独特的个性魅力和文化品位。宁波在城市化进程中对传统文化资源整体保护力度不足、开发性保护水平不高等问题依然存在,致使不可再生的传统文化资源流失、城市个性不够彰显。如何做到城市建设与传统文化的有机结合,保护好传统文化的地域特色,是始终值得关注的问题。

(三)各级政府财权、事权难于匹配

全域都市化涉及经济、政治、社会、文化等诸多领域,是一个系统工程,在城市规划、建设、管理方面离不开各级政府的相互协调和配合。在这个过程中,必须进一步明晰各级政府之间的权力与责任,促使各个层面的财权与事权关系能够有效匹配,这一方面可以推动政府财政支出效率的提升,另一方面也是理顺城市管理体制机制的必然要求。

同全国大部分城市一样,在 1994 年分税制改革以后,宁波也面临着日趋严重的地方政府财权和事权之间的不匹配问题。在财权大量上移而事权大量下放的趋势下,宁波作为地方政府,无疑也承担更多的责任。不仅如此,从宁波城市内部来看,财权、事权不匹配的现象也比较严重,并影响了城市化的整体推进。

一是市级政府的统筹手段相对缺乏,在下放部分经济社会管理权限的同时,市级政府对县(市)土地、财政以及规划等事项,仍缺乏足够而有效的调控手段,与宏观决策权上移、微观管理权下移的要求尚有距离。二是中心镇、卫星城事权下放工作积极推进,但相应的承接能力有待提高,县级政府赋予的财权保障还不够。三是乡(镇)责权匹配度仍需加强。一些经济发达乡(镇)在社会管理和公共服务等领域面临许多新情况、新问题,这就使得原来建立在传统农村形态上的乡(镇)政府架构和功能落后于现实需求。

(四)资源要素利用方式粗放

资源、要素制约已成为影响宁波城市发展的最大挑战。长期以来,包括宁波在内的我国大多城市存在低密度和分散化发展的倾向,导致耕地面积减少过多过快、资源供应紧张、城市建设用地不足等问题,严重制约城市化进程和现代化水平。为适应我国人口密度高的国情,必须加快转变城市规

划建设理念，切实提高资源、要素的综合利用效益，这直接关系到城市运行效率的高低。

一是土地资源粗放利用现象严重。当前，宁波企业组织的空间布局比较离散，不少乡镇和街道甚至农村仍热衷于工业的布局，与"产业进园区"的要求还有不小差距。2012 年，全市省级及以上开发区（园区）完成工业总产值占全市的 42.7％，比苏州低了将近 30 个百分点。从城市的平均容积率①指标来看，虽然没有宁波的实际数据，但据有关测算，我国的平均容积率可能只有 1.0，包括北京这样的大城市容积率平均下来还不到 1.0，按此估计宁波应更低。与美国曼哈顿地区高达 12.0～21.0 的容积率相比，我国北京、上海等大城市中心区域的建筑容积率，基本都在 6.0 以下，容积率在10.0 以上的建筑更是少之又少。这反映在现实中，就是大多数城市仍在坚持"摊大饼式"的扩张式发展，导致了土地资源的严重浪费。

二是能源利用结构不够合理。当前，宁波经济发展高投入、高消耗、低产出的特征依然十分明显，重化工趋势加速显现，带动了能源消费总量和工业排污总量的刚性增加。从总体能耗来看，资源产出效率较低，单位 GDP能耗高于浙江省平均水平。从全社会能源消费结构看，非化石能源消费所占比例太小。近年来，宁波市全社会能源消费中化石能源消费比例始终在98％以上，新能源与可再生能源等非化石清洁能源占比不到 2％。从电力生产结构看，火电所占比例过大，水电、风电仅占 1％左右，导致大气污染物、二氧化碳排放总量和强度持续增大。

---

① 平均容积率，是指一个城市的总建筑面积与用地面积的比率。在一般情况下，提高容积率可以提高土地的利用效益，但建筑容量的增大，会降低使用的舒适度。

第三章　宁波全域都市化总体思路

城市化是现代化的必由之路,是消费转型、拉动投资、产业升级的重要动力。党的十八大以来,国家提出要坚持走中国新型工业化、信息化、新型城镇化、农业现代化和绿色化道路,实现"五化"同步发展,其核心在于新型城市化。对宁波来说,就是要顺应经济社会发展规律和国家宏观导向,结合城乡统筹发展高水平均衡的发展特征,全面实施以全域都市化为导向的新型城市化战略,引领和统筹推进"五化"建设,加快推动城市转型发展。

一、全域都市化战略的引领功能

制定城市发展主战略,对于推动城市化和城市现代化进程、加强城市内部和城市之间的分工协作、促进城市的协调可持续发展,以及提升城市竞争力都具有重要意义。宁波通过实施全域都市化主战略,统领经济社会发展,围绕主战略深化改革,推进城乡一体发展、城市转型升级,将现代化国际港口城市建设推向新阶段。

(一)城市发展需要战略引领

1. 城市化为城市发展提供强劲动力

进入 21 世纪,城市越来越成为国家和区域经济增长的极点、经济发展的龙头、高技术人才的孵化器、各类资源要素的集聚区和创新创富中心。改革开放以来,中国迎来了有史以来城市发展最快的时期。城镇化率从 1978

年的 17.9% 提高到 2013 年的 53.7%,年均提高 1.02 个百分点;城市数量从 193 个增加到 658 个,建制镇数量从 2173 个增加到 20113 个。然而中国的城市发展还远没有达到可以企及的高度,中国的城市还蕴藏着巨大的潜能,中国城市化的红利还有待进一步释放。

城市化与城市发展是紧密联系、互相促进的,城市化为推动城市发展提供了强劲的动力和实现途径,城市则为城市化道路提供了空间载体和最终目标。城市化的一个重要功能在于激发出城市对劳动力、资本、技术、信息等社会生产要素的集聚效应和规模效益,带动城市经济社会的持续健康发展,使城市居民过上更有质量的生活,农村居民在逐步市民化的过程中享受到和城市居民同样的公共服务和社会保障。而城市作为城市化的母体和最终目标指向,为城市化战略提供了人口和资源要素的容纳空间,也为城市化战略指明了所要实现的最终目标状态。

2001 年的诺贝尔经济奖获得者约瑟夫·尤金·斯蒂格利茨曾对中国的城市化作过如下预测:"21 世纪人类发展进程有两大关键因素:美国的高科技和中国的城镇化。""同时,新世纪对中国有三大挑战:城镇化居首位。"可以说,中国作为世界上人口最多的发展中国家,未来若干年中国的城市化进程不但对于中国而且将对全球发展产生深刻影响。

2. 新型城市化在"五化"中具有统领作用

2015 年,国家将"绿色化"扩容"新四化"为"五化",把生态文明建设融入经济、政治、文化、社会建设各方面和全过程,协同推进新型工业化、城镇化、信息化、农业现代化和绿色化。在"五化"中,新型城市化和其他"四化"之间是相辅相成、互为依托、互相促进的关系,但是现阶段新型城市化是总抓手,全面承载其他"四化",具有牵一发而动全身的地位,统领其余"四化"的推进和实现,是中国未来发展能否健康、协调、可持续的前提条件与基础保障。

从城市化与工业化的关系来看,城市的集聚效应为工业化进程提供了必要的发展条件,城市化带来的消费能力提升为工业化创造了广阔空间。工业化和城市化在社会主义现代化建设进程中,是两个具有决定性意义的驱动因素。工业化创造了大量财富,为现代化建设积累了坚实的物质基础,城市化则为工业化以及工业化成果的转化提供了重要的空间载体,推动了人类文明的整体进步。城市化本身是一个人口、资金、技术等要素不断聚集的过程,随着城市规模的扩大,为工业发展提供了更多的市场机会;城市集聚起来的大量技术工人和专业人才，为现代工业发展提供了必要的人力资源；城市促进了产业的集中发展，为工业化提供了提高管理水平和发展水平的平台和载体；城市化为工业产品创造了需求空间，如果没有城市化的支撑，会造成大量工业产品的积压而无法被正常消化；城市化发展的程度直接影响着工业发展的基本格局。城市作为工业发展的空间载体，城市规模及其经济容量大小，影响着工业在城市发展的规模和速度。

从城市化与信息化的关系来看，城市化为信息化提供场所空间和信息产品出路。无论是信息化技术，还是信息产业，都需要拥有一定的发展场所和活动空间，城市化能够为其提供足够的空间，对信息化具有推动作用。另外，城市化使农民变为市民，增加了居民收入，带动商品购买力和消费水平的提升，会有效增加信息化产品的需求量。

从城市化与农业现代化的关系来看，城市化发展推动着农业现代化的发展水平。城市化对农村剩余劳动力具有较强的吸引力和容纳能力，农村剩余劳动力的转移，可以有力提升农业生产效率，提高农业收益，加速农业现代化；城市化发展促进了农业产业结构优化调整，促进传统农业向现代农业的迈进；城市化发展形成大量储蓄资金，有利于规模化的资本和技术进入农业领域，成为农业现代化的投资来源。

从城市化与绿色化的关系来看，城市化为绿色化提供了实现途径，绿色化倡导的绿色生活理念和良好生态环境都是为实现人的城市化，特别是人的生活方式现代化服务的；绿色化要求城市的宏观布局、主体形态、规模、开发模式和基础设施建设等各方面都要按照资源节约、集约高效、环保低碳的要求实现转型升级，因此，绿色化为城市化提供了可持续发展的强劲动力。

3. 新型城市化是"五大建设"的主推手

党的十八大报告指出，建设中国特色社会主义，总体布局是经济建设、政治建设、文化建设、社会建设、生态文明建设的"五位一体"。事实上，新型城市化贯穿经济、政治、文化、社会和生态文明建设的全过程，既对"五大建设"提出新的要求，也为"五大建设"的深入推进提供了条件，成为"五大建设"的主推手。城市化是人类社会进入工业社会后的必然趋势，新型城市化更是与经济发展之间存在密切关系。当今社会，新型城市化已经成为推动经济增长点的重要动力源，在提高区域和城市 GDP 的同时，也使居民的可支配收入得到较大幅度增长，提升了居民的商品购买力和消费水平；城市对人才、信息、资本、技术等资源要素的高效能吸纳和高效率利用，体现出明显的集聚效应,可以创造出巨大的经济产出;城市化过程中,农民被市民化后转变为大量的产业工人,为城市经济发展提供了劳动力资源,而且农民成为市民后,必然会提高消费欲望,进一步扩大城市内需。从另一方面来看,目前城市化滞后的弊端也日益显现,如抑制了消费需求的有效增长、抑制了产业结构的转型升级、抑制了经济发展效率和水平的不断提升等,并日益成为制约当前经济发展的最突出问题。

新型城市化发展道路,对政治建设也提出了更高要求。城市化过程中,特别是新型城市化,涉及方方面面利益格局的调整和各个阶层的分化整合,这些利益的分化和诉求也必然会反映到民主政治上来;现阶段的城市化不可避免地带来诸多城市问题,而这些问题公平公正的解决,必然依赖于一系列民主政治程序的健全和完善;越来越多的农民经历市民化过程后,会更加提升自己的政治参与意识和热情,进而推动国家和城市的民主政治运作。

城市化不仅体现为城市人口的集聚、城市规模的扩张、城市经济的发展,同时也体现为城市文明的进步,城市居民素质的提升。当前城市之间的竞争不仅仅表现为经济实力的竞争、科学技术的竞争,更重要的是文化这个城市软实力的竞争。一个没有自身独特文化气质、没有文化内涵底蕴的城市,不可能成为一座有影响力的现代化城市。文化构成了一座城市健康可持续发展的动力所在。同样,城市化过程中,农民转变为市民,其价值观和生活方式随之发生了明显转变,城市特有的文化氛围会潜移默化地被其内化到自身观念和行为方式中,而其带有乡村气息、质朴勤劳的性格特征也会逐渐融入城市的整体文化中,新老市民之间这种价值观念、生活方式的互相融合,会慢慢地孕育出更加健全和完善的城市文化。

城市化过程带来的思想观念的碰撞、利益格局的调整使得城市中社会矛盾更加突出和尖锐,城市社会管理的压力前所未有地增大;大量外来人口涌入城市,也使得城市在提供社会公共服务和社会保障方面显得难以应对。新型城市化过程本质上来说,是农民的市民化过程,对政府来说,也是提高社会保障能力和提升社会公共服务均等化水平的过程。

建设环境友好的城市,就是新型城市化的基本内涵之一。新型城市化高度重视城市化过程与城市生态环境保护的紧密结合,走的不是以牺牲环境为代价的老路,而是环境友好、资源节约的新型发展道路。通过减少污染排放、加大污染治理力度、突出城市生态建设等途径,推动城市与自然、人与城市环境和谐相处,建设可持续发展的生态城市。

(二)城市发展战略须不断演进

所谓城市发展战略,是指城市在一定时期内的经济、社会、环境等方面协调发展的带有根本性和全局性的谋划,它是关于城市发展的目标和实现目标的方针、政策、途径、措施、步骤的高度概括。因此,它对城市发展具有方向性、长远性、总体性的指导作用。城市发展战略一般包括五大基本要素:战略依据、战略目标、战略重点、战略阶段和战略实施。

主战略,一般是指首要战略,影响全局的战略,通过这个战略来带动、引导和影响其他战略的实施和实现。城市发展都需要一个主战略,其他战略围绕、服务于它。制定城市发展主战略,有利于加速城市化和城市现代化进程,有利于城市的可持续发展,有利于加强城市内部和城市之间的分工协作,促进城市的协调发展,以及有利于城市竞争力的提高。

城市发展战略要与主客观环境相适应。改革开放以来,宁波为了不断适应主客观环境,战略也是不断演进的。1992年5月26日至27日,中共宁波市委召开七届六次全会扩大会议,提出了"以港兴市、以市促港"的发展战略,并明确了建设"东方大港"的远期战略目标。2004年召开的宁波市第十次党代会提出了推进"六大联动",即推进城乡联动、产业联动、港桥海联动、内外联动、生产生活生态联动和经济社会发展联动,进一步确立长江三角洲南翼经济中心的战略地位,在2007年召开的宁波市第十一次党代会上,则在深入实施"六大联动"的基础上,提出了要推进"六大提升",即着力提升城乡区域协调发展水平、提升产业综合竞争力、提升港口大桥带动效应、提升经济国际化程度、提升可持续发展能力、提升人民群众生活品质,把现代化国际港口城市建设全面推向新阶段。两次党代会确立的目标标志着宁波经济社会发展战略进一步深化和完善,宁波建设发展掀开新的篇章。2006年9月,宁波市委提出了"东扩、北联、南统筹、中提升"的区域发展战略,在这一发展战略的指导下,宁波逐步拉开了全方位建设大幕。2010年12月,中共宁波市委十一届十一次全会通过的《关于制定宁波市国民经济和社会发展第十二个五年规划的建议》,首次提出加快打造国际强港、加快构筑现代都市、加快推进产业升级、加快创建智慧城市、加快建设生态文明、加快提升生活品质"六个加快"的战略部署。2012年2月,宁波市第十二次党代会把"六个加快"上升为今后宁波五年发展战略,描绘了"基本建成现代化国际港口城市,提前基本实现现代化,努力成为发展质量好、民生服务好、城乡环境好、社会和谐好的中国特色社会主义示范区"的宏伟蓝图。为实现这些令人憧憬的目标,报告明确提出:"最根本的是要坚定不移走科学发展之路,最关键的是要全面深入实施'六个加快'战略。"并将"六个加快"战略描述为"宁波新一轮发展的总引领,是基本建成现代化国际港口城市的总抓手"。

(三)全域都市化是新时期宁波发展的重大战略

宁波全域都市化战略顺应了国家宏观战略导向。党的十八大明确提出,要走中国特色的新型城镇化道路。2014 年,国务院制定出台《国家新型城镇化规划(2014—2020 年)》,国家发改委等 11 部门印发《国家新型城镇化综合试点方案》,将江苏、安徽两省和宁波等 62 个城市(镇)列为国家新型城镇化综合试点地区。不仅如此,为以城市群为主体形态促进大中小城市和小城镇协调发展,国家发改委正在加快编制实施长三角、长江中游、成渝、哈长等城市群规划,并紧锣密鼓地配套出台城镇化地区综合交通网规划等政策。由此可见,宁波在新时期推进全域都市化,既是全面落实中央新型城镇化试点任务的客观需要,又是推动自身经济社会全面转型的主动选择,全域都市化战略将成为宁波今后一段时期城市发展的重大战略。

为深入贯彻中央、浙江省的要求,2014 年 9 月,宁波市委以《国家新型城镇化规划(2014—2020 年)》和浙江省委、省政府《关于深入推进新型城市化的实施意见》为依据,做《中共宁波市委关于深入推进新型城市化提升城乡治理水平的决定》,明确了深入推进新型城市化、提升城乡治理水平的总体要求,以及有序推进农业转移人口市民化、优化城市化布局和形态、大力发展城市经济、加强城乡基础设施建设与管理、改善城市面貌和环境、推进人文城市建设、提升城乡综合管理和社会治理水平、改革完善体制机制等若干重大举措。

每一个发展战略的制定和出台,都是在充分吸收前面实施的发展战略的优点和经验基础上,结合时代特征和地方经济社会发展实际而产生的。全域都市化主战略是"以港兴市、以市促港"战略、"六大联动、六大提升"战略,特别是"六个加快"战略的延续和深化。不仅如此,全域都市化战略与宁波市委"双驱动四治理"战略决策、"港口经济圈"战略谋划等也是一脉相承。宁波市委提出"双驱动四治理"战略决策,并谋划在"十三五"时期重点打造辐射长三角、影响华东片的"港口经济圈",大力推进《经济社会转型发展三年行动计划》,本身就包含了全域都市化的诸多内容,而且有助于进一步转变经济社会发展方式,推动宁波形成新的经济增长极,做大做强城市经济,着力提升城乡治理水平,改善城镇生态面貌,增强城市承载能力,为推进以人的城市化为核心的新型城市化打下扎实基础。

今后一段时期,宁波应重点围绕国家新型城镇化综合试点的主要任务,在建立农业转移人口市民化成本分担机制、多元化可持续的城镇化投融资机制、城乡发展一体化的长效机制、"多规融合"规划协调管理机制以及新型城镇化标准体系等方面积极探索,力争在全国范围内取得可复制、可推广的经验做法。并以此为契机,推动全市城市化水平和质量稳步提升,城市综合承载能力明显增强,城市经济取得突破性发展,公共服务供给持续改善,社会治理能力全面提高,实现城市发展由规模扩张为主向功能提升为主、城乡关系由二元结构向一体化、城市建设由重建轻管向建管并重、城乡治理由政府主导向多方协同转变,走出一条以人为本、科学发展、绿色智慧、人文个性的具有宁波特色的新型城市化道路,基本实现建成现代都市、经济强市、开放门户、幸福之城和文化名城的发展目标。

二、全域都市化战略的阶段目标

鉴于全域都市化在经济社会发展中具有重要的引领作用,在推动区域发展中发挥着越来越重要的战略统揽功能,并已经逐渐成为宁波实现新崛起的主战略,为更好地说明宁波全域都市化战略的阶段性目标,根据国家新型城镇化的要求,按照前瞻性、科学性、系统性、统筹性、可行性和代表性原则,结合宁波实际,本章构建全域都市化的指标体系。

本指标体系从全域都市化的目标导向和发展框架出发,确定了空间布局网络化、基础设施同城化、城市产业融合化、居民生活品质化和城市运行高效化等 5 个一级指标。遵循发展指标评价体系构建的原则,基于一级指标,在参考了中国社会科学院现代化城市指标体系、清华大学现代化城市指标体系、青岛市现代化国际港口城市目标(2004)、南京市率先基本实现现代化指标体系(2011)、深圳市"十二五"规划调控指标体系(2011)、天津生态市建设指标体系及 2010 年阶段目标(2009)、宁波基本建成现代化国际港口城市指标体系架构、宁波城乡一体化评价指标体系等一系列国内城市相关指标体系,并结合《浙江省统计年鉴》《宁波市统计年鉴》等统计资料,确定二级指标共 41 项。① 需要指出的是,下面几个表格中的"—"表示暂无法获取相关的统计数据,之所以这些指标难以统计,但是仍设置了,是因为该指标能有效反映相应内容,应当开展相关统计工作。

(一)空间布局网络化的衡量标准

该类指标共有 8 个具体指标来说明城市空间布局的现状及中长期(2020 年、2030 年)的目标值。构建网络化的城市空间格局,实质是提升城市化质量和城市空间效率,在此选择常住人口城市化率指标来反映;城市空间布局网络化一定意义上也体现为人口布局集中化、城乡产业集群化和农民集居区布局,在此选择中心城区 GDP 比重、节点城市人口比重、工业集聚度和村庄集聚度 4 个指标来反映;城市空间布局网络化很重要的一个内容就是要实现特定功能的空间优化,确立生态隔离带和永久性农业保护区,实现产业布局的有机集聚等,在此选择永久性基本农田比重、农业适度规模经营面积比重和生态隔离带计划实现度 3 个指标来反映(见表 3-1)。

表 3-1　城市空间布局网络化指标及阶段性目标值

分类	编号	指标名称	2013 年	2020 年目标值
空间布局网络化	1	常住人口城市化率(%)	69.8	75.0
	2	中心城区 GDP 比重(%)	55.4	60.0
	3	节点城市人口比重(%)	19.4	30.0
	4	工业集聚度(%)	—	70.0
	5	村庄集聚度(%)	—	—
	6	永久性基本农田比重(%)	—	94.0
	7	农业适度规模经营②面积比重(%)	—	95.0
	8	生态隔离带计划实现度(%)	—	80.0

---

① 工业集聚度、村庄集聚度、永久性基本农田比重、农业适度规模经营面积比重、生态隔离带计划实现度、公共停车位与汽车保有量比例、封闭式独立产业园区占比、居住—就业平衡指数、企业专业服务机构本地化率、政府财力与事权匹配程度等指标都能够较为准确地反映城市空间布局网络化,但囿于目前资料不全,难以给出具体数值,故需将来专门组织研究力量进行研究。

② 适度规模经营是在一定的适合的环境和适合的社会经济条件下,各生产要素(土地、劳动力、资金、设备、经营管理、信息等)的最优组合和有效运行,取得最佳的经济效益。

1. 城市化率是反映社会发展转型和现代都市实现程度的重要指标,指居住在城镇范围的常住人口占该地区常住总人口的比重。2013年宁波城市化率为69.8%,根据《浙江省城镇体系规划(2008—2020)》,设定2020年的目标值为75%。

2. 中心城区GDP比重是反映中心城区资源集聚度和辐射带动作用大小的重要指标,指市六区GDP占全大市GDP的比重。2013年宁波中心城区GDP比重为55.4%,设定2020年的目标值为60%。

3. 节点城市人口比重是反映县城、卫星城和中心镇的人口规模的重要指标,即节点城市常住人口占全大市常住人口的比重。节点城市指的是县市的县城、卫星城、中心镇,但限于现在的统计口径,无法统计县市县城区域范围及人口,因此,这里把卫星城和中心镇人口作为节点城市人口。2013年宁波节点城市(不含县城)人口比重为19.4%,根据《宁波人口发展报告》和《宁波生态市建设规划》,考虑到各节点城市资源环境承载力存在差异,设定2020年的目标值为30%。

4. 工业集聚度是反映一个区域工业企业集中程度的重要指标,是指省级以上工业区内规模工业企业产值占规模工业企业总产值的比重。生产技术的进步导致工业生产日益集聚于大型企业,并引起同类生产在地理分布上的相对集中。

5. 村庄集聚度是反映农民居住集聚程度的重要指标,是指达到500户规模的村庄占全市村庄数的比重。

6. 永久性基本农田比重是反映耕田保护力度的重要指标,它是为确保土地资源可持续利用和经济社会可持续发展,根据土地管理法律法规,在土地利用总体规划中确定不得占用的具有较高或潜在生产能力的农用地,是指划定的永久性基本农田占市域内耕地面积的比重。宁波于2014年启动永久性基本农田划定工作,根据《宁波市土地利用总体规划(2006—2020年)》,到2020年要确保耕地保有量22.26万公顷,宁波目前实有耕地面积为23.67万公顷,设定2020年的目标值为94%。

7. 农业适度规模经营面积比重是反映农业生产组织化程度的重要指标,是指农业适度规模经营面积占耕地总面积的比重。

8. 生态隔离带计划实现度是反映生态保护红线的建设程度的重要指标。本书建议强化四明山脉生态通道、中心城区生态走廊、滨海沿湾生态屏障等建设,用于控制城市蔓延和改善城区生态环境。设定 2020 年的目标值为 80%。

(二)基础设施同城化的衡量标准

该类指标共有 8 个具体指标来说明基础设施同城化现状及中长期(2020 年)的目标值。基础设施同城化,主要是构建完善的综合交通基础设施网络,实现城乡各种运输方式紧密衔接,在此选择城乡客运一体化率、城乡快速交通覆盖率、公共停车位与汽车保有量比例 3 个指标来反映;基础设施同城化的一个重要内容是不断完善供水、供电基础设施,在此选择百日无断电村庄比重指标来反映;基础设施同城化要求建立全面融合的通信、信息基础网络,为广大群众提供便捷、快速的信息化生活,在此选择 4M 以上高速率宽带接入用户比重指标来反映;建设污水、垃圾处理设施,不断完善城乡共建共享的环保基础设施体系,是基础设施同城化的重要内容,在此选择城乡居民集中式供水水质卫生合格率比值、城乡生活垃圾无害化处理率和行政村生活污水设施覆盖率 3 个指标来反映(见表 3-2)。

表 3-2　基础设施同城化指标及阶段性目标值

分类	编号	指标名称	2013 年	2020 年目标值
基础设施同城化	1	城乡客运一体化率(%)	74.6	100.0
	2	城乡快速交通覆盖率(%)	70.0	95.0
	3	公共停车位与汽车保有量比例(%)	—	30.0
	4	百日无断电村庄比重(%)	80.0	95.0
	5	4M 以上高速率宽带接入用户比重(%)	83.6(2012 年)	95.0
	6	城乡居民集中式供水水质卫生合格率比值(%)	91.3(2012 年)	100.0
	7	城乡生活垃圾无害化处理率(%)	94.0	100.0
	8	行政村生活污水设施覆盖率(%)	60.0	95.0

1. 城乡客运一体化率是反映城乡道路客运发展的重要指标,是以公司化为主体的运营模式,强化安全保障,提升运营水平和车辆档次,即达到城乡客运一体化交通条件的乡镇数量占乡镇总数的比重。2013 年宁波城乡客运一体化率为 74.6%,设定 2020 年的目标值 100%。

2. 城乡快速交通覆盖率是反映城乡交通一体化的指标,城乡快速交通要满足"15·30·60"条件,即辖区内主要节点 15 分钟内驶入高速公路,各乡镇 30 分钟内到达中心城区,对角线乡镇 60 分钟内通达的快速交通体系,即达到"15·30·60"快速交通条件的乡镇数量占乡镇总数的比重。2013年宁波城乡快速交通覆盖率为 80%,根据城乡发展一体化要求,设定 2020年的目标值 95%。

3. 公共停车位与汽车保有量比例是反映城市停车资源供需状况的重要指标,是指全大市现有的公共停车位与全市汽车保有量之间的比值。根据国际惯例,设定 2020 年宁波公共停车位与汽车保有量比例目标值为 30%。

4. 百日无断电村庄比重是反映农村电力网供电可靠性水平的重要指标,是指百日无断电村庄占全市村庄的比重。2013 年百日无断电村庄比重为 70%,根据城乡发展一体化要求,设定 2020 年的目标值 95%。

5. 4M 以上高速率宽带接入用户比重是反映城市信息化建设的重要指标,指的是 4M 以上宽带接入用户占宽带用户总数的比例。2012 年宁波4M 以上高速率宽带接入用户比重为 83.6%,设定 2020 年的目标值 95%。

6. 城乡居民集中式供水水质卫生合格率比值是反映宁波城乡供水水质差异程度的指标,即农村居民集中式供水水质卫生合格率与城镇居民集中式供水水质卫生合格率的比值。2012 年城乡居民集中式供水水质卫生合格率比值为 91.3%,根据《宁波生态市建设规划》,设定 2020 年的目标值 100%。

7. 城乡生活垃圾无害化处理率是反映城乡生活垃圾集中处理情况的重要指标,指无害化处理的垃圾量占总处理垃圾量的比率。2013 年宁波城乡生活垃圾无害化处理率为 94%,根据《宁波生态市建设规划》,设定 2020年的目标值 100%。

8. 行政村生活污水设施覆盖率是反映农村生活污水处理设施覆盖率的指标,是指农村具有污水处理设施的村庄个数占村庄总数的比重。2013年宁波行政村生活污水设施覆盖率为 60%,根据《宁波市农村生活污水处理规划》和城乡发展一体化的要求,设定 2020 年的目标值 95%。

(三)城市产业融合化的衡量标准

该类指标共有 8 个具体指标来说明城市与产业融合的现状及中长期(2020 年)的目标值。不同类型产业对城市功能会有不同影响,培育特色产业也是塑造城市优势的重要手段,在此选择第三产业增加值占 GDP 比重指标来反映;增加城市就业人口,促进居住人群和就业人群结构匹配,也是城市与产业融合度的重要体现,在此选择人均 GDP、常住人口就业率、规模以上工业企业劳动生产率 3 个指标来反映;产城融合的发展目标是将产业园区和城市社区融为一体,在此选择封闭式独立产业园区占比、居住—就业平衡指数(JHB)、企业专业服务机构本地化率 3 个指标来反映;单位土地空间、功能区块的产出,充分体现了空间利用效率,在此选择建设用地 GDP 指标来反映(见表 3-3)。

表 3-3　城市产业融合化指标及阶段性目标值

分类	编号	指标名称	2013 年	2020 年目标值
城市产业融合化	1	第三产业增加值占 GDP 比重(%)	43.6	54
	2	人均 GDP(元)	93176	114000
	3	毕业生就业率(%)	98	100
	4	规模以上工业企业劳动生产率(万元/人)	16.3	31.56
	5	封闭式独立产业园区占比(%)	—	—
	6	居住—就业平衡指数(JHB)	—	—
	7	企业专业服务机构本地化率(%)	—	—
	8	单位建设用地 GDP(亿元)	27.87	55.74

1. 第三产业增加值占 GDP 比重反映一个国家或地区所处的经济发展阶段,反映经济发展的总体水平,因为发达的第三产业是城市经济高度发展的重要标志,并会成为带动经济增长的主要动力。2013 年宁波市第三产业增加值占 GDP 比重为 43.6%,根据《宁波生态市建设规划》,设定 2020 年第三产业占 GDP 比重达到 54%。

2. 人均 GDP 是反映一个国家或地区人民生活水平的重要指标,具体为地区生产总值除以当年平均常住人口数。2013 年宁波市人均 GDP 为 93176 元,根据《宁波市土地利用总体规划(2006—2020 年)》和《宁波生态市建设规划》,设定 2020 年目标值为 114000 元。

3. 毕业生就业率是衡量城市产业融合发展的重要指标,指毕业生就业人口占 16 岁以上总人口的比重,城市发展离不开毕业生作用的发挥。2013 年宁波毕业生就业率为 98%,设定 2020 年的目标值 100%。

4. 规模以上工业企业劳动生产率是反映工业企业的生产效率和劳动投

入产出的重要指标，指规模以上工业企业从业人员在一年期内的产品生产量。2013年宁波市规模以上工业企业劳动生产率为16.3万元/人，考虑产业结构调整及未来产业技术发展趋势，设定2020年的目标值31.56万元/人。

5. 封闭式独立产业园区占比是反映产业园区与配套服务之间关系的重要指标，是指具有良好的配套服务、齐全的配套设施的产业园区占所有产业园区的比重。封闭式独立产业园区具有完善的配套服务设施，对于吸纳就业人口、吸引投资都具有重要意义，要尽量完善已有产业园区的功能，尤其是新增产业园区，注意城市功能配套服务。

6. 居住—就业平衡指数是反映区域内有就业岗位的居民中有多大比例在本区就业的指标，是指既在该区域内就业又在该区域内居住的人数占在该区域内工作的总人数、在该区域内居住的总人数和既在该区域内就业又在该区域内居住人数的总和的比重。它是影响通勤时耗的重要因素，提高居住—就业平衡指数有助于解决城市交通拥挤现象。因此，应积极采取措施不断提升居住—就业平衡指数水平等。

7. 企业专业服务机构本地化率是反映一个地区中小企业社会化服务体系的完善程度的重要指标，指的是一个区域的中小企业所需的社会化配套服务可以由本区域的专业服务机构或者中介机构提供的比例。提高企业专业服务机构本地化率有利于减少服务成本，提高企业经济效益。

8. 单位建设用地GDP是反映一个国家或地区经济建设用地经济效益情况的重要指标，是指每平方千米建设用地平均产出的GDP。2013年宁波建设用地GDP为27.87亿元，设定2020年的目标值55.74亿元。

（四）居民生活品质化的衡量标准

该类指标共有8个具体指标来说明居民生活水平现状及中长期（2020年）的目标值。国际上把人均GDP作为是否进入发达国家的标准之一，也是富裕程度的重要表征，而居民收入更是体现居民的经济生活品质的重要衡量标准，恩格尔系数同样也是说明居民更高生活需求的重要依据，在此选择城乡居民收入比、城乡恩格尔系数差异度2个指标来反映；教育、文化、养老、医疗、社保这几个领域的发展水平和服务设施完善程度也是体现居民社会生活品质高低的重要指标，在此选择具备基本科学素质公民比例、文化消费支出占消费性支出比例、千名老人拥有养老床位数、万人拥有医生数、城乡基本医疗保险覆盖率5个指标来衡量；环境保护越来越成为衡量居民环境生活品质的重要因素,在此选择空气质量达标(API<100)天数指标来衡量(见表3-4)。

表3-4　居民生活品质化指标及阶段性目标值

分类	编号	指标名称	2013年	2020年目标值
居民生活品质化	1	城乡居民收入比	2.03∶1	<1.95∶1
	2	城乡恩格尔系数差异度(%)	3.8	3
	3	具备基本科学素质公民比例(%)	7.98	16
	4	文化消费支出占消费性支出比例(%)	14.3(2011年)	20
	5	千名老人拥有养老床位数(张)	24.5	50
	6	万人拥有医生数(人)	34	40
	7	城乡基本医疗保险覆盖率(%)	97.4	98
	8	空气质量达标(API<100)天数(天)	275	328

1. 城乡居民收入比是衡量城乡居民收入差异程度的一个重要指标,具体指城镇居民人均可支配收入与农民人均纯收入之间的比值。2013年宁波城乡居民收入比为2.03∶1,根据《宁波生态市建设规划》,结合宁波实际,设定2020年的目标值应小于1.95∶1。

2. 城乡恩格尔系数差异度是反映城乡生活水平差异程度的指标,一般随居民家庭收入和生活水平的提高而下降,城乡恩格尔系数差异度是衡量宁波城乡居民生活富裕程度差异的重要指标。计算公式为:农村居民恩格尔系数－城镇居民恩格尔系数。2013年宁波城乡恩格尔系数差异度为3.8%,设定2020年的目标值为3%。

3. 具备基本科学素质公民比例是反映人的全面发展的基本指标。该数据由中国科协定期抽样调查所得,现代化国家具备基本科学素养的公民比例普遍在15%以上。2013年宁波具备基本科学素质公民比例为7.98%,根据《宁波市全民科学素质行动计划纲要》,设定2020年的目标值为16%。

4. 文化消费支出占消费性支出比例是反映文化消费的重要指标。2011年宁波文化消费支出占消费性支出比例为14.3%,根据《宁波基本建成现代化国际港口城市的目标内涵、指标体系及实现路径研究》报告,设定2020年的目标值为20%。

5. 千名老人拥有养老床位数是反映养老服务体系建设水平的重要指标,指每千名老人(60 周岁以上户籍人口)拥有的机构养老床位数。2013 年宁波千名老人拥有养老床位数为 24.5 张,今后五年,为积极应对人口老龄化,宁波将加大养老机构建设力度,根据《宁波生态市建设规划》和《宁波市养老服务设施布局专项规划(2012—2020)》,设定 2020 年的目标值为 50 张。

6. 万人拥有医生数是反映医疗人力资源发展状况的重要指标,指每万人口(户籍)居民拥有的具备行医资格的医生数量。2013 年宁波万人拥有医生数为 34 人,考虑未来民生事业投入力度加大,城乡医疗条件持续提高,结合模型预测,设定 2020 年的目标值为 40 人。

7. 城乡基本医疗保险覆盖率是反映覆盖城乡居民的社会医疗保险体系完善程度的重要指标,是指参加职工基本医疗保险、城镇居民基本医疗保险和新型农村合作医疗保险的人口占全市总人口的比重。2013 年宁波城乡基本医疗保险覆盖率为 97.4%,设定 2020 年的目标值为 98%。

8. 空气质量达标(API<100)天数是反映减排和空气质量状况的重要指标,是指一年中 API 指数小于 100 的天数。2013 年宁波空气质量达标(API<100)天数为 275 天,随着宁波公交出行比例的逐步提高和减排措施力度的不断加大,预计 2020 年该指标达到 328 天。

(五)城市运行高效化的衡量标准

该类指标共有 8 个具体指标来说明城市运行现状及中长期(2020 年)的目标值。城市运行高效化,要求城市能够为服务对象优质高效地提供人性化、个性化的公共服务,发展作为社会公共服务重要载体的社会组织,提高行政审批事项办理效率,建立健全城市管理法规规章和制度,规范城市管理的各类活动,在此选择城乡社会管理服务圈覆盖率、每万人拥有登记社会组织数、行政审批事项网上办理率、政府服务类采购比和基本公共服务满意度 5 个指标来反映;高效的城市运行体系必然需要高效运作的政府职能体系和公共财政体系来支撑,而政府事权和责任划分、财政支出范围、效益则是重要的内容,在此选择政府财力与事权匹配程度指标来反映;构建科学规范的城市管理体系,提升城市社会和谐程度,是城市运行高效化的重要保障,在此选择政府透明度指数指标来反映;社区是城市的基本单元和细胞,城市运行高效化要求不断提升城乡基层自治水平,在此选择城市社区自治达标率指标来反映(见表 3-5)。

表 3-5　城市运行高效化指标及阶段性目标值

分类	编号	指标名称	2013 年	2020 年目标值
城市运行高效化	1	城乡社会管理服务圈覆盖率(%)	—	98
	2	每万人拥有登记社会组织数(个)	7	25
	3	行政审批事项网上办理率(%)	—	90
	4	政府服务类采购比(%)	26.9(2014 年 1 季度)	40
	5	基本公共服务满意度(分)	61.63	90
	6	政府财力与事权匹配程度	—	—
	7	政府透明度指数(满分 100 分)	70.65	85
	8	城市社区依法自治达标率(%)	90	100

1. 城乡社会管理服务圈覆盖率是反映城乡社会管理服务覆盖水平的一项指标。根据相关要求,要依托城乡社区综合服务中心普遍开展"一站式"服务,构建城市社区 15 分钟、农村社区 2 千米管理服务圈。该指标计算公式:达到上述要求的村(社区)数÷总数×100%。根据城乡发展一体化的要求,结合宁波实际,设定 2020 年目标值为 98%。

2. 每万人拥有登记社会组织数是反映社会管理创新的重要指标,指每万人口(常住)居民拥有的社会组织数。宁波每万人拥有登记社会组织数 2013 年为 7 个。按照现代化建设进程分析,设定 2020 年目标值为 25 个。

3. 行政审批事项网上办理率是反映行政审批效率的重要指标,是指在网上办理的行政许可审批事项占所有行政许可审批事项的比重。

4. 政府服务类采购比是反映各级政府部门落实保障和改善民生职能的重要指标。政府采购项目主要为货物类采购、工程类采购和服务类采购,政府服务类采购比是指政府服务类采购在这三大类采购中所占的比重。宁波政府服务类采购比 2014 年第 1 季度为 26.9%,设定 2020 年目标值为 40%。

5. 基本公共服务满意度是反映一个地方政府对基本公共服务重视程度、基本公共服务投入力度和公共服务质量效率的综合性指标,是一个城市的市民对政府提供基本公共服务的满意度的量化指标。根据《中国城市基本公共服务满意度评价(2012—2013)》报告,宁波市 2013 年公共服务满意度分数为 61.63 分,位列全国第 6 位。结合《宁波市国民经济和社会发展第十二个五年规划纲要》、《宁波市"十二五"服务业发展规划》和《宁波市加快提升生活品质行动纲要(2011—2015)》等有关文件,设定 2020 年目标值为 90%。

6. 政府财力与事权匹配度是反映地方政府财政处置权与承担公共事务和服务责任之间平衡性的重要指标。党的十八届三中全会提出要建立事权和支出责任相适应的制度。事权履行的界定往往必须和支出责任挂钩,支出责任要随事权走,这样才能有利于实现财力与事权相匹配。政府间支出责任划分要按照法律规定、受益范围、成本效率、基层优先的原则,着眼于加快城乡和地区间的协调发展,要合理划分各级政府事权和支出责任,适度加强上级政府事权和支出责任,减少委托事务,各级政府按规定分担支出责任。

7. 政府透明度指数是反映政府信息公开程度的重要指标。根据中国社科院法学研究所发布的《政府透明度指数报告》,2013 年,宁波政府透明度指数为 70.65,在 49 家较大的市的政府透明度指数排序中排在第 3 位。争取 2020 年目标值达到 85。

8. 城市社区依法自治达标率是反映城市社区居民依法自治的重要指标,具体是指依据《中华人民共和国城市居民委员会组织法》,达到四民主(民主选举、民主决策、民主管理、民主监督)、四自治(即自我管理、自我教育、自我服务、自我监督)要求的社区居委会所占的比重。宁波城市社区自治达标率 2013 年为 90%。按照浙江省小康社会指标体系要求,设定 2020 年目标值为 100%。

三、全域都市化战略的突破方向

全域都市化是一个复杂的涉及经济、社会、文化、环境等方方面面的系统工程。如果没有明确的突破方向,不分主次、面面俱到,必然会顾此失彼,不利于最终目标的实现。应将规划制定、基础设施建设、产城融合、民生保障和机制创新作为当前推进全域都市化的重要突破方向。

(一)加强市域空间一体化规划

城市规划是建设城市和管理城市的基本依据,在确保城市空间资源的有效配置和土地合理利用的基础上,是实现城市经济和社会发展目标的重要手段之一。在编制市域空间规划时,宁波要根据《宁波市城市总体规划(2006—2020 年)(2015 年修订)》的要求,以全域都市化为导向,构建市域一体的规划体系,进而加快构筑"一主、三副、五组团"①多节点网络化的大都市新格局。

1. 进一步加强规划的前瞻性研究

规划是指导城乡发展的总指挥棒,而科学规划的前提是要进行系统的前瞻性研究。宁波在"十三五"时期以及未来较长一段时间,要加强对市域一体规划体系以及事关全局重大规划的前瞻性研究,加强对国民经济和社会发展规划、主体功能区规划、城乡规划、土地利用总体规划等"多规融合"方案的研究,加强对作为"法定规划"之外规划的战略研究;要在充分研究的基础上,制定规划,坚持规划引领,力求重点突破。

2. 建立健全市域一体的规划体系

市域一体的规划体系,是各种规划有效衔接、多规融合的规划体系,是用于指导宁波全域都市化发展的规划体系。从空间布局规划来看,通过严格落实主体功能区规划,来明确空间分区、开发强度、开发导向、开发策略等内容,强化对国土空间开发及相关规划的引导约束功能;通过创新编制市域总体规划、城镇体系规划和土地利用总体规划,在跨行政区的重点区块开发上实行规划、产业和国土三个部门共同编制,推进"多规融合"。从专项规划来看,按照"全市统筹、专项衔接"的规划理念,着手编制公共服务、生态环境、水资源、管网、能源等各类专项规划,合理引导市域空间布局、城乡设施统筹和生态网络构建。从产业发展规划来看,应进一步合理规划市域产业发展的功能定位、行业选择和拓展导向,力争在规划指引下,使宁波市域产业发展形成分工合理、优势互补、发展有序的区域有机整体。

---

①　"一主、三副、五组团":"一主"是指宁波绕城高速以内的中心城,包括了海曙区、江东区、江北区、镇海新城、鄞州新城等;"三副"是指镇海片、北仑片、鄞奉片;"五组团"是指慈城、东钱湖、东部滨海、九龙湖—澥浦、鄞江(鄞西南)五个组团。

3. 有效确保各类规划的执行落地

规划能否发挥作用，关键还在于规划的落地执行。为此，一是要确保城乡规划的权威性。严格落实城乡规划的空间管治要求，尊重规划的法律效力，加强各级城乡规划相互衔接。二是要建立规划评估和动态调整机制。在规划实施过程中，围绕规划提出的主要目标、重点任务和政策措施，要组织开展规划实施评估，并根据形势变化需要，对规划进行动态调整。三是要加强规划综合协调管理。加强规划部门的沟通协调，梳理各部门规划编制、管理和实施"权力清单"，既强化监管力度，提高规划权威性，又及时妥善处理不同规划之间的矛盾和冲突，确保规划的落实。四是要坚持以科学规划引领全域都市化发展。通过推进多规融合，加快构筑"一主、三副、五组团"多节点网络化的大都市新格局，凸显宁波中心城区的核心职能，强化南北两翼的支撑作用，引导东部滨海城镇产业带和西部山区生态人居带的健康发展。

(二)推进产业与城市融合发展

宁波经济社会发展已经到了工业化与城市化融合发展的新阶段。宁波必须强化"产城融合"发展理念，推动产业竞争力和城市功能的同步提升，提升全市产城融合的整体水平。

1. 强化规划执行推动产城融合

宁波在推进产城融合的过程中，要将产城融合的发展导向植于新城规划体系之中，并在建设和发展过程中予以深刻体现。旧城区块、新城区块、卫星城、产业功能区等在推进产城融合的过程中，首要以规划的制定与实施为龙头，努力促进形成产业集聚、功能集成、土地集约、人口集中的功能布局，实现城市格局和产业布局在功能上匹配、空间上对接；在具体推进的过程中，不仅要促进各项规划的有效衔接，更要推进规划的权威执行。对于涉及不同行政主体的情况，应按照"统一规划、分头建设"的总体原则，实现规划决策权力的上收与规划执行权力的下放，力求既保障区块开发的整体性，又要发挥好各利益主体的积极性。

2. 根据区块特点推进产城融合

从实践来看，城市的产城融合重点在于旧城改造、城市新城建设、节点城市建设以及部分产业园区（开发区）城市功能拓展。为此，宁波在推进产城融合的过程中,一是要以旧城改造提升产城融合水平。要依据新的城市发展定位,增强规划的执行力,规划布局和培育形成一批高端产业、高端服务功能,打造一批以服务业为主的特色功能区;要着重做好旧城改造建设资金的收支平衡工作,吸引社会资金进入应当成为重要的融资渠道;要强化新城的基础设施配套,分步骤地推进新城的产业、生活休闲、商务商贸和大型居住等协调发展,引导人口与产业不断向新城集聚。二是要以中心城市功能新城建设提升产城融合水平。通过新城的建设来拉大城市框架,通过核心功能营造助推经济转型升级。三是要以节点城市建设提升产城融合水平。有条件的中小城市以及城镇要科学合理地扩大规模,发展成为适度的节点城市;县城要着力推进原有功能区改造提升和城市综合体建设,以此增强城市的辐射带动力。四是要加快产业园区(开发区)城市功能拓展。要将有潜力发展成为小城市的产业园区列为城市功能拓展的重点,按照现代化城市的标准来推进园区的功能拓展,加快培育形成城市居住、消费、休闲等功能。

3. 优化产城融合体制机制

现有产业和城市"两张皮"的一个重要原因,就在于利益主体的多元化,导致在规划、行政管理体制、要素投入机制、社会管理体制等问题上很难形成有效的统筹机制。为此,要促进产城融合,必须深化改革,进一步创新体制机制。一是要破解管理多头的难题。最根本的办法,是加强新城区块的区划调整,推进行政主体的一体化。在区划调整有困难的情况下,可以考虑通过成立管委会、开发领导小组等形式,负责对新城区块总体规划与各组团实施情况进行总体把控,以及各开发主体之间利益的再平衡。二是要建立完善区域统筹联动发展机制。要通过强化区域政策的指导、推进简政扩权、适时进行区划微调来进一步完善联动发展机制。三是要完善土地利用机制。尤其是要通过"腾笼换鸟"、回购改造、差别化土地供给等手段来建立有利于产业升级与产城融合的园区土地利用机制。

(三)推进重大基础设施同城化布局

基础设施一体化是城乡一体化的重要标志,是统筹城乡发展的重要条件,是拓展城市发展空间,扩大城区辐射范围和提升城市品位的重要前提,对优化城市资源配置起着重要作用。

1. 打造构建同城化的基础设施网络

当前,城乡基础设施的差异是造成城乡发展不均衡的重要原因。为此,宁波要优化城乡基础设施网络布局,重点推进农村路网、电网、供水网、污水处理网和信息网等各项设施统筹建设和使用。一是要通过高速路网、快速公路网络、城乡公交客运体系等建设,构筑起开放高效的综合交通运输体系。二是要通过创新水务管理运营体制,加大投入,建立起开放高效的综合交通运输体系。三是要通过打破行政区划限制,建立市域统一规划、合理布局、共建共享的生活垃圾处理设施,形成完善、统一、集约的垃圾处理体系。四是要在统筹城乡交通、水利、环保等重大基础设施建设的基础上,建立完善共建共享的基础设施运营管理机制。

2. 深化城建投融资体制和公用事业改革

坚持政府主导、市场化运作原则,推广运用政府和社会资本合作(PPP)模式,建立多渠道、多元化的城建投融资体制。进一步放宽门槛,开放市政公用设施经营市场,鼓励外资、社会资本和非公有制经济成分参与市政公用设施建设和经营;积极吸纳民间资本和商业银行信贷资金,多方筹措城市建设资金;按照保本微利、合理计价原则,理顺供水、供气、污水处理等价格,建立完善的价格机制和收费制度;尽量保证城市维护建设税全部用于城乡基础设施建设和维护。此外,要积极开展污水再生利用和垃圾资源化工作,逐步形成市政公用行业投资经营、回收、再投资的良性循环。

3. 理顺城市开发建设体制机制

当前,宁波市级财政调控能力薄弱,城市化发展仍然处于县(市)区各自为战的状态,不利于市域统筹推进。为此,应按照市场化改革方向,加快理顺城市开发建设体制机制,合理配置市域资源,增强城市发展动力。要提高市级政府的统筹能力,按照"决策在市、建设在县(市、区)"的原则,适当提高市级财政收入比例,建立健全事权财权相适应、有利于集中财力办大事的体制机制,进一步强化市级政府对全市重大基础设施和重大功能载体建设的统筹协调能力。要拓展节点城市的管理权限,卫星城、中心镇等节点城市是全域都市化建设的重要支撑,在拓展节点城市数量的基础上,按照"决策权上移、执行权下放、服务到位、权责对等"的原则,进一步推进县级经济社会管理权限向节点城市下放和延伸,以激发节点城市发展活力。

(四)重视城市化进程中的民生权益

农民市民化既是推进新型城市化的重点任务,又是城市经济社会发展的推动力。在这个身份转换过程中,涉及城乡农民利益与权益的调整。正是由于推进新型城市化涉及广大城乡居民的根本利益,所以必须始终坚持依法行政,牢固树立法治思维,切实做好民生权益的保障工作,通过法治保障好城市化进程中各利益主体的民生权益。

1. 加强对农民合法土地权益的保护,让被征地农民分享城市化成果

当前,在农村征地过程中仍存在不少问题,成为影响社会和谐的重要因素。总的来说,要以维护农民权益为根本,逐步建立"农地征用规范化、经济补偿有依据、基本生活有保障、农民就业有岗位"的权益保护长效机制。对具有本市户籍且自愿进城镇落户的失地农民,应重点解决其进城入镇的权益享受等后顾之忧。具体来说,可以通过农村宅基地使用权和住房所有权置换城镇住房、以农村土地承包经营权置换社会保障、以农民拥有的集体资产所有权置换社区股份合作社股权,建立农民权益转换(置换)过渡通道,引导农民向卫星城和中心镇迁移落户,融入城镇并享受与城市居民的同等待遇,促进常住人口向户籍人口、人口半城市化向城市化有序转化。

2. 推进城乡公共服务和社会保障的均等化,加强对农村居民的基本生活权益保障

全域都市化要求不断缩小城乡公共服务与社会保障水平的差距,建立与经济社会发展水平相适应的农村基本生活保障体系。为此,一是要加快推进公共服务向农村覆盖,建立多层次、宽领域的城乡统一、制度对接的基本公共服务均等化制度,促进城乡社会事业逐步实现水平上的城乡均等和制度上的城乡融合。二是要在实现低保"城乡一体、标准一致"的基础上,加快制定城乡居民基本养老保险、基本医疗等制度并轨时间表,探索建立农村住房保障体系,从制度上让城乡居民公平地享受社会保障待遇,推动从制度全覆盖向人群全覆盖转变。同时,建立城乡养老、医疗、低保和困难群众补贴的动态调节与同步调节机制,不断提高普惠福利救助体系的水平。

3. 加快改善外来务工人员的居住条件,促进全市流动人口合理分布

当前,宁波外来人口位居浙江省第一。应坚持"以房控人",有效引导人口合理分布,逐步建立起大中小城镇有机结合、规模序列完善、职能分工互补、空间分布合理、符合现代化中心城市要求的城市人口规模体系。为此，一是要加快城市更新步伐。加快城乡接合部治理和旧城城中村改造，进一步减少低层次流动人口聚居空间。同时，统筹推进旧工业区、旧住宅区、旧商业区更新升级，推动原区域的产业升级和居住业态升级，进一步压缩低端从业人口数量。二是要加强出租房屋管理。完善城乡出租房屋的准入条件和管理制度，依法查处违法建筑、违法出租、违法经营等行为，规范房屋租赁市场秩序，破除外来人口无序集聚居住的安全隐患。三是要推进外来务工人员安居保障体系建设。允许符合条件的优秀外来务工人员在务工地享受住房保障政策，鼓励外来务工人员较多的开发区、产业园区集中建设公共租赁住房，引导和支持村（社区）、企业改善外来务工人员的居住条件。

4. 建立农业转移人口市民化成本分担机制

研究测算农业转移人口市民化总成本，编制年度外来农业转移人口市民化成本报告，测算宁波市及各县（市）区外来农业转移人口数量和基本公共服务方面的总支出，明确成本分担比例。根据国家实行中央财政转移支付与农业转移人口市民化相挂钩的政策，以总成本为依据，合理设定中央、省、市和县（市）区的分担比例，争取国家和省分别承担30％、10％的总成本（具体比例由国家和省统筹平衡后确定）；在明确国家、省承担比例的基础上，市、县（市）区两级综合考虑现有地方财力分配方案和农业转移人口空间分布状况，明确具体成本分担比例。健全财政转移支付机制。建立以一般和专项相结合的转移支付方式。根据中央、浙江省成本分担总量，上级（中央和浙江省）财政在扣除专项转移支付后的剩余部分，以一般转移支付的方式给予地方财政，重点用于农业转移人口义务教育、劳动就业、社会保险、基本医疗卫生、公共管理等基本公共服务开支。市、县（市）区根据成本分担比例，研究制定具体操作的财政转移支付办法。提高企业和个人履责积极性。加大对企业社会保障缴费和劳动就业执法检查力度，督促企业依法为务工人员缴纳各类社会保险，落实外来务工人员与城镇职工同工同酬制度，建立合理的工资正常增长机制和劳动权益保障机制。鼓励外来农业转移人口积极参加城镇社会保险、职业教育和技能培训，按规定承担相关费用。对吸纳外来农业转移人口数量较多，且符合产业转型升级方向的企业，允许企业在工业用地上建设公租房性质的职工宿舍。

5. 因地制宜推进市域农民生活方式市民化

在宁波推进全域都市化的过程中，其薄弱环节在农村。只有农村的生产、生活和生态城市化了,那才能说全域都市化的目标基本达成了。而在农村的生产、生活和生态等指标中,最有意义也是最为内在的则是农民生活方式的市民化。实现农民生活方式市民化,一是要认真区分分属不同类型社区的农民所固有的不同生产生活特征,以及由此带来的不同的心理和行为特征。根据全域都市化的格局,社区可细分为城市社区、城郊社区、节点城市社区和农村社区。生活在这四类社区中的农民,其生活方式具有各自的特质。二是要根据生活在不同社区农民的不同生活方式的特质,确定其实现生活方式市民化的重点方向。进入城郊社区的居民要重点培养其共同的价值理念,节点城市社区要着力打造社区治理结构,而农村社区则要全力推动居民的社区认同。三是要在确定了不同社区实现生活方式市民化的不同重点方向的基础上,有针对性地采用不同的方法和手段,促进农民改变其原有的生产生活方式,扎实推进宁波实现全域都市化的进程。

(五)保障核心要素有效供给

新常态的助推特点是结构性减速,而资源配置效率下降、要素供给效率下降和资源环境约束增强是造成结构性减速的重要原因。在新常态背景下,宁波以全域都市化为导向推进新型城市化仍然离不开土地、资金、人才等核心要素的持续供给、高效配置。此外,还需要通过适应性的行政区划调整来提升要素资源配置效率。

1. 着力提升土地的使用效率

近些年来,宁波高度重视城市化过程土地利用效率的提升问题,出台了一系列政策措施,取得了一定效果;但是如果按照新型城镇化发展的要求,那么在土地开发利用中仍存在集聚不足的问题,尤其是在建设用地上利用得不够集中、不够集约,效益偏低。为此,在"十三五"时期,宁波应进一步在提高土地利用效率上下功夫。一是要完善土地利用总体规划。按照城乡统筹、保护耕地的要求,立足宁波市情,划定永久基本农田和城镇发展界线,开展土地利用的专项规划,优先保障重点项目、民生工程建设。二是要构建土地集约利用体制机制。树立"亩产论英雄"的发展导向,并构建起"亩产论英雄"的导向机制。三是要更新招商引资用地理念。坚持科学合理使用土地,有效满足经济发展对土地的需求,确保土地资源永续利用。四是要盘活存量土地资源。组织调查存量土地,加快低效土地二次开发,深化城乡土地制度改革。五是要合理拓展新增用地规模。合理安排建设用地指标,明确存量土地挖掘范围,积极拓展建设用地空间,建立新增项目用地高效利用机制。

2. 加快建立多元化的投融资机制

完全依靠财政推动新型城镇化建设是难以实现的。根据《国家新型城镇化综合试点方案》,推进新型城镇化要建立多元化可持续的城镇化投融资机制,各试点地区也确立了PPP、城镇化投资引导基金、资产证券化等差别化融资试点内容。宁波是新型城镇化综合试点城市之一,应当在投融资机制创新上勇于探索。一是要提高市级全域都市化投融资统筹能力。重点完善政府投资决策管理机制,健全政府公共项目和监督制度。二是要积极争取发行地方政府债券。制定宁波地方政府债务管理制度,争取省级发债资金和专项债券融资权限向宁波市倾斜。三是要引导社会资本参与全域都市化建设。尤其是要加大推广PPP模式,编制民间资本进入城镇化重点项目引导目录。四是要鼓励金融机构加大支持力度。研究完善金融机构加大支持力度的措施和方式,切实提高政策实施成效,构建长效机制。五是要深化国有融资平台公司改革。适当归并集中优质国有资产,重点组建市属国有资本投资管理公司,更多专注于资本运作。

3. 积极发挥好现有人才的作用

在新型城市化建设过程中,离不开一支稳定的高素质人才队伍,不仅要积极引进人才,更要利用好现有人才,更好地稳定现有人才队伍,增强宁波市各类人才特别是高精尖人才的科学研究和技术创新意识和能力。为此,宁波在人才队伍建设过程中,一是要提升各类存量人才水平。加大人才教育培训投资,提高各类人才培训效率,加强各类人才能力建设。二是要挖掘现有各类人才潜能。创新人才提拔培养机制,建立科学合理的激励机制,营造人才潜能发挥的环境。三是要完善留住各类人才的保障政策。确立以人为本的政策导向,强化人才开发的资金政策,完善人才创业的政策环境。

4. 推进适应性行政体制改革

科学、合理的区划调整是提升区域经济发展质量的有效途径。宁波应加快改变部分行政区划设置不合理的现状,构建科学合理的行政架构,优化全域都市化发展的空间布局,加快形成市、县(市)区和乡镇布局合理、功能完善、梯度有序的行政区划体系。为此,宁波要抓住有利时机,适时推进行政体制改革。一是要适时扩大中心城区规模,加强中心城市的集聚和辐射能力。建议按照"小区合并、大区分解、近郊县(市)并入"的总体思路推进改革。二是要推动节点城市行政区划调整,加快卫星城和中心镇向小城市发展。要根据卫星城市和中心镇实际情况,在确保社会稳定的基础上,适时适度推进行政区划调整。一方面争取扩大现有卫星城、中心镇的行政管辖面积,另一方面建设用地指标向卫星城市和中心镇适当倾斜,着力破解土地要素瓶颈。三是要再择优发展一批小城市,提升综合承载能力。择优发展一批小城市,夯实产业基础,促进经济社会持续发展,增强小城市服务农村的职能。

(六)推进市域相关体制机制改革

城市化涉及经济、政治、社会、文化等诸多领域,是一个系统工程。顺应全域都市化发展新要求,应加快突破市域要素瓶颈制约和体制机制障碍,健全财权与事权相匹配的体制机制,促进城乡要素平等交换和公共资源均衡配置,实现全市生产、生活与生态空间的耦合共生,以及城市运行管理的高效化与品质化。

1. 积极推进城市协作化管理,提高城市运行效率

城市运行管理效率的高低,直接关系到城市居民生活的品质与文明程度的高低。近年来,宁波城市化进程加快,各种跨部门、跨领域、边缘性、交叉性城市问题逐步凸显,单靠个别力量难以解决。为此,必须加快动员全社会力量,提高城市协作化管理水平。一是要加强各级政府与各职能部门之间的协作与配合。统一全市市政公用设施的管理与维护职权,纵向分权到底,横向分工到边,构建系统、高效的一体化执法管理模式。推动管理重心下移,市、区、街道、社区分级负责,调动各级组织参与城市管理的积极性。二是要健全公众参与机制。建立城市管理咨询机构,实行城市管理市民听证制度,扩大市民在城市管理决策、执法和监督全过程的参与,建立政府和社会机制互联、功能互补、力量互动的社会协同管理网络。三是要推进城市管理手段现代化。大力推进数字城管建设,促进规划、房地、环保、市政、绿化、水务、气象等城市管理信息深度开发和共享交换,逐步建立数据全、范围广、效率高的数字城管系统。

2. 推进行政审批制度改革

按照浙江省推进"四张清单一张网"有关要求,持续推进简政放权工作,

深化行政审批制度改革，推动实现"三证合一"和"一证一码"，加大统筹整合力度，加强部门协调配合，优化审批流程，提高审批效率，营造更加公平的市场环境和良好的政务环境，并逐渐建立起与之相配套的法律法规和工作机制。一是要进一步下放行政审批权限。按照"合法科学、规范效能、权责一致、重心下移、减少层次"的原则，进一步清理规范市场监管、国税、财税、商务等部门的行政审批事项，进一步下放审批权限到县（市）甚至乡镇一级，方便市场主体就近办事，激发市场主体活力。二是要减少和取消行政审批事项。加快推进权力清单制度，对现有行政审批事项进行全面清理，凡市场机制能够有效调节的经济活动一律取消行政审批，推动事前准入审批向事中、事后监管转变。对于不涉及国家安全和影响生态、资源环境的项目，一律取消投资审批。三是要加大网络整合力度。由政府牵头，整合相关部门内网审批系统，优化审批流程，推动商事审批系统一体化，建立集事项办理、过程查询、结果公告、流程监控、资源共享于一体的网上并联审批平台。实行审批手续网上办理，审批材料网上传递，相关数据网上共享，审批事项网上并联，真正实现登记注册全程电子化。

3. 加强评估督查和绩效考核

加强评估督查。加强新型城市化统计工作，在全市新型城市化监测和评价指标体系中增加全域都市化相关指标，定期开展城市化目标进度监测评估，根据新情况、新问题及时提出有针对性的政策举措。

健全推进新型城市化目标责任制考核办法，体现注重效益的理念，实现从以往只看"产出"向"成本—收益综合"的转变。强化考核评价结果运用。考核评价意见和结果录入干部管理信息系统，作为领导班子调整和干部任用、奖惩、培训的重要依据。

第四章　市域一体空间布局

　　市域一体空间布局是宁波推进全域都市化的基础。科学合理的空间布局,有利于优化资源配置,确保超前规划;有利于高起点推进城市化,提升城市品位;有利于发挥各地积极性,凸显区域特色;有利于确定中心城、节点城市建成区边界,防止无序发展。全域都市化导向下的市域一体空间布局,中心城市要居于龙头地位,节点城市要各具特色、功能互补,特色功能区要特色鲜明、功能彰显。

一、全域都市化过程中的城市空间布局

　　宁波正处在城市化快速发展的时期,城市经济的快速增长和人口规模的急剧膨胀,导致城市资源、生态环境、基础设施等面临前所未有的空间压力。城市空间的要素组合及其结构正在发生重大变化,理性地解析城市空间布局,有助于将宁波城市建设和发展纳入健康发展轨道。

(一)市域一体空间布局的内涵及作用

　　城镇与乡村是一个在发展中存在着整体性关联的区域,要使宁波市由一个城乡交错发展的综合体逐步演变为城乡有机结合的整体,从而实现全域都市化,必须强调市域范围内经济、社会、生态以及城乡空间布局的整体性。

1. 城市空间布局的概念

中国的城市规划经历了中心城市、环状城市、组合城市等阶段,而目前日益分散化、多元化、生态化的城市发展趋势启示我们必须重新思考城市发展道路,构筑适合城市发展的空间功能布局。这里的城市空间布局,是城市要素在空间范围内的分布和联结状态,是城市经济结构、社会结构的空间投影,是城市社会经济存在和发展的空间形式。城市空间要素可分为两类:一类是主体要素,另一类是客体要素。城市的主体是人,人既是城市的创造者,又是城市的消费者,人口的数量和质量构成城市空间的要素。人类创造城市的过程是主客体之间相互影响、相互作用的过程,而这个客体包括了环境、土地、水、能源等城市建设和发展的基本要素。

城市空间要素的存在方式也可分为两类:一类是物质要素,另一类是文化要素。物质要素包括环境、土地、水、能源等要素,而文化要素主要表现为城市文脉所孕育出来的城市精神、历史人文风貌、许多散落在民间的非物质文化遗产以及当代人创造出来的精神产品等。

2. 市域一体空间布局的含义

全域都市化视角下的市域一体空间布局,就是以全域都市化为目标,把市域范围内的工业与农业、城市与乡村、城镇居民与农村居民作为一个整体,实行统一规划,通过统筹市域范围内的各城市空间要素,提高产业分工协作的深度与广度,合理高效配置各类资源、优化完善城市功能,实现城乡一体化发展。在这个进程中,市域一体空间布局是全域都市化的基础,全域都市化是市域一体空间布局的目标导向,全域都市化和市域一体空间布局统一于宁波科学发展过程之中。

选择和建立合理的市域一体城市空间结构,必须坚持以下五条原则:一是依据城市性质选择合理的城市总体形态;二是树立科学的城市建设指导思想,把城市的经济效益、社会效益和环境效益有机统一起来;三是综合运用法律的、经济的和必要的行政手段调整城市空间结构;四是确立中心城市的核心地位;五是强化多部门沟通协调,实现同一城市空间实体的多专业规划协调统一。

3. 市域一体空间布局对宁波全域都市化的作用

宁波构筑的"一主、三副、五组团"多节点网络化市域空间格局,立足于城市发展空间的新变化,符合区域经济社会发展的新要求,顺应了世界城市化发展的新趋势,是在准确把握现实基础上做出的必然选择。

有利于优化资源配置,确保超前规划。网络化城市空间功能布局的过程不仅仅是城市空间结构调整、重组的过程,还是主城与副城、中心城市与节点城市、城市与农村产业合理分工、资源优化配置、城乡统筹发展的过程,是经济与社会相互促进、协调发展的过程,是实现人与自然和谐发展、协调共生的过程。市域一体空间布局的理念指导空间布局规划,使其具备适当的超前性,具体表现在既要为城市现有的经济社会发展预留空间,又要为城市的功能发展健全预留空间,更要为城市将来未知的发展趋势预留空间。

有利于高起点推进城市化,提升城市品位。高起点推进城市化,是坚持高起点规划、建设和管理城市,构筑"一主、三副、五组团"多节点网络化市域空间,形成大都市新格局的城市化;是坚持环境立市,生态优先,可持续发展,做到人文与自然相和谐、城市与环境相融洽、传统与现代相结合、经济与社会相协调的城市化;是统筹城乡经济社会发展,促进大中小城市并举、城市农村并举、经济社会并举的城市化,也就是网络化城市空间功能布局的城市化。网络化城市空间功能布局是适合宁波推进全域都市化的路径选择,也是促进城市可持续发展的必然要求。

有利于发挥各地积极性,凸显区域特色。长期以来,由于行政区划和财政体制等因素的制约,区域之间各自为政、自成体系、自我封闭的倾向比较明显,造成了城市各功能区之间分工不合理、产业结构趋同、功能重叠等问题。优化城市空间功能布局,就是要打破行政区划的边界,打破财政体制的局限,从城市自身发展的规律出发,从区域经济联系出发,从要素的自由流动和资源的合理配置出发,对城市空间进行科学划分,对各个区域进行合理分工,对城市功能进行优化提升,对城乡资源进行优化配置,对重大项目进行科学布点,进而增强区域投资、建设和特色培育的积极性、主动性,加快各功能区域的培育和发展,形成互动的网络化城市空间布局。

(二)市域空间布局的现状评价

近些年来,宁波深入实施"六个加快"发展战略,加快构筑现代都市,按照"生活空间宜居适度、生产空间集约高效、生态空间山清水秀"的总体要求,注重市域范围内各县(市)区的协调和错位发展,形成了"生态、生产、生活"和谐、功能互补、城乡协调的空间布局体系。但应该看到"一主、三副、五组团"多节点网络化的大都市新格局尚在形成过程中,仍然存在着空间布局分散、资源浪费严重等问题。

1. 组团间的矛盾

宁波市域范围内各地规划都以县域为中心,各县城规划大而全,没有很好地围绕中心城市展开,建成区扩张很快,但是土地利用方式较为粗放,发展质量不高。区域经济发展模式的相似性和县域经济小而全,导致城镇职能的雷同和重复。例如有些区块港城关系不明确,临港物流产业空间紧缺,工业、物流对生活干扰大;有些区块虽然拥有优越的自然资源,但旅游、休闲娱乐地块无序发展,导致空间的特色和品质不高;有些县城和中心镇分工不明确,城镇数量多而缺乏特色,忽视横向联系,导致县域内城镇相对封闭发展,难以实现市域内资源共享,因而对跨区域的合作联系难度较大。

2. 城与乡的矛盾

在宁波全域都市化的空间布局过程中,由于体制上的原因导致节点城市建设与新农村建设相分离。节点城市的建设涉及城建、财政、城管、交通、卫生等诸多部门,缺乏有效的统一领导,往往是各自为政、各行其是;而新农村建设主要由农办牵头,节点城市与新农村分属两条建设路径,两者之间又相对缺乏协调互通,这使得乡村地区缺乏统筹规划,规划管理力量薄弱,管理缺位,管理程序和管理手段有待健全,造成了严重的资源浪费。

3. 新与旧的矛盾

与新城建设热情高涨相比,旧城人口拥挤、建筑物密度大,涉及的利益主体多,拆迁改造的难度大,资金平衡难,部分卫星城、中心镇对旧城的有机更新缺乏积极性。一方面,不利于解决老城区普遍存在"失修老旧、布局不合理、功能不完善、安全隐患多"等问题,不利于改善老城区居民生活环境和居住条件;另一方面,不利于利用旧城的发展基础来推动新城建设,造成新城、旧城之间缺乏有机联系,资源浪费现象比较突出。

4. 产与城的矛盾

当前,全市有不少产业功能区块和城市功能区块都在加快推进,但在操作过程中,两者融合程度仍有待加强。一是部分功能区块更多定位于产业发展,忽略了城市功能的建设,导致生活功能滞后于生产功能、城市功能滞后于产业功能、社会事业滞后于经济发展;二是部分功能区块存在产业开发和城市建设主体不一致的情况,导致各自发展利益的不一致以及发展重点和方向的不一致,进而对整个片区产业功能和城市功能的统筹布局和融合发展带来隐患。随着城市化的推进,城市的大型居住区趋向于近郊,而城市的工作区则大多集中在城市单一的中心区域,城市人口朝一个中心集中和疏散造成交通拥堵。另外,居住区与工作区分离得过远也导致了城市通勤总量的增加,城市交通负荷沉重。

(三)网络化城市空间布局的总体思路

当前,宁波市域应着力构建"一主、三副、五组团"多节点网络化的大都市新格局,凸显宁波中心城区的核心职能,强化南北两翼的支撑作用,引导东部滨海城镇产业带和西部山区生态人居带的健康发展,打造杭州湾、象山港、三门湾的空间特色,推进卫星城和中心镇加快成为城乡一体化的联系纽带。

1."一核多节点"网络化的空间布局

"一核多节点"网络化的三级城镇体系布局,是以宁波中心城市为核心,以县(市)城、中心镇等为节点,以各类要素的交流整合为网络,所构成的区域空间结构。以主城、副城、组团组成的中心城市通过要素流动网络辐射和带动中小城市,中小城市通过网络辐射和带动广大域面,在区域内形成要素自由流动、资源优化配置的功能体系,实现区域经济社会的协调发展。在宁波的网络化大都市系统中,最终形成以控制功能强大的中心城市为核心、以功能独特的中小城市为节点、以宜居的村镇集聚点为基础的"一核多节点"网络化的城镇体系。"一核多节点"的总体布局,意在区域互动、整体运行,处理好宁波中心城、副城、组团、县城、城镇等几个不同发展层面的关系。

树立新的城市空间布局理念,做大做强中心城市。做大做强宁波中心城市是在新一轮区域竞争中打造核心增长极的战略抉择,"做大做强"并不是一味追求城市规模扩张,更不是盲目攀比建设高楼大厦。应该是根据中心城市的发展定位,在合理确定人口规模和建成区面积的基础上,切实做大中心城市的经济总量在市域范围内所占的比重,提升城市品位,增强城市的核心竞争力,打破区域之间各自为政、自成体系、自我封闭的倾向,打破行政区划的边界,打破财政体制的局限。

以发挥各个节点的主动性为立足点,把各个节点作为小城市发展。一方面要按照全市"一盘棋"的要求,发挥全市在总体规划、重大设施建设、项目布点等方面的导向作用,加强水、电、气、通信、公共交通设施的一体化建设,支持各节点的基础设施建设,为主城区人口和产业的疏散打下基础。另一方面,要在规划、建设主体、投融资、政策等方面,给予各个节点小城市的发展权限,发挥各个节点的积极性、主动性。在规划上,要加强与各个节点的沟通与协调,尊重各个节点的特色和优势,帮助各节点制定近远期发展目标。

2. 地位凸显的中心城市

区域经济发展总是首先集中在一些条件较为优越的城市,有规模经济和聚集经济的效应,这些城市的发展呈现循环和不断积累的过程,逐渐成为中心城市。宁波中心城区应保持"一主、三副、五组团"的空间结构,统筹三江片、镇海片、北仑片与周边乡镇的发展,加强资源要素集聚在城市中心的集聚,形成江、河、湖、港、桥融为一体的城市风貌,促进城乡公共服务与基础设施的均等化,助推宁波经济社会发展转型,加速新型城市化进程。

3. 功能互补的节点城市

宁波节点城市由县(市)城、重大产业区块、城镇构成。在"一核多节点"的网络化空间布局体系中,大都市的运转就是各种信息、要素在节点之间的流动,即节点的积聚和扩散过程。因此,各节点城市要具备独立进行各种信息流交换和处理的能力,给各节点城市更多发展的自主权,使其具有现代城市的基本功能,根据不同区位条件、发展基础和潜力,确定主导产业、人口密度、城市定位,集聚吸引周边要素,营造都市能级的特色功能。每个节点城市的积聚和扩散都是以"核"为中心进行有序发展,各节点城市要主动接受中心城的辐射,以达到优化市域范围内资源配置的作用。

4. 优化发展的特色功能区

生态隔离区由生态隔离带和永久性基本农田组成。确定市域生态保护红线,保护利用好已有的自然山体、河流、湖泊、滩涂、湿地,切实发挥其在城市功能组团中的天然屏障作用。在此基础上,规划建设若干条人工生态隔离带,利于控制城市无序蔓延和改善城区生态环境。在宁波市域范围内划定永久性基本农田,禁止新上建设项目,实现现代农业发展与生态保护双赢目标。

此外,推进"一核多节点"的网络化空间布局建设,应建立起相应的考核评估机制。要及时科学地监测宁波全域都市化发展过程,全面系统地反映全市新型城镇化发展水平。宁波市级有关部门研究建立全域都市化统计监测评价指标体系,对各区、县(市)的全域都市化工作进行测评,确定有关考核指标,纳入宁波市年度目标责任考核内容和指标体系,作为宁波市政府对各区、县(市)政府经济社会发展评价的重要组成部分。

二、地位凸显的中心城市

在全域都市化的视角下,宁波中心城的空间布局应北进南下、东优西扩,在全域"一核多节点"的总体布局下,中心城市形成"一主、三副、五组团"的空间布局结构,充分利用开阔的三江平原,拉开城市框架,内紧外疏,均衡发展。

(一)"一主":全市的政治、经济、科教、信息、文化和旅游中心

"一主"即宁波绕城高速以内的中心城,包括了海曙区、江东区、江北区、镇海新城、鄞州新城等,要形成三江口中心、东部新城中心并进,余姚江、奉化江、甬江三江环绕的宁波全市的政治、经济、科教、信息、文化和旅游中心。中心城是传承历史文脉、彰显城市魅力、发展服务经济的主要承载区。利用城市东扩的契机,提升中心城的集聚力,加强历史文化名城保护,着力实施"三江六岸"拓展提升工程,积极促进鄞州区与海曙区、江东区无缝连接,鼓励镇海区向南向西发展。

1. 海曙区:宁波中心商贸商务区和历史文化名城核心区

海曙区要大力发展总部经济、商贸商务、文化教育、都市旅游等,建设成为宁波中心商贸商务区、宁波历史文化名城核心区。

建设宁波中心商贸商务区。在现有三江口核心商圈的基础上,沿姚江、奉化江发挥沿江滨水生态优势和区位优势,以金融、商务、商住、休闲、娱乐为主导,积极打造宁波金融后台服务基地、企业总部和营销基地,逐步形成产业优化、集聚发展的现代服务业产业带。

建设宁波历史文化名城核心区。依托月湖西区历史文化街区、天一阁、范宅等文化古迹及鼓楼、城隍庙等周边历史文化资源,加快月湖西区改造,建设天一阁广场,适当引入休闲旅游、商业购物、文化创意等现代城市功能,打造体现宁波传统文化特色的综合性居住、文化和旅游区,成为宁波历史文化保护和开发的示范街区。

2. 江东区：承载城市核心功能的现代化新中心城区

江东区要加快发展商贸物流、金融会展、科研创意、行政管理等，建设成为承载城市核心功能的现代化新中心城区。

全力推进东部新城建设和发展。按照"国际标准、世纪精品"的要求，全力推进东部新城开发建设，努力成为引领经济、城市和社会发展的龙头，着力打造宁波城市最亮的名片。积极推进项目建设，加快功能区块开发，拓展城市发展新空间，彰显城市形态新亮点，全面推进中央商务区、城市生态区、城市文化广场综合区等十大功能区块建设，增强产业集聚力。大力发展商务商业、专业服务、文化休闲等关联产业，完善酒店餐饮、社区服务等配套产业，形成融高端商务商业、都市文化、休闲观光等功能于一体的宜业宜商的城市新中心，努力成为现代化国际港口城市的标志性区域。

着力优化中山路现代商务商贸轴。围绕中山路做好优化文章，全面提升形象、功能和品位，着力打造商务楼宇密集、现代商贸发达、人气商气集聚、城市向东发展的黄金通道。依托宁穿路片区改造、轨道交通工程和后塘河生态建设，改造提升商务楼宇，形成以综合体商业、特色街区、高端商业商务为主体，"站点经济"、生态休闲为补充的城市产业发展高地。

3. 江北区：宜居宜业的宁波中心城区北部新城区

江北区要发挥空间资源优势，高水平开发甬江区块、姚江区块和慈城区块，建设成为宜居宜业的宁波中心城区北部新城区。

优化提升甬江新城。加快旧城改造步伐，大力推动湾头半岛、三江口滨水区、甬江北岸、北高教园区等沿江区块的开发建设。湾头半岛、核心滨水区以商务楼宇为载体，集聚总部经济、现代商务等高端服务业态，打造宁波市地标性商务功能区和高端商务居住区。在甬江北岸，配合推动庄桥机场搬迁，高起点谋划"后机场时代"的城市发展格局，加快发展地铁2号线沿线站点经济，拓展北高教园区科技创新服务功能，突出高端商务居住和文化休闲娱乐功能。使甬江新城最终使姚江新城成为宁波市高端的商务商贸集聚区时尚文化娱乐休闲区和高品质居住区。

加快建设姚江新城。加速建设沟通区内外联系的交通基础设施，积极探索轨道交通建设与沿线土地开发相结合的开发模式，力争轨道交通4号线提前建设。大力发展以创新创业、科技转化为支撑的都市工业区，以生产性服务业、流量经济为特色的门户商务区，以奥体中心、行政中心为依托的城市公共活动区,以生态社区、特色商业为核心的生态居住区,最终使姚江新城成为代表宁波都市以文体商贸休闲旅游为特色的高品质专业城市副中心。

4. 镇海新城:宁波中心城北部产业承接中心

加快开发镇海新城。重点打造新城北部商务区、休闲大本营,加快推进宁波植物园建设。提升银亿海尚广场等城市综合体业态结构,打造主题购物广场和特色街区,发展服务居民生活、休闲消费的大型购物超市和品牌连锁店。有序推进骆驼、庄市老镇改造和工业园区"退二进三"开发建设,提升新城承载和辐射功能。

做大做强宁波市新材料科技城。推进创意产业基地、高端研发基地、科技孵化基地建设,理顺与园区的关系,加快重点项目建设,积极拓展园区后续发展空间。推动公共服务和技术支持平台建设。加强与高校、科研机构对接,促进创新成果转化。

5. 鄞州新城:深度融合的宁波都市区现代化品质城区

鄞州区要加强与海曙区、江东区融合对接,加快经济结构、城乡建设、社会管理、生活品质的优化升级,建设成为宁波都市区现代化品质城区。

夯实鄞州新城城市副中心地位。按照80平方千米的一体化发展框架,进一步深化规划布局,提高综合配套能力,提升城市管理水平,将鄞州新城打造成区域资源集聚和产业发展的主平台;进一步加快南部商务区、长丰区块、潘火区块等"十大功能区块"建设,引进并实施一批龙头型现代产业项目,辐射和带动周边地区,夯实鄞州新城城市副中心地位。

全面融入宁波老三区。抓住宁波"三江六岸"拓展延伸的机遇,强化与主城区其他片区的合作,以长丰区块、潘火区块建设为突破口,实现鄞州城区与江东城区的无缝连接,全面融入宁波都市区。

(二)"三副":中心城部分市级功能转移的接纳地

"三副"即镇海片、北仑片、鄞奉片。镇海、北仑、鄞奉三个副城是主城区人口和部分市级功能转移的接纳地,重点承担主城生产、居住等功能分流,成为集现代制造、商贸物流、居住休闲等功能为一体的现代化新城区,平衡中心城市的经济结构和城市空间结构。

1. 镇海片:浙东港口物流中心

镇海片包括镇海老城、化工区、北仑小港片区。其中,镇海老城以生活居住为主,化工区以工业仓储为主,小港片区推进转型升级,承接三江片功能和产业的外溢;各片区之间以防护绿带或自然水体相隔离。

镇海片要提升发展优势临港工业,做大做强特色商品交易平台,建设成为宁波临港产业基地、浙东港口物流中心和现代化生态型港口强区。

2. 北仑片:宁波现代化国际港口城区

北仑片包括北仑中心片区和大樾—白峰片区。其中,北仑中心片区强化产业发展与城市生活的综合承载能力,提升城市功能和形象,大樾—白峰片区推进海洋产业集聚发展;各片区之间以生态带分隔,以快速交通相联系。

北仑片是提升港口经济、发展临港产业、培育生产性服务业的重要集聚区。要优化城市、产业与港口合理布局,统筹建设生产与生活功能区之间相对分离,推动城市空间与宁波核心区相向发展,北仑区要大力发展港航服务业,做强做优临港先进制造业,建设成为长三角对外开放门户区、先进制造业基地和宁波现代化国际港口城区。

3. 鄞奉片:宁波南郊现代化生态城市

鄞奉片包括鄞州姜山镇和奉化市区。其中,姜山片区重点承接鄞州新城的产业转移,奉化片区集聚周边人口,提升城市宜居程度;各片区之间以自然水体分隔。

鄞奉片要全面对接宁波中心城区,加快发展先进制造业及其配套的商贸物流业,大力发展旅游度假、特色农业、休闲人居等产业,建设成为宁波现代都市产业拓展区、宁波南郊现代化生态城市。

(三)"五组团":中心城特色功能的配套区

为加强中心城区与周边区域统筹发展,实现功能互补与空间协调,外围形成慈城、东钱湖、东部滨海、九龙湖—澥浦、鄞江(鄞西南)五个组团。各组团立足自身资源优势,发挥生态旅游、都市型农业和特色块状经济等方面的特色。要把宁波的历史、文化、生态有机融入各区块的特色建设中,使现代与历史和谐交融,文化与自然交相辉映,形成富有个性特征的空间功能布局。

1. 东部滨海组团:宁波海洋经济的重点核心区

东部滨海组团包括春晓、梅山、咸祥、瞻岐。该组团南临象山港,北望杭州湾,东接六横岛,西连主城区,处于宁波"一港两湾"(象山港、杭州湾、三门湾)战略格局和浙江现代海洋经济产业带的主轴中心,紧邻国际主航道和锚区,是宁波—舟山港一体化发展的核心区,也是距离宁波市中心城区最近的滨海生活区域。要打破行政界线、统一规划,努力建设成为休闲旅游、生态环保、宜居宜业、魅力时尚的现代化滨海新城,成为宁波市乃至浙江省就近观赏海洋、亲近海洋,融商务、居住、休闲、旅游为一体的城市滨海后花园;大力发展以国际贸易、保税物流、资源配置和进口商品集散等为重点的海洋现代物流业,择优发展新型临港工业,加快培育参与型海洋休闲旅游业和海洋服务业,成为打造海洋经济发展带、建设海洋城市的重点核心区。

2. 慈城组团:都市休闲、山水宜居组团

慈城组团即慈城镇。该组团要依托慈城老城历史文化旅游产业、凭借杭州湾大通道成为宁波大都市圈通往上海的西北门户;以高品质郊区居住功能为主,集文化产业、商务办公、度假休闲、娱乐旅游、商业零售、行政服务、商贸园区功能为一体,成为可持续发展的新兴江南水乡生态的节点城市。

3. 东钱湖组团:长江三角洲著名的休闲度假基地

东钱湖组团包括东钱湖、云龙、下应。该组团要以旅游休闲为灵魂,围绕度假会议、文化创意等产业,打造旅游、商务、居住的服务中心,将天童寺、阿育王寺、天童森林公园纳入东钱湖整体规划建设范围,对区域内的各种自然、人文资源进行必要的整合重组,统一规划区域内的景观景点、游线交通和旅游设施建设,以形成更科学合理的功能分区和布局结构,充分发挥旅游资源的整体优势。加大基础设施建设和环境整治力度。当前主要做好通路、绿化、治污、疏浚工作。加快环湖道路和环山公路的建设,把众多分散的景点串联起来,为旅游开发创造条件。

4. 九龙湖—澥浦组团:中心城区北部综合性组团

九龙湖—澥浦组团包括九龙湖、澥浦。该组团要建设成为工业化和城市化融合发展的重要拓展区、海洋经济发展的重要承载区、生产生活生态和谐发展区,按照定位,强化人口集聚、推动产业集中、提升品质品位、优化生态环境,进一步完善重大基础设施,有效承接宁波中心城市辐射,充分发挥其在推进区域经济发展、吸纳农村人口转移、带动城乡一体化发展的功能。

5. 鄞江（鄞西南）组团：宁波市郊的风情古镇、山水小城

鄞江（鄞西南）组团即鄞江镇。该组团具有生态环境好、文化底蕴深的优势，可以突出生态环境和旅游服务的特色，可以打造成为鄞西南片区的节点城市，形成包含章水、龙观、洞桥的市郊风情古镇、山水小城。

(四)中心城市体制机制改革举措

宁波构筑全域都市化的格局，要求进一步集约利用资源，提高经济社会发展的效率。这就要求宁波逐步解决在体制机制方面的障碍性因素，着力培育中心城市体制机制新优势。

1. 适时推进行政区划调整

目前宁波的很多体制机制问题都最终落实到行政区划调整上。在全域都市化过程中，应适时调整中心城区区划、谋划启动撤县建区。考虑到中心城区各区现有的经济社会发展水平和人文历史渊源，建议在中心城区依江划区：鄞州奉化江以西和海曙（即传统意义上的西厢）合并成立新的海曙区，鄞州奉化江以东和江东区（即传统意义上的东厢）合并成立新的鄞州区；在分步推进中心城区区划调整的同时，适时谋划下辖5县（市）撤县设区，实现市域全区化，首先将奉化撤市设区。

按照依江划区的方案，来比较下调整前后海曙、江东、鄞州各区的面积与人口等数据（见表 4-1、表 4-2）。

表 4-1　调整前海曙区、江东区、鄞州区基本情况

区	面积（平方千米）	户籍人口（万人）	GDP（亿元）
江东	38	28.0	432.40
海曙	29	29.0	523.52
鄞州	1380	85.2	1038.10

表 4-2　调整后海曙区、鄞州区基本情况

区	面积（平方千米）	户籍人口（万人）	GDP（亿元）
海曙	595	61.2	865.62
鄞州	852	81.0	1128.40

调整后的各区相对平衡,海曙区的发展空间都得到了强化,而鄞州区的人口微降、GDP甚至略有上升。该方案的调整阻力相对较小,有利于优化宁波全域空间布局、加大区域资源整合力度,促进区域经济社会在全域都市化过程中协调健康发展。

2. 比照老三区基本统一区级财政人事体制

宁波市六区范围内现有体制大不相同。以鄞州为例,自2002年鄞州区撤县设区以来,户籍、教育、社保、卫生等公共服务政策始终没有很好地与宁波老三区并轨。宁波市相关部门发布的政策,往往只是针对老三区。

在全域都市化的过程中,宁波各区要比照老三区基本统一区级财政人事体制,财政人事体制统一以后,各区的户籍、就业和社保、社会救助、教育、公共卫生、市民卡服务、公积金制度、保障性安居工程、公共交通等多个领域的公共服务政策就可逐步实现与宁波老三区并轨,实现市区范围"一盘棋"。

3. 有序整合小功能区块

宁波市域范围内,功能区小而全,导致资源整合效率低下。诸如慈溪市境内杭州湾新区、鄞州区境内东钱湖旅游度假区等享有县级财政权限的功能区就多达11个。这种各功能区各自为政的现状导致了区级统筹能力下降、中心城市的集聚功能弱化。例如北仑地区虽然岸线资源丰富,但功能区众多导致港城关系不明确,临港物流产业空间紧缺,工业、物流对生活干扰大;又如鄞州地区虽然拥有机场资源,但由于功能区分割,导致西部机场周围碎片化发展、空间的特色和品质不高。

面对全域都市化的新格局,宁波需要打破功能区画地为牢的局面,提高自上而下的统筹能力,逐步实现功能区区级层面统筹,以提高城市竞争力、提高生活环境品质,保障城市可持续发展。

三、功能互补的节点城市

节点城市由县(市)城、重大产业区块和城镇所构成,是连接城市和农村的重要纽带,统筹城乡一体发展的战略节点,辐射带动周边发展的新引擎。在宁波的新型城市化过程中,推动哺育节点城市的发展与壮大,有助于更好地促进网络型全域都市化的形成。

(一)县城：宁波都市区的重要枢纽和区域中心

南北翼的四个县城慈溪、余姚、宁海、象山是宁波都市区的重要枢纽和各自县域的政治、经济、科教文化中心，是工业化和城市化融合发展的重要拓展区、海洋经济发展的重要承载区、生产生活生态和谐发展区，是宁波都市区的重要枢纽和区域中心。

1. 慈溪县城：城乡融合的居住示范区

慈溪县城位于慈溪西部边界，城区街道"六普"常住人口 410400 人。慈溪县城作为区域发展中心，主要承接中心城区功能辐射，加以整合后传导给广大农村，要与余姚县城在空间上相对发展、在产业上错位竞争，改造提升传统优势产业，大力发展战略性新兴产业、先进制造业和现代服务业，形成建成区面积 60 平方千米左右，集聚人口 70 万人的村在城中、城在村中的城乡融合居住示范区。

2. 余姚县城：山水风光和浙东文化为特色的生态旅游城市

余姚县城位于余姚中心平原位置，城区街道"六普"常住人口 530686 人。余姚县城要依托宁波通向杭州的枢纽地位，利用悠久的历史和依山傍水的生态环境，发展城镇旅游业，形成建成区面积 60 平方千米左右，集聚人口 70 万人的以山水风光和浙东文化为特色的生态旅游城市。

3. 宁海县城：综合发展的现代化产业城市

宁海县城位于宁海中心大溪谷地位置，城区街道"六普"常住人口 309727 人。宁海县城要发挥山海资源优势，加快区域联动发展，提升生态经济和海洋经济发展水平，建设成为工业化和城市化融合发展的重要拓展区，形成建成区面积 30 平方千米左右，集聚人口 40 万人的综合发展的现代化产业城市。

4. 象山县城：生态型的滨海山城

象山县城位于象山中北部，处于三面环山一面傍海的平原位置，城区街道"六普"常住人口 189942 人。象山县城要依托大目湾等沿海丰富的旅游资源和自然资源，发展以旅游业为龙头的第三产业以及与旅游业相关的特色工业、水资源加工业等，形成建成区面积 30 平方千米左右，集聚人口 40 万人的生态型的滨海山城。

(二)重大产业区块：新型都市工业的集聚区

重大的产业区块在吸纳大众就业创业、承接中心城市和县城的城市产业转移、促进城市生产要素向农村流动上能起到重要的载体作用,是新型都市工业的集聚区。

1. 宁波杭州湾新区:宁波都市区北部综合性新城区

该区域"六普"常住人口 98410 人,战略位置极佳,应坚持战略高度、世界眼光和国际化标准,以高端现代服务业和新兴先进制造业培育为重点,大力发展总部经济、现代物流、研发设计、文化创意、运动健身等高端服务业,加快培育节能环保设备、智能家电、新材料、新能源等先进制造业,努力打造成为我国统筹协调发展的先行区、长三角亚太国际门户的重要节点区、浙江省现代产业基地,形成建成区面积 20 平方千米左右,集聚人口 20 万人的宁波都市区北部综合性新城区。

2. 宁波南部滨海新区(力洋):浓郁田园风光的现代化滨海新区

该区域"六普"常住人口 23473 人,是宁波与温台产业带紧密连接的一个节点,具有得天独厚的资源禀赋和区位条件,在浙江省海洋经济发展中都占有重要的地位,应加快基础设施建设,利用丰富的海洋资源与区位优势,建设成为生产发展、生活富裕、生态优美、具有现代都市气息与浓郁田园风光的现代化滨海新区,形成建成区面积 10 平方千米左右,集聚人口 10 万人的宁波都市区南部新城。

3. 余姚滨海新城(小曹娥):新型生态型节点城市

该区域"六普"常住人口 30364 人,具有区位开阔、产业结构齐全的优势,可以依托余姚滨海产业园区建设,发展滨海产业,按照滨海新城规划,抓好区域、功能和要素的整合,人口布局适度向北倾斜,发展成为建成区面积 8 平方千米左右,集聚人口 8 万人的杭州湾沿岸的新型生态型节点城市。

4. 慈东工业区(龙山):宁波大市产业梯度转移的重要平台

该区域"六普"常住人口 98517 人,具有区位条件好、土地资源丰富等优势,可以依托宁波化工区和龙山新城建设,成为宁波城市北扩、融入上海的重要节点,形成建成区面积 15 平方千米左右,集聚人口 15 万人的宁波大市产业梯度转移的重要平台。

(三)城镇:辐射带动周边的特色功能小城市

尊重各节点城市的个性和特征,从各个节点城市不同的地理位置、资源禀赋、历史文化、产业结构等出发,强化特色功能和个性的建设,促进各个节点城市特色的互补和协调,扬己所长,博采众优,克服一般化、趋同化倾向。在现有的 8 个卫星城中,慈城镇、集士港镇过于靠近中心城,已经呈现出与中心城连绵发展的态势,融入了中心城的发展,已不适合再以节点城市的模式继续发展(见表 4-3)。因此,应保留其余 6 个卫星城建设节点城市,另增加选取梁弄、四明山、莼湖、岔路、西周为节点城市。

表 4-3 宁波卫星城市

卫星城市建设布局

序号	名称	范围及规模	发展方向与功能定位
1	泗门镇	地处余姚市西北部、杭州湾南岸,镇域面积 66.3 平方千米,辖 16 个行政村、4 个社区	打造成为功能完善、工贸发达的姚西北区域发展中心、宁波西部重要门户城市和长三角地区改革创新典范
2	观海卫镇	位于慈溪中东部,镇域面积 145.5 平方千米,辖 40 个行政村、2 个社区	打造成为浙东生态休闲文化名胜区、宁波北部综合性工贸城市和宁波市示范卫星城市
3	慈城镇	位于江北区西北部,镇域面积 102 平方千米,辖 39 个行政村、6 个社区	打造成为江南第一古县城、长三角新兴休闲旅游目的地、宁波中心城西北门户区
4	集士港镇	位于鄞州区西部,镇域面积 49 平方千米,建成区面积 7 平方千米	打造成为鄞州西部片区兼具现代城市风韵和地域文化底蕴的"新城市"、宁波中心城区西部兼具新型产业特色和江南水乡魅力的"新门户"
5	溪口镇	位于奉化市西部,镇域面积 380 平方千米,辖 59 个行政村	打造成为海内外著名旅游小城市、浙东协调发展的示范区和宁波最佳生态人居区
6	西店镇	地处宁海北部,东濒象山港,面积 102 平方千米,辖 22 个行政村、3 个社区	打造成为宁波南部重要的现代化工贸型滨海小城市、象山港区域统筹协调发展创新区和宁海副中心城市
7	石浦镇	位于象山南部,镇域面积 126 平方千米	打造成为全国重要的水产食品加工和海洋高科技产业基地、长三角区域特色鲜明的休闲渔港、象山南部和环三门湾重要区域发展中心
8	周巷镇	位于余姚、慈溪交界处,面积 82.59 平方千米,辖 35 个行政村、6 个社区和 1 个居委,常住人口 21.2 万	打造成为余慈中心城组合型城市的核心区块、宁波都市区北部中心中等城市

1. 泗门：先进制造业基地

泗门节点城市，该区域"六普"常住人口 78975 人，具有交通区位优越、工业特色产业初具规模的优势，可以打造成为功能完善、工贸发达的姚西北区域发展中心、宁波都市区西北部中心的工业功能片区，形成建成区面积 8 平方千米左右，集聚人口 10 万人的环杭州湾区域的先进制造业基地。

2. 周巷：北部工业城市

周巷节点城市，该区域"六普"常住人口 151778 人，具有产业齐全、辐射带动能力好等优势，可以成为余慈中心城组合型城市的核心区块，形成建成区面积 15 平方千米左右，集聚人口 20 万人的宁波都市区北部工业中心中等城市。

3. 观海卫：综合性文化城市

观海卫节点城市，该区域"六普"常住人口 152249 人，具有交通便利、历史底蕴深厚等优势，可以发展成为浙东生态休闲文化名胜区，形成建成区面积 15 平方千米左右，集聚人口 20 万人的宁波北部综合性文化城市。

4. 梁弄：红色旅游城市

梁弄节点城市，该区域"六普"常住人口 28536 人，具有红色资源丰富、山水生态资源优良的优势，可以依托红色品牌，发展生态型产业，发展成为以革命文化为特色的建成区面积 3 平方千米左右，集聚人口 4 万人的山水生态型宜居休闲城市。

5. 四明山：休闲度假市郊型旅游高山城镇

四明山节点城市，该区域"六普"常住人口 7675 人，具有地域广阔、森林资源丰富、风景秀丽等优势，可以发展成为建成区面积 1 平方千米左右，集聚人口 1 万人的宁波西部的休闲度假市郊型旅游高山城镇。

6. 溪口：海内外著名旅游小城市

溪口节点城市，该区域"六普"常住人口 73756 人，具有得天独厚的自然风光和人文景观，要大力发展生态旅游业和民国旅游，塑造旅游休闲品牌，将旅游与文化、创意产业联动，可以打造成为海内外著名旅游小城市、浙东协调发展的示范区，形成建成区面积 8 平方千米左右，集聚人口 10 万人的宁波最佳生态人居区。

7. 莼湖：象山港北岸滨海旅游城市

莼湖节点城市，该区域"六普"常住人口 55027 人，具有旅游资源丰富、经济条件较好的优势，可以发展成为建成区面积 5 平方千米左右，集聚人口 7 万人的象山港北岸滨海旅游小城市和奉化东部中心城市。

8. 西店：象山港区域统筹协调发展创新区

西店节点城市，该区域"六普"常住人口 70754 人，具有特色产业鲜明、区位适中的优势，可以发展成为建成区面积 8 平方千米左右，集聚人口 10 万人的宁波南部重要的现代化工贸型滨海小城市、象山港区域统筹协调发展创新区和宁海副中心城市。

9. 岔路：郊野旅游型城市

岔路节点城市，该区域"六普"常住人口 19061 人，具有生态资源丰富、交通区位好的优势，可以重点发展生态农业和山区旅游，打造成为建成区面积 2 平方千米左右，集聚人口 3 万人的宁波都市区南端的山水一体的郊野旅游型节点城市。

10. 西周：临港型物流中心

西周节点城市，该区域"六普"常住人口 33740 人，具有产业基础雄厚、生态环境好的优势，可以发展特色加工制造，促进产业集聚，建设临港型物流中心，成为环象山港产业区的南部生态型临港工业重镇，形成建成区面积 4 平方千米左右，集聚人口 5 万人的象山县重要的工业发展基地。

11. 石浦：长三角区域特色鲜明的休闲渔港

石浦节点城市，该区域"六普"常住人口 92542 人，具有渔业经济发达、自然风光优美、商贸繁荣的优势，可以发展成为全国重要的水产食品加工和海洋高科技产业基地，形成建成区面积 10 平方千米左右，集聚人口 12 万人的长三角区域特色鲜明的休闲渔港、象山南部和环三门湾重要区域发展中心。

(四)节点城市体制机制改革举措

宁波节点城市的开发建设，要按照现代化中小城市的标准进行规划、管理与布局，要针对存在的问题，加快制度的设计与创新。

1. 赋予节点城市相应的城市管理权

在全域都市化的过程中,要对节点城市充分授权,围绕强化节点城市经济发展、城市管理、社会管理和公共服务等能力下放权力,赋予各节点城市与人口和经济规模相适应的城市管理权限,特别是对需要多部门多环节的尽可能一并下放,切实增强各节点城市自主发展能力。

扩大城市管理权限。赋予节点城市居民身份证、居住证、居民户口簿、计划生育证明、房产证、土地证、老年人优待证、残疾证、就业失业登记证、房屋他项权证、社保卡、驾驶证等证照的办理权,以及社会救助、民政优抚、农民个人建房审批等权限,行使与人民群众生产生活关系密切、多头重复交叉执法和多层执法问题比较突出领域的综合执法权。

建立事权与支出责任相适应的财政体制。要进一步完善节点城市的财政体制,在划分收入的基础上,明确事权及相应的支出责任,调动各节点城市发展积极性。上级财政应当在重大基础设施建设、社会事业供给等方面加大对节点城市的支持力度。

2. 完善节点城市规划设计

按照现代化中小城市的理念和标准去规划节点城市。节点城市的规划需按照现代化中小城市的理念与标准去规划土地利用强度和密度、产业布局、基础设施、居民社区、交通体系等,使得城市各个系统相互匹配、相互融合。应着力建设内外对接、方便高效的公共交通体系,引导居民减少使用私家车,有条件的城市可以规划封闭的自行车道。尤其要特别注重地下基础设施的超前规划,管线要设计成共同沟,雨污要分离,废水处理要大区域统筹。

按照各节点城市的区位条件区别设计和规划。宁波上述的各节点城市与中心城市的联系以及相对区位是有很大的不同的。有的节点城市离中心城市近,它们的定位应当是郊区新城;它们与中心城市联系紧密,许多资源可以共享,但只承担中心城市的部分功能。有的节点城市离中心城市远,是一个功能完善、相对独立的城市,它们的定位是节点新城,即不仅要提供基本的居住、就业等公共服务,还要承担一定的区域集聚和辐射功能,是联系城乡的关键节点,甚至可以承担市域副中心的作用。这在规划的编制、土地的利用、城市功能的打造、基础设施的配套等设计方面应有所区别。

加快控制性详细规划编制的进程。从目前节点城市的规划编制情况看,不少规划仍处于启动或修编阶段。因此,从短期看,这需要宁波规划部门在坚持科学发展的基础上加快规划编制的进程;从长期看,要进一步加强节点城市发展规划、基础设施建设、公共服务设施配置标准、产业布局等方面的研究,要把节点城市的发展作为完善宁波城镇体系以及加快城市群发展的重要内容纳入宁波长期发展战略规划,特别是要加快便捷、快速的交通系统的建设。

加快市域一体"三规"融合制度的出台。经济社会发展规划、城乡规划、土地规划这"三规"统筹协调的关键是城市空间的合理利用,而土地作为一切建设和人类活动的载体,成为三大规划的核心内容和衔接的关注点。宁波节点城市可以城市规划为基础,结合土地利用、建筑使用、区域经济社会发展状况等,分析增量和存量建设用地的潜力,综合判断可储备利用的建设用地资源总量、类别结构以及空间分布,为土地储备规划与计划的制定提供基础依据,结合近期建设规划、城市发展重点功能区块以及轨道建设等重大工程,划定近期土地储备的重点区域,确保土地投放规模、结构和布局与城市发展方向一致。

3. 人口产业导入创新

节点城市的开发建设,人口和产业的导入是基础。因此,在开发建设之初,就需要进行人口产业导入制度的设计。

通过人口的导入实现节点城市人口布局集中化。就是要打破市域内部地域界限,改变以往各区域相对封闭发展的模式,从空间布局上消除限制区域之间人口资源自由流动、优化配置的各种空间障碍。形成以中心城市为主体,周边节点城市为支撑的人口布局网络,其周边的农村地区逐步成为其郊区,规模不等、分工有序、功能补充的节点城市将吸纳各自周边的农村人口,形成较高程度的人口集中。第一,放开本地农民落户。大部分的节点城市可以放开落户的限制,允许在节点城市有合法稳定职业或住所的本地进城农民落户,继续保留土(林)地承包权、宅基地用益物权、农村集体资产股权等权益,享受城镇居民同等的就业、养老、医疗、教育等公共服务,加快本地农民市民化。鼓励进城落户农民宅基地自愿有偿退出。第二,优化流动人口结构。建立以流动人口的年龄、文化程度、职称、技术等级、居住年限、社会保险缴费年限、遵纪守法、投资纳税、社会服务、表彰奖励等为主要内容的积分落户制度,根据积分高低差别化享受当地城镇居民公共服务,进一步优化人口结构。

通过产业的导入实现节点城市城乡产业集群化。就是以现有的各类产业园区、基地、集聚区为基础，紧密结合各节点城市特色功能的建设，以产业集群的要求加以集聚、重组、转型、提升，在市域范围内节点城市形成一批产业与城市相互依托、相互促进的具有国际或国内较强综合竞争力的产业集群。在产业集群的选择和空间布局的调整和拓展上与相关城市的特色功能形成匹配，不同规模等级的城市和城镇在区域产业分工中应担负起各自的独特功能，进而结成功能互补的区域产业体系，当前尤其要避免的是各节点城市在产业选择上的盲目性；同时，产业集聚形成过程中必须注重产业链、价值链的形成，政府和社会服务功能的加速营造；尤其要重视的是，都市农业产业集群的布局和发展。

四、优化发展的特色功能区

依据宁波市域范围的城市总体布局，以宁波特有的自然经济环境特征为基础，从乡村人口聚落、自然山水、城乡生态格局出发，布局农村聚居区、生态隔离带、永久性农业保护区等特色功能区。在布局的过程中，既要考虑到城乡风貌整体、兼顾局部，又要具有操作性、实用性。

（一）农村聚居区形成规模

适度规模的农民集中居住，是从根本上转变农民生产生活方式的现实需要。农村集中居住区的建设，有利于农村人口集聚，促进土地节约集约利用，实现建设用地和基本农田的平衡；有利于推进基本公共服务均等化进程，扩大农村投资和消费需求。

1. 农村聚居区规划先行

宁波应对市域范围内农民集中居住区的需要、分布、类型、面积等进行认真分析研究，科学选点，充分论证，完善规划，确保农民集中居住区建设与本级土地利用总体规划、城乡建设规划充分对接，形成市域全覆盖的农村聚居区的整体规划和每个聚居区的控制性规划。在规划先行的前提下，重点扶持乡镇所在地聚居区，优化发展规模较大居民聚居区，逐步引导分散状态的居民点的规模，统筹兼顾，通盘安排，精心试点，有序推进。

2. 农村聚居区设施到位

宁波应对市域范围内的农民集中居住区按照因地制宜、适度超前、一步到位的原则,高标准改造并逐步完善公共设施。一是继续加大投入,完善基础设施。农村聚居区要根据所处的区位,配套完善污水垃圾的处理、水、电、气、电视、通信、农贸市场、商业网点等基础设施及居民广场、篮球场等健身休闲设施。二是强化基本公共服务的延伸到位,城乡公共服务体系的同步延伸在农民集中居住区建设过程中显得尤为重要。医、教、文、体、公交等要有相应的服务阵地和服务机制,逐步完善学校、幼儿园、卫生服务中心、图书室等一系列服务设施。

3. 农村聚居区特色鲜明

宁波的农村聚居区建设要留住乡愁。宁波的各农村聚居区要依托现有山水脉络等独特风光,让新建设的农村聚居区融入大自然,让居民望得见山、看得见水、记得住乡愁;要融入现代元素,更要保护和弘扬传统优秀文化,延续城市历史文脉;要融入让群众生活更舒适的理念,使其体现在每一个细节中。在农村聚居区的建设过程当中,要注意保留村庄原始风貌,慎砍树、不填湖、少拆房,尽可能在原有村庄形态上改善居民生活条件。

(二)生态隔离带加快建设

随着宁波全域都市化进程的加快,城市中心区改造、工业外迁与新区开发并举,城市建成区规模扩展迅速,产生了很多都市病,由此导致不断加剧的城市交通拥堵与城市热岛效应、城市环境恶化。因此,为了防止城市过度蔓延和维护城乡可持续发展,在城乡一体的空间布局上提出生态隔离带的设定,具有十分重要的意义。

1. 生态隔离带规划先行

为构建与市域城乡空间发展和产业空间布局相吻合的、符合全域都市化发展需求的生态框架,促进市域耕地、园地、林地、草地、水域等生态用地的融合和连接,形成以生态保护为主要目标,满足多种社会、文化和经济功能,构建多尺度、功能复合的城乡一体化绿色生态网络体系,并初步划定生态保护红线,确保市域生态底线,维护市域生态安全格局,应按照规划先行的原则,通过布置多条生态间隔带,锚固市域空间结构,协调生产、生活与生态空间的关系,限制城镇空间的连绵发展,用于控制城市无序蔓延和改善城区生态环境。

2. 生态隔离带管控到位

在规划了生态隔离带范围后,相关管控措施要到位。一是应严格管制生态隔离带用地的用途,明确禁止将生态隔离带用地用于农业生产、绿化和水体、应急避难、公共文化体育或者市政基础设施建设之外的其他用途,并且禁止在生态用地内设置户外广告。二是应严格控制生态隔离带用地内配套服务设施建设规模,明确其总占地面积比例,且建设形态应当符合小体量、园林式的要求,并明确禁止将非经营性配套服务设施用房改变为经营性用房。三是应明确有关区(县)人民政府应当保证本辖区内的生态隔离带用地规模不减少的职责。

(三)永久性农业保护区落实保护责任

党的十七届三中全会出台的《中共中央关于推进农村改革发展若干重大问题的决定》明确提出,要划定永久基本农田,建立保护补偿机制,确保基本农田总量不减少、用途不改变、质量有提高。伴随着宁波城市化的快速推进,市域范围内农业发展空间被日益挤压,农业后续发展乏力的隐忧日益凸显。为此,宁波应加快推进永久性农业保护区规划、建设和管理工作。

1. 永久性农业保护区规划先行

宁波应当在市域范围内确定永久性农业保护区区域范围,明确农业发展特别是重要农产品生产的用地面积;将农业保护区落实在土地利用规划、城乡建设规划之中,明确生产、生活、生态空间布局;推进农业保护区划定区域上图落地,层层分解量化,明确具体时间表,加强实地调查和核查比对,把任务落实到村镇,落实到农户,落实到地块,切实保证永久性农业保护区规划落地。

2. 永久性农业保护区建设到位

宁波应当在全域都市化的过程中,尽快将划定永久性农业保护区的各项措施落到实处,切实解决一些地区基本农田零碎分散、规划调整频繁、建设占用多、补划不到位等问题,切实提高基本农田的区位稳定程度、集中连片程度、落地到户程度和信息化程度。

分步骤、有重点地建设永久性农业保护区。要统筹规划,遵循自然规律和经济社会发展规律,突出重点产业和特色优势,突出生态环保与新农村建设紧密结合,着力构建现代农业高效产业体系,打造环境优美的田园城市。

最大限度地将优质耕地划入农业保护区。可规定现有基本农田的90%必须划入农业保护区,尽可能将浅山区土地和各种不易发展规模化农业的土地划到农业保护区之外,鼓励城市经济部门利用这些土地。在农业保护区的监管中,建立土地肥力指数化动态管理机制。

细化并明确农业保护区的建设区域。在宁波中心城周边重点建设鄞南—奉化农业保护区、慈城—河姆渡农业保护区;在宁波市域范围内可以规划总面积 3.77 万公顷的慈溪市杭州湾、象山县大塘港、余姚市滨海、宁海县东部四大现代农业先导区为基础,开展永久性农业保护区建设。

3. 永久性农业保护区管控到位

在规划了永久性农业保护区范围后,相关管控措施要到位。一是农业保护区边界的划定要尽可能有容易识别的标志作为参照,例如河流、重要道路、高压电线走廊以及重要永久性建筑等。农业保护区内可以有连片森林,但在一个农业保护区内连片森林的面积不得超过总面积的一定比例。二是在农业保护区内禁止或控制新上工业项目。集中科研、生产、人才、技术、市场、加工、信息等资源,使保护区内农产品实现标准化、无公害化生产,所有农产品都实现标识化流通,达到绿色、有机食品标准。同时发挥地域优势,打造各具特色的享誉国内外的名牌产品。按照现代农业产业化发展要求,推进农产品加工功能区建设,实行规模化生产、市场化运作、产业化经营、社会化服务,实现农业经济、社会事业和生态环境协调持续发展。三是明确有关区(县)人民政府应当保证本辖区内的永久性农业保护区用地规模不减少的职责。

第五章　产业与城市互动融合发展

产城融合发展是实现全域都市化的必然要求。产业是城市发展的基础,城市是产业的载体,两者不可分割、相互交织且共同前进。产城融合研究的重点区域是中心城市内的功能新城①和中心城市外的中小节点城市②。要着力破解产城分割、产城分离的困境,通过有序推进功能新城建设、加快推进和培育发展节点城市、创新优化发展环境来促进产业城市的良性互动、有机深度融合。

一、全域都市化过程中的产城融合

产城深度融合是当今城市发展的趋势,目的在于通过合理优化布局产业,实现生产、生活、生态的和谐统一。当前,普遍存在产城分离、有产无城、有城无产等现象。为此,宁波要着力在旧城改造、城市新城建设、节点城市建设以及部分产业园区(开发区)城市功能拓展中,理顺产城融合的建设机制,实现产城配套、产城协调、产城相融。

---

① 本文认为功能性新城临近或毗邻老城区,是主城区空间的延伸,满足了城市空间扩展的需求;在功能上承接了老城区部分转移过来的功能,并发展培育一部分新功能,实现对老城区功能缺口的填补、发展与完善;在发展动力上,既存在主城区发展的推动力,亦存在新城自我发展与演化的内在动力。

② 这里的中小节点城市是相对于中心城市而言,是在宁波整个城镇体系中发挥节点作用的中小城市,从规模来看,一般县城为中型节点城市,卫星城与中心镇以及一批具有现代化中小城市发展前景的城镇与园区为小型节点城市。

(一)产城融合的含义与作用

2014 年出台的《国家新型城镇化规划(2014—2020 年)》指出,在新城新区建设过程中,要推进功能混合和产城融合,在集聚产业的同时集聚人口,防止新城新区空心化。在宁波出台的《中共宁波市委关于深入推进新型城市化提升城乡治理水平的决定》中,更是将产城融合作为其中的一条基本原则,明确指出要推进战略性功能区产城融合,培育一批产业特色鲜明的都市卫星城和中心镇。可见,产城融合是宁波在全域都市化进程中亟待破解的一项重要任务。

1. 产城融合的内涵

产城融合,一般是以特色产业集群和合理城市布局为基础,通过整体谋划、分类推进,把特色产业集群有机根植于城市体系之中,实现目标统一、布局合理、生产生活生态功能匹配、开发管理主体同一,解决目前产业和城市协同性差的问题,形成产业与城市共生共利、持续发展的格局。简单来说,是在满足居民生产生活需要、生态环境许可的前提下,对产业与城市在空间、用地和功能上进行优化、调整、统筹安排,进而形成产城协同共进、共生共融的发展局面,比如城市新区产业发展与城市功能完善同步、城市新区产业的选择和布局要符合整个城市的发展定位与性质、城市新区与老城区的有机融合等都属于产城融合范畴。

产城融合的本质是从功能主义导向向人本主义导向的回归,从重物轻人的城市化向以人为本的新型城市化转变,即产城融合的核心是以人为本,实现人的现代化。通过产业与城市的深度融合,来实现城市的高质量发展;宜居宜业的城市能为人的全面发展提供良好的条件。这里需要指出的是,当前我国多数地方政府提出的产城融合是在城市转型升级的背景下相对于产城脱节提出的发展思路。客观来说,并非所有的区块都要推进产城融合,比如一些化工区、重工业区块就应当坚持产城分离。

2. 产城融合是城市发展的重要趋势

从国外城市化的进程来看,欧美发达国家自 18 世纪中叶的产业革命开始,城市化进程便与工业化和经济发展交织在一起,生产集聚促进了城市化的发展。美国城市学者诺瑟姆(Ray M Northam)1979 年提出了"城市化过程曲线",即发达国家城市化变化呈现 S 形曲线,城市化过程大致可分为三

个阶段①。简·雅各布斯在《城市经济》一书中从历史经济角度论证了产业
发展对城市的推动作用,认为城市是一个不断地在旧工作基础上增加新工
作的地方,任何出现这一过程的聚居地最终都将发展为城市。总体来看,国
外各国的城市化大致可分为四类(见表 5-1),从这些国家的实践来看,产业
化水平和经济发展水平很大程度上决定了城市化的速度与质量,产城融合
则城市化质量较高。产业与城市往往相伴而生、共同发展;产业是城市发展
的基础,城市是产业发展的载体。产业发展与集聚,会催生一座新城;产业
的衰退与衰落,会导致城市发展的停滞,甚至消失;城市的发展与兴盛,可为
产业的集聚提供平台;城市功能的拓展与完善,可为产业的转型升级提供
支撑。

表 5-1　国外城市化类型

分类	特点	代表国家(地区)
第一类	工业革命推动下,二战前基本完成城市化的先发国家	英国、美国、法国、德国等
第二类	二战后快速实现城市化的国家(地区)	日本、韩国、中国台湾地区等
第三类	工业化水平较低,由贫困人口向城市集聚推高城市化率的国家	巴西、阿根廷、墨西哥等
第四类	依靠资源驱动达到较高城市化水平的国家	沙特、伊朗等

在国内,诸多学者针对城市"摊大饼"式扩张、老城变"堵城"、新城变"睡
城"、产业园区"见物不见人、见厂不见城镇"等产城分离的现象,从不同的角
度提出了产城融合的发展思路,以求破除产业与城市相互脱节的"两张皮"
现象。从已有的研究来看,产城融合的关键点在于功能复合、配套完善和各
功能空间的融合布局。"功能复合是要消除生产、生活、服务等空间上的割
裂与分离,在一定地域范围内实现居住、工作、交通、服务等功能的融合;配
套完善是根据新区的主导产业配套相应的生产和生活服务设施;各功能空

---

① 城市化进程三阶段。初始阶段:城市化水平达到 10% 就表明城市化进程启动,该
阶段城市人口占区域总人口的比重低于 25%,第一产业和乡村人口在经济社会结构中占很
大比重。加速阶段:城市人口占区域总人口的 30% 以上,工业化速度的加快推进人口开始
大量进入城市,第二产业成为国民经济的主导,第三产业比重上升。稳定阶段:城市人口占
区域总人口的 60% 以上后,经济发展以第三产业和高科技产业为主,人口增长模式向"低
出生率,低死亡率"转变。

间的融合,根据空间主导功能的不同将产业、生活、服务、生态等空间采用不同的组织方式进行组织。"[①]当前,各个城市之间往往既有共性的问题,也存在个性的问题,学界对于国内城市如何推进产城融合还未建立起具有共识性的发展模式,但是普遍认为以人为本的城市化,必须做到产城一体化,没有产业支撑的城市化就是土地的城市化,没有"产"和"城"的融合,就会再度形成"空城"、"睡城",城市会失去活力,城市经济的辐射集聚力也就无从谈起。

3. 推进产城融合的意义

有利于加快推进全域都市化。未来十年,是宁波全面推进全域都市化的关键时期,要实现"一主、三副、五组团"多节点网络化的市域空间布局,重点在于中心城区与节点城市的建设。东部新城、新材料科技城、南部新城、慈城、集市港、姜山等区块的加快建设推进,拉开了中心城区城市框架,提升了城市功能,但是这些区块的可持续发展要有支撑产业,即产与城要融合发展,相互促进。宁波的县城、卫星城、中心镇也是如此,要实现可持续发展,也必须走产城融合之路。可以说,产城融合的程度将在很大程度上决定宁波现代化国际港口城市、"四好示范区"建设的进程,决定城市经济的辐射集聚水平。

有利于加快产业转型升级。城市化的本质在于产业、要素、人口在空间的高度集聚,其中产业的集聚是人口与要素集聚的前提和基础,也是城镇化发展的前提和基础。产业转型升级是宁波"六个加快"发展战略中的一条,也是"双驱动四治理"战略部署中"创新驱动"中的重要内容。当前,宁波已进入了工业化的中后期,步入了城市化引领工业化的发展阶段。在这一阶段,抓住中心城区再崛起、节点城市现代化建设、重点产业园区城市功能拓展等城市化进程,推进产城融合,是做强做优宁波城市经济、发展技术知识密集型都市工业和推进产业转型升级的重要驱动力。

有利于推进生态环境建设。坚持产城融合发展,有利于促进产业结构优化提升,促使生产空间集约高效,优化资源要素利用,减少资源消耗与污染排放,能有效提升城市生态环境水平。特别是产城融合能有效整合产业与城市空间,推进产业区、城市综合服务区和生态控制区等功能区的布局优

---

① 刘畅、李新阳、杭小强:《城市新区产城融合发展模式与实施路径》,《城市规划学刊》2012 年第 S1 期,第 104—109 页。

化,进而有效提升土地空间利用效率,实现城市土地空间资源的优化再生。

(二)宁波产城融合的现状评价

改革开放以来,宁波经济社会发展取得了显著的成绩,这得益于这座城市始终坚持走城市化与工业化协调发展的路子。但是受历史条件、行政体制、国家政策变化等方面的影响,宁波旧有的城市化发展模式短时期内尚难以扭转,这导致了城市"摊大饼"式扩张、老城变"堵城"、新城变"空城"、产业集聚区缺少公共服务配套等问题仍客观存在。为此,包括宁波在内的诸多地方政府提出城市要走产城融合的发展道路。这实质上是对原来存在的"重产业、轻城市"、"重城市、轻产业"等产城脱节问题的反思。

1. 城产互动是宁波一以贯之的发展战略,但产城融合发展仍面临诸多挑战

20世纪90年代初,宁波确立"以港兴市、以市促港"战略目标,本质上是要加快产业与城市的互动发展。进入21世纪,宁波提出了"六大联动"、"六大提升"的发展战略,城市化和产业均衡发展是其中的重要内容。2011年,宁波根据国内外形势的变化,适时提出了"六个加快"战略,"构筑现代都市"和"推进产业升级"是其中的重要内容。2013年,宁波提出了"双驱动四治理"的决策部署,即大力推进改革驱动、创新驱动,狠抓生态治理、城镇治理、社会治理、软环境治理。这本质上还是要求产城互动、有机融合。

但是,产城融合涉及城市、产业、基础设施、生态环境、人口与社会管理等多个方面,涉及诸多政府部门,说易行难。比如,产城融合要求产业与城市布局应高度协同、产业与城市功能应高度匹配,但是在建设过程中要达到这一目标殊为不易。从具体的实践来看,至今仍有不少功能区块产业功能突出而城市功能培育缓慢;不少产业园区与附近城镇毗邻,但是开发主体分立,难以形成最大合力;不少中小企业仍分散在乡镇之中,没有进入产业园区;现有的产业结构也尚难以支撑起旧城老城的有机更新。

2. 市内功能新城功能明确,但是产业选择趋同且发展较缓慢

市内功能新城,是一般在中心城区范围划定的具有较大发展潜力的区块,是特色功能突出、专业化明显、带动性强的城市功能区块,一般选择发展金融、文化创意、高新科技、都市休闲、教育培训等产业,培育提升都市型服务功能,提高生产性和生活型服务水平。宁波的市内功能新城主要包括东部新城、南部新城、镇海新城、北仑滨江新城、江北姚江新城、江北甬江新城等(见表 5-2)。

表 5-2　宁波市内功能新城基本情况

新城	规划面积	规划人口
东部新城	核心区面积为 8.45 平方千米,总面积 15.85 平方千米	17 万
南部新城	核心区面积 33 平方千米,总面积约 80 平方千米	—
镇海新城	规划面积 46 平方千米,由骆驼和庄市片区组成	40 万
北仑滨江新城	规划面积 67 平方千米,涵盖小港与戚家山街道	7 万
北仑滨海新城	春晓镇、梅山乡行政区和白峰镇上阳片区、郭巨片区,总用地面积约 240.06 平方千米	以两城为核心,滨海组团规划容纳 60 万人
鄞州滨海新城	括瞻岐、咸祥以及鄞州经济开发区,总用地面积约 169.87 平方千米	
江北姚江新城	总面积约 12.8 平方千米,规划范围为东至机场路,南至姚江,西至绕城高速,北至北环西路	启动区(6.4 平方千米)规划 7 万人
江北甬江新城	总面积 6.88 平方千米,初步规划范围为东至世纪大道,南至甬江,西至庆丰桥姚江,北至宝成路延伸段	—

　　新城建设拉开了城市框架,但是开发建设面临挑战较多。表 5-2 所列新城总体规划面积达 200 多平方千米,随着建设的推进,将有力地促进城市框架的拉开。但是,从实践来看,2000 年初启动的镇海新城、东部新城仍在建设之中,且目标产业培育也较缓慢。其原因是多方面的,但本质上仍是产城融合缓慢,产业支撑不足,导致人口导入有限,产、城、人三者难以匹配,这也导致了开发建设资金严重依赖土地出让,在房地产业遇冷时,开发进度也随之不得不放缓。此外,土地征迁也是一大难题,一般工业用地出让期限为50 年,用地回收难,例如北仑滨江新城的戚家山、小港两片已布满工业企业,企业"退二进三"工作开展困难。

　　新城功能定位明确,但是存在一定的功能重叠。新城往往着眼于发展第三产业,但目标粗线条,缺少细分,导致功能重叠,极易引发过剩(见表 5-2)。当前以写字楼为主的商务办公设施已较为明显。根据沃德房产《2012 年度宁波写字楼租赁市场报告》,2013 年海曙区、江东区、江北区和鄞州区四区写字楼租赁市场有 100 多万平方米交付,而与北京、上海等一线城市每平方米几十元的日租金相比,宁波高端写字楼日租金也仅为每平方米 2.8～3.5 元之间,而南部新城平均租金更是仅为每天每平方米 1.3 元。需要指出的是,不少写字楼名为办公实为商住。

新城高度重视目标产业培育,但是总体上产城互动仍不足。开发建设较早的东部新城、南部新城和镇海新城区块内现代服务业发展步伐加快,例如南部新城的总部经济、商务,东部新城的会展、金融等。但是总体来看,产业集聚水平仍偏低,上规模、带动性强的企业引进不宜,区域集聚辐射功能偏弱,导致新城产业支撑不足、人口导入缓慢。

3. 市郊乡镇区块与老城区加快接轨,但是功能特色不明显

市郊乡镇区块,是位于主城区城郊的乡镇,并非独立的城市,应视为中心城区的功能区块。它产生于城市化向城郊化过渡之中,当大城市城市化达到一定程度,再由城市化向郊区化过渡时,郊区基础条件较好、区位优势突出的城镇将承接一部分大城市转移扩散的人口与产业,承担一部分大城市的功能,例如,居住功能、商业功能、产业功能等,最终形成具备居住、购物、娱乐等城市功能的区块。宁波的市郊乡镇主要包括慈城、集士港、姜山、邱隘、五乡等。

市郊乡镇区块发展预期明确,房地产业发展迅速。集市港已成为城西的重要的居住板块;慈城是江北区构筑"三城"框架中的重要一极;姜山正加快与南部商务区的对接;邱隘和五乡属于鄞州区"十二五"重点发展的鄞东板块,又毗邻东部新城,实质上邱隘已基本融入城区,五乡的城镇建设正在大力度推进,又布点有轨道交通 1 号线的站点。得益于此,这些新城有着较明确的发展预期,交通条件不断完善,致使这些新城房地产业迅速发展,住宅用地大量推出。

市郊乡镇区块产业仍以工业为支撑,特色功能尚不凸显。从整体看,慈城、集士港、姜山、邱隘、五乡均呈现"二、三、一"的产业结构,以工业为主导,产业集聚度有所增强,但是企业规模偏小,创新能力有待增强。这导致了区块虽形成了一定的产业集聚,但特色功能并不凸显。比如,集市港工业职能突出,但是在特点产业基地、空港物流等发展方面仍待提升;姜山较为缺乏承接南部商务区辐射的城市功能;邱隘和五乡地处鄞州区,但是主要接受东部新城辐射,原有的功能定位需进一步明确。

市郊乡镇区块加快接轨主城区,但是在体制上仍面临不少障碍。当前,基于市郊乡镇区块良好的发展预计,人、财、物等要素不断向新城集聚,公共

和基础设施配套也在不断完善；但是由于行政区划、行政主体等体制仍未理顺，也在一定程度上引发了新城产业升级方向不明晰、与周边区块融合缓慢等问题。为此，必须打破原有的利益格局，进行大刀阔斧的改革，诸如调整行政区划、撤镇设街、精简行政主体等。

4. 节点城市加快培育，但是要实现产、城、人融合困难不小

节点城市是城市化水平比较高，经济比较发达，产业特点突出，具有一定的综合服务功能，对周边城乡具有较强辐射、带动能力的现代化中小城市。目前，宁波的节点城市可分为三大类：县城、卫星城、一批具有现代化中小城市发展前景的城镇与园区。

节点城市不断培育，但城市化水平存在差异。根据中国社科院 2014 年中国中小城市科学发展评价体系研究成果，在全国百强县排名中，慈溪位列第 5 位，余姚位列第 12 位，宁海位列第 80 位，象山位列第 58 位；宁波北部城市化水平仍显著快于南部。2010 年宁波以中心镇为基础，启动了卫星城建设，先期启动建设 7 个卫星城，后又增加 1 个，共 8 个。2012 年，宁波市人民政府办公厅印发了 2012 年卫星城市和中心镇改革发展工作要点，着力推进卫星城市和中心镇改革发展；2013 年，宁波出台了《宁波市人民政府关于扩大中心镇行政执法权限的决定》，进一步向中心镇放权。但是从发展实践来看，卫星城之间由于原有经济基础的不同，城市化推进速度仍存在一定的差异。

节点城市在城市化过程中面临诸多困难。诸如，县城与中心城区的互动性仍需强化。以奉化为例，奉化紧邻中心城区，区位优势明显，但是从现状看，中心城区对奉化的极化效应大于扩散效应，导致奉化面临着被边缘化的威胁。又如，县城虽城市框架不断拉大，但是发展方式仍显粗放。以慈溪市为例，2005 年慈溪市城市化率是 59%，中心城区建成区面积是 32 平方千米，到了 2008 年城市化上升到了 61.5%，中心城区建成区面积为 35 平方千米，到了 2012 年城市化率上升到了 65.3%，中心城区建成区面积达到了42.3 平方千米，仅七八年的时间，中心城区建成区面积扩张了三分之一，在城市面貌日新月异的同时，城市功能提升相对缓慢，产业培育和发展跟不上土地城市化的步伐。再如，卫星城虽综合经济实力稳步攀升，但是大多缺乏特色功能，产业转型升级困难，品牌化、规模化的龙头企业少，企业产品同质，价格竞争激烈，尚难以发展成为有较强创新能力和市场竞争力的特色产业集聚。此外，卫星城的发展与新农村的建设之间存在着错位。卫星城的

建设的一大目的是要集聚周边村镇的人口与产业,通过这些要素的集聚进一步促进城市的发展;但是从实践来看,新农村建设中不少举措实质上是鼓励产业和人口留在农村。这就导致了发展上的冲突。

(三)推进宁波产城融合的总体思路

根据产业与城市的互动规律,宁波已处于工业化的中后期,进入了城市化引领工业化的发展阶段,而产城融合又是现代城市发展的重要趋势和特征。立足这个阶段的特点,并借鉴国内外先进地区的有益实践,宁波推进产城融合应着重抓好四个方面的内容,即旧城改造、城市新城建设、节点城市建设以及部分产业园区(开发区)城市功能拓展(见表 5-3)。

表 5-3　产城融合的四大主要类型

分类	主要内容	推进重点
旧城改造提升	围绕城市新的发展定位,通过布局更加适应城市发展新变化、更加高端的城市服务功能,局部或整体地、有步骤地改造老城市环境,进而达到产城融合的目的	布局高端产业、提升城市功能,实现旧城原有业态和功能更新
中心城市功能新城建设	在城市范围内划定特点区块建设新城(区),产城融合理念贯穿于新城规划、建设和发展的全过程,使之具有商务、行政、商业、居住、文化娱乐、高端服务等功能,从而成为城市新的增长极	通过科学的规划,在区块内实现产、城、人融合发展
节点城市建设	按照新型城市化的理念建设一座现代化城市,城市规模适度超前,城市功能不断提升,大力发展生产、生活所需求的服务业,布局配套生活服务功能,不断吸引周边乡村人口和外来人口集聚	强化产业对城市的支撑作用,要与周边农村形成建设合力,不断吸引人口聚集
产业园区(开发区)城市功能拓展	通过工业园区、产业集聚区、开发区等产业园区的转型提升,逐步发展服务、生活所需要的现代化城市功能,使单一的园区向集生活、生产、服务等为一体的多元化、多功能的现代城市区域转型	既要保持园区产业的竞争力,又要加大投入拓展城市功能,将园区转变为产业新城

1. 以旧城改造提升产城融合水平

旧城改造能有效提升城市设施、形象、功能和竞争力,进而为产业集聚发展提供平台、为转型升级提供支撑,从而使得城市设施更现代、城市服务功能更高端、城市生活更便利、城市竞争力更突出。中心城区是城市的核心,也是旧城改造的重点区域。在城市化推进过程中,中心城区的市政配套、功能结构等一直处于更新和发展之中,提升中心城区的集聚辐射能力,始终是宁波城市发展的重中之重。"十一五"时期,宁波市委、市政府适时提出了"东扩、北联、南统筹、中提升"的统筹区域发展战略,其中"中提升"是核心,即提升中心城区六区的发展水平。在"十二五"期间,宁波又提出了"六个加快"战略,其中加快中心城区再崛起是加快构造现代都市战略的重要内容。2014 年,宁波市政府通过了《关于加快推进以成片危旧住宅区为重点的城市棚户区改造工作的实施意见(试行)》,计划于 2014—2017 年,全市实施棚户区改造 10 万户、1000 万平方米。为此,以道路建设、交通设施建设、城市综合体建设、功能区建设、棚户区改造等为内容的旧城改造一直在有序推进。但是也要看到,宁波中心城区的旧城改造一般由所辖区的区政府主导,好处是责任明确,不足是统筹不够、协调难。2011 年,宁波开展的打通"断头路"专项行动就是一个很好的例证,其根源就在于市本级主要负责海曙、江东、江北等三区城市基础设施建设,鄞州、镇海、北仑等三区则自行负责建设,造成了部分跨区域项目市、区两级步调不一。

宁波以旧城改造来提升产城融合水平,尤其是提升中心城区的产城融合水平,必须强化提升市级的统筹协调能力,依据新的城市发展定位,增强规划的执行力,规划布局和培育形成一批高端产业、高端服务功能,打造一批以服务业为主的特色功能区,加快形成新的高端城市功能;必须着重处理好旧城改造建设资金的收支平衡问题,除了政府投入外,吸引社会资金进入应当成为重要的融资渠道,比如通过发行政府债券,在公益性强的项目上,政府要通过让利吸引企业投入,当然,企业投入的资金在很大程度上还是来自银行贷款。

2. 以中心城市功能新城建设提升产城融合水平

宁波要立足中心城市中部、东部、南部、西部、北部五个方位,以新城发展拉大中心城市框架,强调新城建设的整体联动,合理确定新城规模,尤其是强化功能布局,通过核心功能营造助推经济转型升级(见表5-4)。新城的不同功能区建设可按照现实需要分阶段推进,"摊子"不求大,但是要求"精"、求"充分"。此外,要进一步优化创新创业环境,持续加强对新城内创新创业的孵化服务,可根据新城规划的功能与产业导向,通过购买服务的方式征集、评估与发布创业项目,采取对被创业项目库采纳的项目给予补贴等措施。

表 5-4   宁波中心城市功能新城建设

区位	新城	今后的功能定位
中心城市中部	东部新城	长远看,东部新城是宁波的新中心,高端服务业集聚,具有资源配置的控制能力,是城市经济的控制中心,集市域轨道、公路、常规公交等为一体的新综合交通枢纽
中心城市东部	北仑滨海新城、北仑滨江新城	从长远来看,北仑滨海新城将是一座集休闲旅游、生态环保为一体的宜居宜业的滨海新城区。北仑滨江新城重点是升级改造和转型,通过完善提升城市功能,承接宁波城区转移来的城市功能和产业,成为连接镇海与北仑的枢纽,成为宁波东部新城的有机组成部分
中心城市南部	建议建设宁南新城	以规划建设的明州大道(洞桥至云龙段)这一东西交通走廊为轴,串联方桥、姜山等宁波南部工贸重镇,构造工贸一体化发展的宁南产业门户新城
中心城市西部	建议建设空港新城	以宁波栎社国际机场为依托,统筹宁波望春工业园区以及古林、集士港、石碶等周边乡镇发展,构造以临空产业为主导的宁波西部门户新城
中心城市北部	镇海新城、姚江新城、甬江新城	镇海新城要不断提升新城承载和辐射功能,进而逐步成为镇海的政治、经济、文化和商务中心;甬江新城将成为宁波市高端的商务商贸集聚区、时尚文化娱乐休闲区和高品质居住区

强化新城的基础设施配套。新城的配套应当按照功能区的建设推进,逐步完善,首先为局部区块做基本配套,为局部做支撑,随着新城的发展,配套也要随之不断完善升级,即通过分步骤地推进新城的产业、生活休闲、商务商贸和大型居住等协调发展,引导人口与产业不断向新城集聚。比如,要通过建立新城和主城之间的快速公交系统,合理安排路线和站点的位置、疏密度和公交频次,促进两者之间的交通通达性,使新城居民到主城的出行更加便捷;通过向新城导入医疗、教育、文化娱乐、民政等优质公共服务资源,提升新城生活品质;通过推进消防、人防、给排水及防洪排涝等设施的高标准建设,建立综合性的防灾减灾能力;等等。

加强新城建设管理的机制创新。当前,功能营造缓慢一定程度上由于行政主体较多,内耗较多,一个具有一定带动力的功能性项目,宁波市域内部往往有多个区块在争取,互相"压价",这一定程度上导致了资源配置的扭曲,要通过一定的制度安排来消除这种扭曲。

3. 以节点城市建设提升产城融合水平

有条件的中小城市以及城镇要科学合理地扩大规模,发展成为适度的节点城市。节点城市主要包括县城、卫星城和中心镇。在县城的建设上,宁波将重点放在了原有功能区改造提升和城市综合体建设方面,通过功能的提升,强化城市辐射带动力,进一步推进人口集聚,加快产业转型升级。在卫星城和中心镇的建设上,近年来宁波以体制机制创新,积极探索集约、智能、绿色、低碳的发展道路,力求解决"小马拉大车"的问题,取得了较为明显的成效。

产城融合是推进节点城市建设的重中之重。一是树立节点城市的理念。加快构筑"一核多节点"的城镇体系;坚持紧凑城市、精明增长的理念,"摊子"不宜铺大,但是要做优做强功能。二是节点城市要妥善处理好新老城区的关系。既要通过新城建设来实现城市经济发展、缓解老城区居住压力、进一步完善城市政治与社会功能等目标,也要通过旧城改造,升级旧城的产业、功能,提升城市面貌;同时,要以促进节点城市"二三产"同进、新老城产业融合、产业现代化和集群化发展为导向,进行产业布局,强化新老城区产业体系的耦合。三是中心镇、卫星城应按照现代化城市的发展标准,切实创新体制机制,完善城市管理体制,推进城市建设,塑造城市形象,加速形成城市功能。按照"一核多节点"的城镇体系内在要求进一步扩大节点城市数量。四是要科学统筹新城与周边村庄的规划建设。顺应城镇用地规模和城镇人口增加,自然村落和农村人口减少的趋势。中心城市周边村庄的规划建设必须纳入节点城市总体规划之中,通过规划的实施,促进周边人口向城市集聚、布局农村的工业企业向规划功能区集中。

4. 产业园区(开发区)城市功能拓展

当前,功能单一、缺乏城市依托的产业园区,越来越难以吸引技术工人、集聚人才,产业转型升级、高端化举步维艰。体制机制等原因导致的产城分离是造成这一现状的重要根源。

当前,宁波将有潜力产业园区发展为节点城市是加快构筑"一核多节点"城镇体系的重要载体。一是按照现代化城市的标准来推进园区的城市功能拓展。加快培育形成城市居住、消费、休闲等功能,发展产业所需的配套服务业,进而为产业转型、产业高度化提供支持。二是推进战略性功能区产城融合。杭州湾新区、梅山产业集聚区、东钱湖旅游度假区等战略性功能区,要合理规划建城规模,统筹优化产业区、居住区、商贸区等布局,要以功能提升支撑产业发展、以产业升级带动功能优化。三是优化与创新体制机制。推进行政管理主体的协调与统一、行政区划的微调、土地利用管理制度的改革、社会管理体制的改革、财权与事权的匹配等。

二、加快提升中心城市功能新城产城融合水平

功能新城是中心城市的功能区块,是城市最有发展潜力的区域,也是发展主城区城市经济的关键区域;功能新城不是独立的城市,它嵌入在中心城市之中,与老城区关系紧密,功能互促。促进功能新城产城融合,关键在于科学规划新城功能,完善设施配套,通过政策引导加快要素集聚、目标项目引入,与老城区形成互动,进而迅速形成功能,实现产业、人口集聚。

(一)推进功能新城与城区的无缝衔接

新城功能难以形成是导致新城发展缓慢、发展难以持续的重要原因。为此,新城要围绕"功能"两字谋划,尤其要强化与周边区块、与中心城区的互动与衔接。

1. 强化市级层面对功能新城建设的主导

功能新城建设是服务于宁波大都市区的整体战略,其功能必须基于大市层面统筹谋划,在建设的过程中,要在体制机制、政策制定上发挥主导作用,具体建设可由新城所辖区来推动,这能有效避免重复建设、重复投资。具体来说,市级层面要发挥规划、政策对功能新城建设的导向作用。要在统筹考虑人力、财力、物力以及新城建设的紧迫性上,明确各个新城的建设时序,避免在较短一个时期内一哄而上。此外,市级层面要在改革攻坚、体制机制优化上发挥领头羊作用。比如,要理顺新城的开发主体,尽可能由一个主体主导开发与属地化治理,要推动简政放权,促进新城财权、事权的匹配,甚至要推动区划微调,以利于进一步发挥新城的辐射带动作用。

2. 强化新城与周边区块的互动发展

从功能新城的规划来看,往往自身规划做得都较详尽,但是与周边区块的互动考虑有限,特别是跨区划的协调互融不足。因此,要强化新城与周边

区块之间的规划对接,力求在功能上形成互补共荣,突出要素资源的利用效率。以东部新城为例,它与国家高新区、下应、镇海新城等板块之间仍未形成合力。这就需要以改革来攻坚克难,从规划、体制、项目布局、设施配套等多方面入手,推动区块在生产、生后、生态方面的互动协作,力求形成以东部新城为核心,周边板块分工发展的功能和空间组织秩序。

3. 加快新老城区配套设施衔接

配套设施的衔接是新老城区相互融入的基础条件之一。为此,一方面要推进新老城区基础设施建设。尤其是新老城之间要建立起高效、迅捷的交通设施和交通网络。随着宁波轨道交通的推进,要合理布局综合换乘枢纽,安排公交线路,方便新老城区交通衔接。另一方面要合理布点公共服务设施。从实践来看,市内功能新城可依托毗邻区块化解掉一部分需求,市郊新城依靠原有的基础也能解决掉一部分,但是与居民期待的宜居生活环境仍有距离。这就需要新城在依托利用老城区公共服务设施布点的基础上,坚持多功能复合、宜居宜业的理念,进一步高标准科学布点教育、医疗、文化休闲等设施。

(二)促进功能新城形成利于产城融合的功能布局

宁波新城必须遵循城市发展规律,强化统筹协调,合理确定新城规模,有侧重地强化功能布局,强调整体联动,力求形成中心城区、县城、卫星城和中心镇一体布局建设的发展框架,切实避免"摊大饼"式的发展模式。

1. 中心城区中部的新城建设

中心城区中部的新城建设重点——东部新城。东部新城与以三江口为核心的老城区一起构成"一城二心"的总体空间格局,其核心区由中央商务区和办公区等功能区块组成。当前,东部新城新行政中心已经启用,这不仅可为全市经济社会发展提供优良的行政服务,也能极大增强该区域的公共资源配置权以及其他社会资源的引导力。长远看,东部新城是宁波的新中心,高端服务业集聚,具有资源配置的控制能力,是城市经济的控制中心,集市域轨道、公路、常规公交等于一体的新综合交通枢纽。

2. 中心城区东部的新城建设

中心城区东部的新城建设重点——北仑滨海新城和北仑滨江新城。北仑滨海新城是宁波东部的未来的新都市休闲示范区、国际化生态新城,是拉开北仑城市框架的主要载体,为梅山保税港区提供了城市功能的依托。从长远来看,北仑滨海新城将是一座集休闲旅游、生态环保为一体的宜居宜业的滨海新城区。北仑滨江新城重点是升级改造和转型,通过完善提升城市功能,承接宁波城区转移来的城市功能和产业,成为连接镇海与北仑的枢纽,成为宁波东部新城的有机组成部分。

3. 中心城区南部的新城建设

中心城区南部的新城建设重点——宁南新城。宁南新城,是指以规划建设的明州大道(洞桥至云龙段)这一东西交通走廊为轴,串联方桥、姜山等宁波南部工贸重镇,构造工贸一体化发展的宁南产业门户新城。宁南新城重点是要加快整合本区域已有的工贸产业资源,以现代制造业为基础,以高新技术产业和先进适用性技术为先导,以商贸、物流、信息等配套产业为支撑,着力推进工贸一体化。

4. 中心城区西部的新城建设

中心城区西部的新城建设重点——空港新城。空港新城,是指以宁波栎社国际机场为依托,统筹宁波望春工业园区以及古林、集士港、石碶等周边乡镇发展,构造以临空产业为主导的宁波西部门户新城。当前,宁波空港新城建设应着眼于经济增长功能、产业集聚功能、物流集散功能、商务休闲功能、生活居住功能等,加快功能培育与优化,特别是要以临空经济为龙头助推港城联动发展。

5. 中心城区北部的新城建设

中心城区北部的新城建设重点——镇海新城、姚江新城与甬江新城。镇海新城,是宁波"中提升"战略重点开发建设的功能区块。镇海新城通过城市综合体、特色街区开发、布局科教文化和生态环境项目,推进骆驼、庄市老镇改造和工业园区"退二进三"开发建设,不断提升新城承载和辐射功能,进而逐步成为镇海的政治、经济、文化和商务中心。建设姚江新城和甬江新城是宁波拓展提升宁波三江六岸的重要载体。其中,姚江新城将成为代表宁波都市以文体、商贸、休闲旅游为特色的高品质专业城市副中心,大力发展以创新创业、科技转化为支撑的都市工业,以生产性服务业、流量经济为特色的第三产业。甬江新城将成为宁波市高端的商务商贸集聚区、时尚文化娱乐休闲区和高品质居住区。相对于姚江新城,甬江新城的开发需求更为迫切,开发难度也更大,特别是需要通过对孔浦等旧城区块的有机更新,来实现再发展。

(三)推进功能新城基础设施与产业配套的速度与水平

宁波市内功能新城功能形成缓慢,在很大程度上是由于基础设施配套不充分、产业发展不足,造成了城市与产业的割裂,产城难以融合。为此,要从功能培育、产业配套的角度出发,有序推进基础设施建设。

1. 加速现代化基础设施的配套建设

从现代化城区的角度看,宁波市内新城应当在轨道交通、城市信息化等方面加速基础设施的配套。一是要做好轨道交通的设施配套。宁波在建的轨道交通 1 号线经过东部新城,在建的轨道交通 2 号线经过甬江新城和镇海新城,轨道交通 3 号线经过南部新城,大容量的轨道交通网络基本覆盖了市内功能新城。从实践来看,轨道交通对新城开发具有强大的引导作用,它实质上是以公共交通为主的城市多方式交通的集散地,是道路网、公交网、信息网"三网合一"的载体,必须事前充分研究,科学合理地规划设计枢纽。二是着力推进智慧城市建设。市内功能新城相对于老城区来说,在智慧城市相关基础设施建设上有更大的潜力与空间。应当通过物联化、互联化、智能化方式,提升新城的智慧水平,形成智慧技术高度集成、智慧服务高效便民的新城发展新模式。

2. 强化公共服务设施配套

公共服务设施配建速度与市内功能新城迅速集聚人口的能力和产业密切相关。从宁波的实践来看,南部新城公共服务设施配建充分,环境宜居,人口大量导入。因此,对于已基本成型的镇海新城、东部新城、北仑滨江新城,应进一步强化公共服务设施的配套。例如,东部新城要加强医疗、教育等设施的导入,建议择址建设从幼儿园到高中的现代化学校,进一步谋划引进市内外优质医疗资源,积极引进适应宁波开放发展需要的国际化学校和医疗机构。对于刚启动的姚江新城和甬江新城则要依据功能定位,加快公共服务机构的引入和布局。

3. 加快新城目标产业的引入

发展都市产业是功能新城建设的主要目的之一。比如,南部新城要大力发展总部经济、楼宇经济,重点打造高端现代服务业的发展平台,以现代服务业为支撑,积极引进商业、商务、文化等产业。东部新城要重点发展会议展览、金融商贸、科研创新等都市服务业,通过目标企业的引入和集聚,提升产业的集聚辐射力及控制力。北仑滨江新城要大力推进已有产业的转型升级,打造现代先进制造业集群。姚江新城和甬江新城要突出打造文化休闲产业的引入,力求与其他新城形成差异。

三、加快提升节点城市产城融合水平

在宁波"一核多节点"的网络化布局中,节点城市发挥着承接中心城区经济辐射和产业转移、集聚人口与产业、统筹周边城乡发展的重任。当前,宁波不同规模的中小节点城市发展仍面临诸多困难,其中,产业支撑不足、产城融合水平偏低是造成节点城市培育缓慢、"节点"作用未能充分发挥的重要原因。因此,应着力提升节点城市产城融合水平。

(一)按紧凑型城市理念推动县域中心城市建设

城市中的很多"城市病"现象是由于规划"尺度"过大、城市框架拉开太快引起的,实质上是短时期内过度城市化,产业与人口导入严重滞后,城市规划功能难以形成。为此,宁波县域中心城市要始终树立紧凑城市的理念,注重城市功能完善,着力发展现代制造业、现代服务业。

1. 树立紧凑城市的发展理念

近些年来,宁波的县城在拉大城市框架的过程中,存在过快迹象,如建成区面积增长速度明显快于人口增长速度。在土地资源有限的背景下,县城应当树立紧凑城市的发展理念,尤其是要进一步推动产业园区化,特别是要引导乡村企业向园区集聚,进而优化城市产业布局;城市建筑要适度提高容积率,节约用地;城市路网、交通网络的建设必须有前瞻性,要避免重复建设、重复开挖、过度用地等情况出现。

此外,县城要发展的紧凑城市也是以人为本的绿色城市。一方面,其能为人的充分发展提供条件。即通过不断提升产业层次,完善城市功能,提高城区发展质量,着力优化就业、创业、居住环境,提高教育、医疗、社会保障等公共服务水平。另一方面,县城要积极向绿色城市发展。要把绿色理念贯穿到城市规划、建设和管理全过程以及经济社会发展各领域、各层次。要全方位推进绿色园区、绿色社区、绿色企业、绿色机关、绿色单位、绿色家庭的建设。

2. 大力发展现代产业

县城要成为紧凑城市,必须有现代产业为支撑,对周边产业发展形成带动。以此,要加快落实宁波"4＋4＋4"产业发展升级战略,大力发展先进制造业,坚持园区化、专业化和集群化发展;要引导和推动乡村企业向园区集聚,不断完善支撑产业发展的各种配套体系,促进产业提升;要立足原有块状经济,突出产业特色,拉长产业链条,大力培育创新性小企业,发挥好市场和科技优势,构建起具有区域竞争优势的先进制造业。此外,要在发展先进制造业的基础上,大力发展生产性服务业,诸如中介、金融、流通、信息技术服务、商贸等。

3. 优化人居环境

从实践来看,宁波的县城是集聚周边农村人口进城的主要目的地,也是外来人口的集聚地。要发展紧凑城市,既要适度控制人口规模,也应为已流入的人口提供宜居宜业的城市环境。因此,要大力发展公共交通。合理安排路线和站点的位置、疏密度和公交频次,方便居民出行;要进一步引入医疗、教育、文化娱乐、民政等优质公共服务资源,提升城市品质;要通过推进消防、人防、给排水及防洪排涝等设施的高标准建设,建立综合性的防灾减灾能力。此外,还应着力创造高质量的绿色生态宜居环境,贯彻循环经济理念,积极推广新能源技术,充分应用建筑节能技术,所有新建建筑达到绿色建筑标准。

(二)以培育小型节点城市的特色功能强化产业支撑

发展以卫星城为代表的小型节点城市,是宁波推进全域都市化的一个重要环节;而小型节点城市,相对于中心城市,受人才、土地、资金等要素的约束,不可能在产业培育上求全,必须选择适宜型产业,在特色和集聚上下功夫。

1. 营造节点城市特色功能

小型节点城市要深入挖掘城市特点与特色资源,培养产业核心竞争力,支撑城镇化进程,实现产城互动共融。从近几年宁波卫星城试点镇的实践来看,试点镇产业转型升级加快,企业技术改造与创新不断推进,产业园区不断整合提升,工业经济稳中有升,随着小型城市综合体、特色旅游休闲产业等的发展,现代服务业快速发展,农业现代化水平也不断提高,但是卫星城的特色功能仍需进一步培育。从发展的方向来看,可以是某项产业集聚规模突出,产业功能强大,可以是生态环境秀美,旅游、疗养、会议功能突出,也可以是教育、医疗等功能突出。

2. 推进块状经济向产业集群提升

从宁波卫星城试点镇的实践来看,卫星城块状经济发达,有汽配、模具、五金、家电、文具、电子元件等块状产业。但是在激烈的市场竞争下,块状经济需要进一步突出特色、营造竞争力。为此,应在原有的块状经济基础上,着力推进产业尤其是制造业的转型升级,打造一系列以整个小城市为区域品牌的特色产业集群。要有步骤地实施工业生产和技术改造投入,培育优势企业和大型企业集团,扶持中小企业发展。

3. 加快发展现代服务业

小型节点城市实现产业支撑,离不开现代服务业的发展。发展现代服务业也是走新型工业化道路的需要,服务业对工业转型升级具有重要的支撑作用。溪口、石浦、观海卫等生态资源较好、旅游资源突出的小城市,要着力发展休闲、旅游等服务业,提升相关旅游配套服务设施,打造一系列特色休闲旅游小城市。泗门、西店、周巷等以制造业为主体的小城市,应充分考虑产业发展因素和潜在集聚人口因素,合理布局第三产业发展,适时改造、扩建、更新镇区商贸中心和各类专业市场。此外,切忌盲目提高三产比重,过度布局服务业。

(三)破解城乡建设矛盾推动节点城市发展

由于缺乏统一导向,新城建设与周边农村发展存在一定冲突。从现实来看,宁波县域经济发达,县城、卫星城、中心镇与周边农村往来方便,农村中存在着不少小规模、作坊式的工业企业;而近几年的村庄建设,不仅集聚了农村人口,也集聚了外来租户。这致使村庄附近的新城难以集聚周边农村人口和产业。

1. 理顺节点城市与周边乡村的发展规划

从实践来看,农村规划中有些"农房两改"的布局,对毗邻节点城市具有较大影响。从调研来看,有些集中新建的农村社区距离节点城市只有短短几千米,不仅房价低,而且租金便宜,成为外来务工人员理想的居住场所,同时也为附近乡村的企业提供了工人。此外，小型节点城市的一些功能布局也并不合理，热衷于建新城，对于旧城改造、提升公共服务能力没有迎难而上。这实质上是城乡建设规划没有理顺，"城归城、村归村"的现象依然存在。为此，必须进一步理顺城乡发展规划，在制定节点城市建设规划时要考虑周边农村地区，在城镇体系构建过程中要考虑城市网络中的众多农村节点，按照城乡一体化、全域都市化的理念，把城镇体系规划、节点城市规划和周边乡村及远郊乡村的发展统筹起来，使得乡镇规划、村庄规划能够与节点城市规划合理对接。

2. 建立节点城市与周边乡村相协调的建设机制

从现状来看，推动节点城市发展，需要规划、发改、住建、环保、交通、教育、文化、卫生、供水供电等相关部门的共同参与，事实上要实现这些部门的协同推进难度不小。农村的建设发展由农办牵头总抓，但是在城乡发展上，农办与城市建设部门是分头推进的，统筹协调很少。可见，要实现城乡一体化发展，必须做好城乡部门之间的沟通、协调与统筹。为此，应从制度入手，当前应通过制度性的联席会议、联合论证项目布局、完善城乡发展考核内容等手段，推动城乡部门间的协调与合作。从更长远的角度看，应当以规划为先导，推动制度的顶层设计，决策应立足规划，从多部门决策向统一或联合决策转变，城乡建设部门的责任在于推动决策的落地与执行。

3. 大力引导农村人口向节点城市转移

当前，宁波卫星城、中心镇等一些小型节点城市建设过程中暴露的一大问题是人口导入，特别周边农村人口导入的速度远远低于预期。从对宁波农民的问卷调查来看，子女入学是吸引农村人口迁入城市的主要驱动力，迁入的目标往往是所在区域的县城，而非毗邻的小型节点城市，因为优质的教育资源往往集聚在县城。现有小型节点城市的公共服务配套水平虽高于周边农村，但很难对周边农村居民形成强吸引力。鉴于此，要增加以卫星城、中心镇为主的小型节点城市对周边人口的吸引力。市、县两级政府要加强资金、项目等的扶持，加快这些小型节点城市的市政基础设施和公共服务设施建设，鼓励教育医疗等公共资源配置向其倾斜，引导优质教育和医疗机构设立分支机构，要努力使得这些小型节点城市的生活质量与县城大致相当。

四、推进产城融合的体制机制优化

产城融合不可避免涉及规划、行政管理体制、要素投入机制、社会管理体制等问题。城市的进一步发展很大程度上要依靠深化改革、优化体制机制所形成的制度竞争力。因此,宁波要立足现实与可操作性,不断优化产城融合的体制机制。

(一)建立完善利于产城融合发展的开发管理体制

无论是中心城市新城,还是节点城市,抑或是谋划新建一批节点城市,均会涉及开发管理体制的问题。特别是涉及行政区划调整、两个或多个开发主体合一的这些问题,因要打破固有利益格局,推进难度大。当前,改革已经进入"深水区",要进一步迸发制度的活力,必须攻坚克难。

1. 理顺新城开发管理体制

市内发展空间本就有限,划出特定区域进行新城建设,在此区域内往往会涉及多个行政主体,诸如街道、乡镇、园区,以及新成立的开发主体。从实践来看,新城的开发管理主体合一、统筹力度大、控制力强、规划执行得力,则新城开发建设较快。为此,要在推进功能新城的建设时,着力理顺新城的开发管理体制。例如,东部新城要进一步拉开框架,发挥城市经济控制中心的作用,势必要进一步完善开发管理体制。建议在不改变行政区划的前提下,将五乡、邱隘等划归由东部新城指挥部代管,强化区域联动,待时机成熟,可调整行政区划,在东部新城指挥部的基础上成立大东部区域管委会。又如,镇海新城要与新材料科技城、国家高新区加强协调统筹,理顺三者的开发管理职能,建议可整合成一套班子,扩大机构职能。再如,甬江新城和姚江新城,两者地域面积较小,发展腹地有限,建议不设开发主体,由市、区两级政府统一领导。

2. 推进"区镇合一"的开发管理方式

在宁波市域范围内,存在着产业园区与乡镇毗邻,两者之间却统筹难、协调少,产与城未能有机融合的现象,如余姚滨海新城与小曹娥镇、慈溪慈东滨海区与龙山镇、梅山保税港区与春晓镇等,都涉及"区镇合一"的问题。

一些有潜力建设节点城市的区块也存在着此类问题。为此,要通过制度优化,将两者捏合起来,实现"区镇合一",即对产业园区与镇职能相近或相关的机构进行整合,以"小机构、大服务"为理念,以机构精简为原则,建立精简、统一、高效的行政体制。从方向看,可以是以镇为主体"扩权"强镇,如同卫星城试点,也可以是以开发区为主体"扩权",将开发区的权限由经济领域扩展延伸到社会事务与公共管理领域。从已有的实践看,无论何种方式,往往是合则两利,分则两伤。

3. 有序推进新城与节点城市建设

从宁波当前已有的规划看,中心城区、县城均布点有新城(新区),多数卫星城、中心镇也正在或准备建设新城(新区)。从短期来看,新城存在着过剩,没有如此多的人口和产业大量导入。因此,有序推进就显得十分重要。为此,要深化规划体制改革,重点区域的建设必须以"市级规划"为原则,由市级顶层设计,以属地开发建设为主。要实行控制性发展,在重点区块建设的产业与人口导入方面做好科学预期,能在较长时期内保持产业与人口持续流入的,大力支持,对把握不大的,要控制发展,宁可预留空间,也不能盲目开发。

4. 积极引入市场机制参与新城建设

从实践来看,新城建设需要高强度的投入、较长的建设周期,收益又偏低,在当前政府地方性债务风险不断放大的背景下,难以继续借债发展。因此,要大力拓宽新城基础设施建设的融资渠道。应发展"公私合作伙伴(PPP)"机制,进一步规范新城基础设施项目的招标工作,完善 BOT(建设—经营—转让)、BOO(建设—拥有—经营)、BTO(建设—转让—经营)等模式,以吸引民间投资。此外,还应积极探索资产证券化的融资模式,即将能产生稳定预期收入的城镇基础设施作为资产,以资产证券化的形式出售给相关投资者,达到融资和盘活存量资产的目的。

(二)建立有利于产城融合的区域统筹联动发展机制

从产城融合的角度看,不少区块产城融合难,很大原因是区块发展都是以"我"为主,相邻区块间缺乏联动、缺少统筹。因此,要从制度入手,以政策引导、简政扩权、区划微调为主要手段推动区域统筹、联动发展机制。

1. 强调区域政策的指导作用

宁波新城与节点城市在规划、建设主体、资金筹措、开发程序、建设管理上一般都由属地政府自行探索,这往往造成了跨行政边界统筹难、重复建设等问题。宁波可通过区域性的政策强化统筹,比如《关于建设宁波新材料科技城的决定》的出台,就利于加快镇海新城与国家高新区的产城融合。可见,在特定区块促进"区镇合一"、"镇镇融合"上,也可以研究制定相应的政策文件,强化引导。此外,还可以政策的形式建立优势互补、资源共享、利益共享的区域经济协作机制,实现区域协作联动、产业集中布局、园区集群发展。

2. 推进简政扩权

这里的简政扩权主要是为了推动节点城市的发展。一方面,要进一步解决好小型节点城市"小马拉大车"的问题,完善卫星城的管理体制,并进一步将符合条件的中心镇和潜力区块赋予卫星城的管理权限。另一方面,要加快区块间的融合。加强此类区块的前期研究,分清"以谁为主",在此基础上,推进简政扩权,扩大主区块在产业发展、规划建设、社会治安、民生事业等方面的管理权限,可代管拟融合区域,待时机成熟,推进区域融合,实现行政主体合一。

3. 适时进行区划微调

一个城市的区划实际上是一个历史阶段的产物。当城市发展了,调整行政区划是必然的。从产城融合角度看,当前宁波有不少区域所需顶层设计的第一步就在于区划微调。为此,要基于产城融合角度,加快区划微调的前期研究。在研究的基础上,市级政府要组织国土、规划、发改、住建等部门制定实施方案,主导区划微调,并配套执行与之相关的改革方案,诸如行政管理、社会管理、公共服务等配套改革。

(三)建立利于产业升级与产城融合的园区土地利用机制

产业支撑不足,是宁波产城融合困难的重要原因。宁波虽然块状经济明显,但是进一步转型升级面临的困难不少,尤其是产业园区的转型升级。目前,宁波建设时间稍早的产业园区都基本完成了产业布点,土地资源散落在企业手中,产权分散、复杂。随着土地的全部出让,随之而来的是建成的园区缺乏潜力空间,园区无法在合适的地区建设适合的产业功能和城市功能载体,无法提升园区的服务水平和环境品质。为此,要推进产城融合,缓解重点园区的土地瓶颈、加快建设适合的产业功能和城市功能载体已成为当务之急。

1. 推进回购改造提升园区品质

园区要进行二次开发,"腾笼换鸟",要求企业退出所付出的成本惊人;而且产业园区的改造推进一般需要一段较长的时间,整个转型成熟期一般为 10 年。鉴于此,对于基本建成的园区,建议宁波可以选择其中区位条件较好的物业进行回购改造,提升园区品质,吸引生产性服务业、配套商业入驻,形成园区活力中心,成为周边用地改造范本,从而带动周边产能较低的企业或闲置土地企业向高品质园区转型。

2. 探索建立差别化的土地供应新模式

从调研来看,随着土地价值的提升,一部分早先低价拿地的企业退出生产"转型"为房东,转租给其他企业进行生产,而有好项目或需扩大规模的企业又无地可"拿"。这就导致了产业转型升级缓慢,城市产业支撑不足。鉴于此,对于产业园区建设用地的推出,应探索建立差别化的土地供应模式。具体来说,在产业园区建设前,要以规划或政策的形式强化土地的前期预控,完善项目的准入标准,包括产业先进性标准、单位占地投资标准、单位用能投资标准、单位排放指标投资标准等。在土地供应时,可综合运用弹性年期、集约奖励、需求管制等调节工具,丰富供应方式、增强供给弹性,满足产业发展差异化、多样化的用地需求,形成差别化、多层次的土地供应市场和规范化的操作模式。

3. 深入实施推进"腾笼换鸟"

在宁波产业园区中,深入推进"腾笼换鸟"是盘活土地的有效办法。"腾笼换鸟"不是简单以小换大、以劳动密集型换高科技,方向是要腾出发展空间用于加快产业转型升级。要深入实施差别化的倾斜政策倒逼"腾笼换鸟"。要鼓励开展低效利用建设用地"二次开发",根据企业单位用地、单位能耗、单位排放、税收贡献等指标,开展城镇土地使用税政策调整试点;要鼓励企业搬迁改造,鼓励企业向产业集聚区搬迁集聚发展,对搬迁企业可根据实际按机器设备等固定资产价值的一定比例予以补偿,异地搬迁改造腾出的用地空间和排污指标,可按一定比例对企业给予奖励;要鼓励企业就地转型升级,比如对腾出的排污指标,可实行有偿收储;要鼓励优势企业兼并重组。按规定减免企业并购重组的相关税费,依法简化环评、能评、安评等审批手续。此外,还应鼓励企业"走出去"。鼓励支持企业"走出去"发展,提升资源配置能力,以资本融通、渠道创新带动要素整合和市场拓展。支持企业通过境外投资、参股、控股等方式,借力海外资源和市场做大做强。

第六章　基础设施同城化

基础设施同城化是全域都市化的重要基础。只有实现基础设施同城化，才能增强全域综合承载能力、释放城镇化发展潜力、提升城市可持续发展水平。基础设施同城化不仅涉及诸多设施的建设，还包括相应体制机制的完善。宁波在全域都市化建设过程中应先着重解决好交通路网、环保设施的问题，并且要以体制机制的创新来推动基础设施同城化的进程。

一、全域都市化过程中的基础设施同城化

全域都市化为导向的新型城市化将带来大量的基础设施建设需求。《国家新型城镇化规划（2014—2020 年）》也明确提出统筹城乡基础设施建设，加快基础设施向农村延伸，强化城乡基础设施连接，推动水、电、路、气等基础设施城乡联网、共建共享。为此，宁波应立足"同城化"的发展理念，进一步加快实现交通、供水、供电、通信、信息、环保等基础设施的区域有机对接、城乡联网与城乡共享。

（一）基础设施同城化的内涵及作用

1. 基础设施同城化的内涵和特征

同城化是区域经济一体化和城市群建设过程中的一个重要阶段，是同一区域内两个或者多个相邻的城市，在经济联系日益紧密的需求下，为协调相互冲突的利益关系而形成的一系列制度安排和运行机制，主要包括公共决

策机制、规划协调机制、政策环境协调机制、专项事务协调机制等。同城化的目的是协调城市间利益,促进城市间产业合理流动,优化城市功能,实现城市间功能互补,协调发展。"同城化"不是"同一化",也不是简单的规模扩张。

一般而言,时空距离较近是同城化的空间基础。城市间空间距离越近,越能降低运输费用和促进生产要素与商品、服务的交易,加强城市间的相互作用。由于城市群内中心城市与周边中小城市、农村空间距离固定,要想形成同城化,首要条件是"拉近"相互空间距离。方便快捷的交通方式是同城化的必备条件之一,而交通基础设施就显得尤为重要。要加快各种资源要素向农村配置,无论是设备、资金、技术还是人才,都要靠便捷的交通才能实现;要放宽户籍、方便人口流动,缩小城乡差距,也要靠完善的交通网络;要拓宽城市外延,加快产业转型升级,更离不开交通的大发展、大繁荣。

基础设施同城化是同城化的基础条件和主要内容,体现了以交通、通信、电力、供水、环保等为重点,各类设施覆盖城乡,形成规划统筹、城乡共建、城乡联网、城乡一体、城乡共享的基础设施网络,逐步实现城市一体化、经济一体化、文化一体化、交通一体化、旅游一体化、环保一体化。具体来看,交通基础的同城化体现了通过道路、铁路、航路、航道等交通线路以及场站、港口和机场等交通基础设施,将区域内不同地点连接起来,实现交通网络一体化,在物理上实现交通的无缝连接,它包括某一种运输方式交通网一体化和各种运输方式交通网络之间的一体化。而通信、电力、供水、环保等设施同城化更多地体现为市域城乡范围内各类基础设施全覆盖,区域内不同地点的各类基础设施能有机对接,实现基础设施网络一体化、标准一体化、运营一体化、管理一体化。

　　2. 基础设施同城化的要求

城市群内中心城市与周边中小城市间要有快速交通系统联系,周边城市与中心城间存在明显的通勤或通学等向心交通倾向。大都市交通圈的通勤出行范围一般在 100 千米左右,通勤时间在 60 分钟之内;50 千米内则是大都市的主要通勤交通圈,通勤时间在 30 分钟之内;国内的近域城市之间主要为 30/60 分钟通勤圈。同时,中小城市和农村要形成良好的通信、电力、供水、环保等基础设施,保障设备、资金、技术、人才等要素的集聚和发展。鉴于此,同城化对基础设施提出了以下三个方面的要求:

一是基础设施网络化布局。各种运输方式要协调发展、规模适度,实现市际通道高速化、高铁化,市域干线快速化、畅通化,县乡公路网络化、等级化,港口航线全球化、直达化;客运场站以人为本,形成以高铁、地铁为龙头,长途客运、市域客运、常规公交、出租车为配套的"零距离换乘"枢纽,方便群众出行;货运场站无缝换装,形成以港口、铁路为龙头,公路、内河、航空为配套的多式联运体系,促进物流发展;构建起"宜路则路、宜水则水、宜铁则铁、宜空则空"的综合交通运输格局。通信、电力、供水、污水及垃圾处理等基础设施覆盖城乡,居民在城市和农村都能够享受到生活的便利。

二是基础设施一体化建设。基础设施的建设要打破城乡二元结构,统筹城乡交通、电力、水利、环保等重大基础设施建设,加快城乡基础设施建设标准一体化,重点推进城乡道路、水电管网、环保设施的"无缝对接",逐步实现城乡交通一体化、通信一体化、供电一体化、环保一体化、农村水利与城市水务一体化。

三是基础设施科学化管理。基础设施的运营、管理和维护形成了明确的责任主体,建立了合理的经费保障制度,健全了完善的运行管理机制。使得城市与乡村各个层级的基础设施实现社会共同使用、专门机构管理、专业建设养护、合理经费保障。

3. 基础设施同城化在全域都市化中的作用

基础设施同城化是全域都市化的基础支撑,是实现区域经济效益、社会效益、环境效益的重要条件,对区域经济的发展具有重要作用。其一,基础设施是社会经济活动正常运行的基础。若把国民经济视作人体,基础设施犹如人体的生理系统,交通则是人体的脉络系统,邮电是人的神经系统,给排水是消化和泌尿系统,电力是血液循环系统,要维持人体正常运转,这些系统缺一不可,任何一方面失灵,都将导致人体失衡。其二,基础设施同城化是都市范围内经济布局合理化的前提。在当前,"要想富,先修路"已成为全民的共识,这也是解决都市范围内贫困地区发展经济、脱贫致富的重要措施。其三,基础设施是拉动经济增长的有效途径。推进基础设施建设是拉动区域经济增长的有效途径。

基础设施同城化是全域都市化的必然要求。基础设施是社会经济现代化的重要标志,它是生产力要素的一种体现,反映了一个现代化社会的物质生活丰富程度。基础设施如果没有实现城乡一体化,没有达到同城化,设备、资金、技术、人才等要素就不会向小城镇和农村区域流动,也就无法达到中心城市与周边城市、农村的城市功能耦合、产业布局优化,全域都市化更是无从谈起。

(二)基础设施同城化现状评价

"十一五"以来,宁波不断加快城乡基础设施的延伸对接,一批城乡供水系统项目建成投用,环保基础设施进一步完善,城市大交通格局逐步显现,信息化基础设施建设位于全国前列。可以说,城乡一体的基础设施网络正在逐步形成,当然距离同城化的要求仍有不小的距离。

1. 基础设施规模逐步扩大,但基础设施网络化程度还不高

交通基础设施快速发展。至 2013 年底,宁波市公路总里程达到 1.09 万千米,公路网密度 111 千米/百平方千米,达到中等发达国家水平。其中,高速公路 495.8 千米,一级公路 1058.9 千米,二级公路 775.3 千米,三级公路 1533.1 千米,四级公路 6354.9 千米,二级以上国、省道比例达到 79.5%。宁波"一环六射"高速公路网全面建成,实现了"县县通高速、行政村通干线公路",基本形成市域范围"60 分钟"交通圈。中心城城市道路总里程达到 1526 千米,快速路里程 13.6 千米,轨道交通 1 号线、2 号线工程正在加快推进,跨江通道及"断头路"等城市道路瓶颈基本消除,"主—干—次—支"城市路网体系基本形成。

信息基础设施服务水平和承载能力明显提升。移动电话和互联网宽带用户数稳步增长,截至 2013 年 3 月底,宁波市共有移动电话用户 1480 万户,固定宽带接入用户达 230 万户,分别同比增长 11.1% 和 10.7%。互联网上网速度进一步提高,至 2013 年底,市互联网城域出口带宽 2000G,互联网宽带接入用户达 250 万户。光网覆盖家庭用户达 331 万户,最低家庭接入互联网宽带能力达 30M,最高达 100M;农村光纤网络接入水平平均达 4M,基本实现行政村村村通光纤。

供水保障能力大幅提升。宁波已建成了全长 47.3 千米的大口径城市供水环网,形成了以白溪、横山、皎口、周公宅、亭下等五大水库为主的饮用水源供应系统,优质原水供应率达 90% 以上,多水源联调、多水厂联网、多水管联供的城市现代化供水体系基本形成。全市供水面积约 900 平方千米,供水人口 320 万,用户总数 70.69 万户,市区管网供水普及率达 100%。除个别边远镇村外,中心城 6 个区全部纳入城市大网供水,基本实现了城乡统筹供水和"同网、同质、同价"目标。

污水处理逐步完善。到 2013 年底,宁波市已建成各类集中式污水处理厂 34 座,其中城市生活污水集中处理厂 19 座,全市污水处理总能力达 170

万吨/日,污水实际处理量 4.58 亿吨,其中生活污水处理量 3.68 亿吨。全市垃圾处理厂 9 家,填埋处理 138.08 万吨,无害化处理率达到 100％。生活垃圾处理节能减排工作效果明显,生活垃圾焚烧量 108.82 万吨。

总体而言,宁波基础设施同城化初具雏形,但是基础设施网络化仍待提升。具体来看,交通基础设施布局还不尽合理,北部、东部路网密度远高于南部、西部路网密度,中心城城市路网体系远较小城镇路网体系完善(各县(市)、区农村公路里程及面积密度见表 6-1)。同时,路网网络化程度还不高,广大农村尤其如四明山、部分海岛等区域的路网覆盖率还不高,部分路段路网结构不尽合理。农村供水、环保等基础设施层次较低,供水、污水处理、生活垃圾处理等设施还很薄弱,一部分地区尚未实现全部覆盖,部分建设了基础设施的区域标准低、配套差、年老失修,许多基础设施已不能正常发挥功能。

表 6-1　宁波市农村公路里程及面积密度

序号	单位	农村公路里程（千米）	陆域面积（平方千米）	公路密度（千米/百平方千米）
1	宁波市	4305.502	9816.23	43.86
2	江北区	125.178	208.16	60.14
3	镇海区	127.232	245.90	51.74
4	北仑区	327.75	599.03	54.71
5	鄞州区	803.411	1345.54	59.71
6	慈溪市	743.907	1360.63	54.67
7	余姚市	860.5	1500.80	57.34
8	奉化市	284.925	1267.60	22.48
9	宁海县	395.154	1843.26	21.44
10	象山县	637.445	1382.18	46.12

2. 农村基础设施逐步覆盖,但城乡基础设施差距仍然较大

虽然宁波从公路里程来看,县道 2885 千米、乡道 2189 千米,农村联网公路超过 4000 千米,所有行政村都通上了公路,但是从公路的等级来看,农村公路主要以四级公路、准四级公路、等外公路为主,大大落后于城市道路建设标准。

虽然城区通信设施完善、标准较高,如海曙区率先建成浙江省内首个"光网城区",实际用户光纤接入覆盖率达 99.1％,但是农村地区仅实现行政村电话全覆盖,宽带、光纤同村比例还不高。

此外,农村基础设施建设与农民日益增强的多元化、多层次的现实需求还存在一定差距,农村基础设施普遍存在标准低、配套差、老化失修等问题,许多基础设施已不能正常发挥功能。

3. 城乡一体化加快推进,但基础设施运营管理滞后

由于农村公路由县道、乡道和村道组成,县道以上公路由县级公路管理部门负责日常养护;乡道由各镇(街道)养护管理,公路管理部门负责行业监督职责;村道养护管理没有明确的责任部门和单位,导致农村公路特别是村道公路基本处于失管、失养状态,路面保洁不到位,坑洞无人修补,边沟堵塞无人疏通,桥栏杆、护栏等安全设施缺损无人修复。

(三)基础设施同城化的总体思路

基础设施同城化,就是道路交通、供水、供电、通信、信息、环保等基础设施逐步实现区域对接和城乡联网,按现代城市标准统筹规划、建设与运营管理,形成区域、城乡之间基础设施的互联互通、共建共享体系。具体如下:

一是建设开放高效的综合交通运输体系。形成"两纵一横"市域轨道交通、"两环十射"高速公路为骨架的内外对接的"双高"交通网络;形成以城市轨道交通、快速路为骨架的中心城市"双快"交通网络,完善能与中心城市对接的市域快速公路网络;完善市域"高—快"交通系统连接线和"次—支"路网系统,实现互联互通;形成覆盖城乡、线路布局合理、运行高效的市域一体化公交客运体系;形成职责明确、运行顺畅的道路交通养护、维修、监管体系。

二是统筹建设安全的水资源开发利用和保护体系。创新水务管理体制,统筹全市自来水生产及输配业务、污水收集处理及排放、水务投资与运营、水务设施设计及建设等业务,实现市域农村水利与城市水务的一体化保护与发展。城市供水水质综合合格率达到 100％,实现城乡供水的同网、同质、同价。提高防洪、排涝的建设标准,防止重大内涝灾害发生,全面建成人水和谐的城乡水利防灾减灾体系。

三是建立完善统一集约的垃圾处理体系。打破行政区划限制,建立市域统一规划、合理布局、共建共享的生活垃圾处理设施。城市生活垃圾分类收集处理体系健全,"村收集、镇转运、县处理"的生活垃圾收运处理体系全

面建成、高效运行,医疗等废弃物分类收运和集中处理全面实现,城乡垃圾资源化利用和无害化处理走在全国前列。

　　四是建立完善共建共享的基础设施运营管理机制。强化农村公路管理养护"统一领导、分级负责"的管理养护责任机制,完善以政府为主导的公共交通投入机制,构建布局合理、层次分明、资源共享的公共交通服务网络。打破城乡二元结构,统筹城乡交通、水利、环保等重大基础设施建设,加快城乡基础设施建设标准一体化,重点推进城乡道路、水电管网、环保设施的"无缝对接"。

二、提升交通路网基础设施的规模水平

　　根据全域都市化的推进的发展导向,宁波交通发展将呈现"城市交通区域化"和"区域交通城市化"特征,表现为城市各组团之间联系更加紧密,城市交通的范围大大增加,各组团跨区交通比例大幅增加(见表 6-2),同时,都市区各组团需求的增长和交通基础的建设,进一步强化了都市区交通联系"同城化"的发展趋势。

表 6-2　宁波市高速公路网建设项目

序号	名称	建设年限	建设性质	里程(千米)
1	杭甬高速复线	2015—2018 年	新建	101
2	甬台温高速复线	2013—2018 年	新建	48
3	宁波—舟山港六横公路大桥	2015—2019 年	新建	15
4	宁波—舟山港梅山港区沈海高速连接线	2016—2020 年	新建	89
5	杭州湾跨海大桥杭甬高速连接线	2016—2020 年	新建	22
6	宁波—舟山港石浦港区沈海高速连接线	2015—2020 年	新建	54
7	杭州湾跨海大桥余慈中心连接线	2016—2020 年	新建	34
8	杭甬高速	2016—2020 年	改建	5
9	大碶疏港线	2016—2020 年	改建	27
10	甬台温高速	2016—2020 年	改建	9
合计				404

(一)加快完善全域道路网体系

1. 构建"二环十射"高速公路网

加强与周边四个相邻地市之间联系,加快新建沪甬跨海交通通道(杭州湾跨海大桥二通道)、四明山高速公路、杭州湾跨海大桥余慈中心连接线;调整杭甬高速复线、宁波—舟山港六横公路大桥、宁波—舟山港梅山港区沈海高速连接线、宁波石浦高速连接线;扩建甬金高速、甬台温高速、大碶疏港线大朱家至大碶段以及杭甬高速段塘至大朱家段扩建为双向六车道,强化宁波区域高速公路主枢纽的地位。同时,加强北部余慈组团与南部三门湾组团之间的联系,实现宁波市内部区与区之间、区与镇以及镇与镇的快速连接,充分发挥高速公路系统服务水平高、通行能力大的优势。

2. 完善市区和节点城市"主—干—次—支"路网系统

宁波城市路网等级结构不尽合理,快速路系统建设明显滞后于城市发展步伐,片区之间缺乏快速联系通道,支路网不健全,迫切需要完善和提升城市路网等级结构。一是要加快推进主次干道建设。要加快新建大庆北路、大庆南路北延、望童北路—薛家路、丽江东路、育才路等 10 多条主次干道建设。同时,加快拓宽惊驾路(曙光路—中兴路)至六车道,与外滩大桥交通相匹配。节点城市以功能定位和空间结构为导向,实现主次干道协调发展。二是要改善过江通道条件。要加快开工建设中兴北路甬江大桥、邵家渡桥及接线、院士桥、西洪大桥及接线等越江桥梁建设,改善过江通道条件。三是要继续深化支路卡口建设。要继续打通城市"断头路",并完善支路体系,畅通城市交通"毛细血管",发挥交通微循环作用。

3. 构建市区高架快速路网

快速路是城市道路网中最高等级的道路,城市快速路应为城市中大量、长距离、快速交通服务。快速路对向车行道之间设置中间分隔带,进出口采用全控或部分控制,能够起到联结城市各个功能分区或组团,满足较长距离的交通需求,进行城市内外交通转换,屏蔽过境交通,调整城市路网交通量,成为城市公共交通的主通道,形成城市建设的风景带,带动沿线的土地开发等重要作用。

加快推动宁波市中心城规划快速路建设,加紧形成"四横、五纵、五条片区连接线"的总体布局。"四横",分别为北外环路、通途路、环城南路、鄞州大道;"五纵"为甬金高速连接线、机场路、解放路、世纪大道、东外环;"五条片区连接线",具体包括东外环北延、北外环东延、江南公路、南外环东延、泰山路。加快形成"双环＋放射线"快速路网体系。其中的"双环",分别为由机场路—通途路—世纪大道—南外环围合而成的"内环",以及由甬金高速连接线—北外环—东外环—鄞州大道围合而成的"外环"。内外环及其与绕城高速之间,通过 14 条"放射线"进行联系。

创新快速路结构形式,要更多采用高架式、隧道式,减少交通干扰,提高交通通行效率。快速路建设要贯彻一步到位的原则,按照规划形式进行建设,确保快速路的效能得到发挥。快速路建设费用要开辟社会筹措的方法,仿照轨道交通建设的模式,控制主要节点周边土地,利用土地开发带动快速路建设。为了充分发挥快速路网的效用,快速路的平行道路、横向道路的建设应与快速路同步进行。

近期特别要加快市区通途路、世纪大道等快速路建设,缓解市区交通拥堵,加强老三区、东部新城、镇海新城之间联系,增强东部新城对周边新城的辐射。同时,推动城区内部快速路和北仑、镇海片之间快速路放射线建设,加快南外环东延的建设,增加与北仑片联系通道,为杭甬高速宁波至北仑段提供分流;通过泰山路建设,增加北仑片与镇海片的联系通道,并连通北外环东延,增强北仑、镇海与中心城之间联系。通过加快城市快速路建设,使得宁波市区快速路总长度达到 364 千米,达到国内先进城市水平。

4. 加快农村联网公路建设

农村公路是全市公路网的重要组成部分和必要补充,在农村交通运输网络中居于主导性的地位。同时,它作为农业和农村经济赖以发展的重要基础设施,和农业生产、农民生活、农村的繁荣息息相关。建设农村公路既是实现交通建设跨越式发展的根本要求,也是尽快解决农村基础设施瓶颈制约、全面繁荣农村经济的客观要求。

宁波从 2003 年开始组织实施通村公路建设,2008 年相继启动了农村联网公路和配套乡村客运站建设,农村地区基本形成路网布局合理、四通八达的农村公路交通网络体系。下一阶段,要适应新农村建设的需要,加快建设公路网总里程未达标的等外路和跨区域的联网路及山区、海岛公路项目,提升县乡道路水平;要加大服务农村旅游业发展,建设一批农村通景公路、红色旅游公路、乡村旅游公路;同时,要新(改)建一批枢纽客运站,建成多个乡镇客运站、一批农村客运停靠站,争取每个乡镇至少拥有 1 个客运站或公交回车场。全面实现农村公路网络化、生态化和路站运一体化,与干线公路、高速公路共同组成布局合理、规模适当、功能完善的公路交通网络体系。

(二)加快形成全域铁路轨道网体系

1. 加快推进铁路网规划建设

以提高长三角区域核心城市的通行效率为目标,构筑由国家铁路与省级城际铁路组成的对外铁路网络,重点推进甬金铁路、沪甬(跨杭州湾)铁路、甬舟铁路、沿海铁路货运通道等国家铁路项目规划与建设;重点推进杭甬城际铁路、甬台温城际铁路、沪甬城际铁路等省级城际铁路项目规划与建设。以加强市、县两级城市群之间联系为目标,发挥市级城际铁路骨干作用,重点推进中心城至余姚—杭州湾、中心城至慈溪、中心城至奉化—宁海、中心城至象山等项目规划与建设,形成以中心城为中心的放射型市域轨道网络,并与城市轨道形成外围换乘。

2. 加快市区轨道交通成网

轨道交通是现代都市的重要交通方式,无论是巴黎、伦敦、东京等大都市,还是我国的北京、上海、广州、深圳等主要城市,轨道交通都已经形成网络,成为城市公共交通的主体。

宁波市规划轨道线网全长 247.5 千米(主城区即三江片区内全长177.4 千米),主城区内线网密度达到 0.388 千米/平方千米,核心区内线网密度达到 1.193 千米/平方千米,市六区共规划轨道交通站点 136 处,其中地上站点 84 处、地下站点 52 处。各条线路的换乘站点数分别为:1 号线 6 处、2 号线 7 处、3 号线 6 处、4 号线 6 处、5 号线 8 处以及 6 号线 5 处,全线网共设置换乘站 20 座。轨道交通 1、2、3 号线构成宁波市轨道交通系统的骨干线网,分别贯穿城市东西、南北并沿城市发展水轴布置,穿越城市中心区域,并在以三江口为中心的城市核心区形成一个近似三角形的小环线,使城市核心区的快轨覆盖面积达到较高水平,并支撑三江片沿余姚江、奉化江和甬江轴线发展。轨道交通 4 号线主要弥补宁波市轨道交通骨干线网的西北—东南方向线路的不足,功能上为内部填充线,连接三江片核心区、工业区、高教区和东钱湖旅游度假区。轨道交通 5、6 号线作为外部填充线,主要作用是在城市中心区规模进一步扩大的情况下,有效扩展轨道交通覆盖范围。其中,轨道交通 5号线主要服务于东部新城和鄞州南部客运出行,轨道交通 6 号线作为轨道交通 1 号线的补充,共同服务于东西向客运主走廊。

目前,宁波正在开展轨道交通第一轮建设工作,在建轨道线网总规模为72 千米。同时,宁波轨道交通第二轮建设的前期工作已全面启动。要加快轨道交通建设,发挥交通引导城市发展的作用。在 2020 年前完成目前市六区在建轨道线,并加快轨道交通 2 号线二期(东外环—长山村)、轨道交通 3 号线一期(陈婆渡—宝成路)、轨道交通 3 号线二期(慈城—东钱湖)、轨道交通 4 号线全线和轨道交通 5 号线一期(布政—兴庄路)项目建设,使得 2020 年前宁波市六区建成的轨道线网共计 5 条,线网里程将达到 170 千米,轨道站点达到 115 个。轨道交通基本形成覆盖中心城区、辐射周边功能区的交通网络。

3. 加快启动"两纵一横"市域轨道建设

日本、德国、法国、苏联等国家从 20 世纪 50 年代起就开始建设市域轨道交通快速线或市郊铁路。市域铁路是专门在相邻几个城市间运营的电气化客运铁路,运营时速在 80～160 千米之间,站间距较小,线路一般都直接进入市区,是介于城市轨道交通(地铁、轻轨)和城际高速铁路之间的新型运输模式。市域线不仅是一种交通上的联系方式,更能引导推进城市规划的落实和沿线的发展,其建成后能形成城市的主动脉,维护城市的运营,配合规划控制引导城市的发展形态,同时解决交通需求。

为适应宁波市未来发展"以宁波中心城为中心,二区、T 轴为主体的面向杭州湾的开放式空间布局结构",引导人口向都市区核心区、余慈片区和重点镇集聚,并加强宁波市区对周边重点县市辐射能力,宁波要加快构建"两纵一横"市域轨道线网格局,以加强城市各片区、功能区的交通联系。其中"两纵"为骨架线路,另"一横"为辅助线路。骨架线路中的"两纵"是为了加强宁波对余慈片区、杭州湾片区的辐射力,强化北仑片区与上海、苏南区域之间的联系,同时加强奉化、宁海、象山与市域北部的联系,缩减南北经济差距,促进市域融合局面的形成。辅助线路"一横"一方面是为了促进四明山片区、奉化片区、象山港区域旅游经济带的形成;另一方面也加强了奉化西部、象山与宁波的联系。

近期要加快新建宁波至余姚至慈溪、宁波至奉化至宁海、宁波至象山城际铁路。一是宁波至余姚城际线。宁波至余姚线主要为宁波中心城区与余姚城区的快速通道,自宁波站引出,利用既有萧甬线至蜀山站,新建线路接轨既有萧甬线蜀山站,向西经余姚市沿城东路,余慈连接线,经过杭甬客专余姚北高铁站后,向北沿余慈连接线,跨 G329 国道,沿镇东路(芦庵公路)跨过中横线,经庵东镇西侧,跨过沈海高速公路,沿兴慈八路进入杭州湾新区商务休闲区,后线路向东沿十塘横江(滨海五路)南侧进入杭州湾工业产业园区至终点。宁波余慈线速度可达到 140 千米/小时。二是宁波至慈溪城际铁路。宁波慈溪线主要为宁波中心城区与慈溪城区的快速通道,可以自轨道交通 2 号线双桥站起,向北沿 329 国道,经澥浦镇,线路折向北西侧,经龙山、范市、掌起、师桥镇、观城镇东侧,向西在观附公路附近沿中横线至终点长河镇宁丰路附近。宁波余姚线速度可达到 140 千米/小时。三是宁波至奉化城际线。宁波至奉化城际线是连接宁波市与奉化市之间的快速连接通道,可以自轨道交通 2 号线石碶站引出,沿雅戈尔大道向南跨过鄞州大道,经外宅东侧跨过奉化江,经方桥镇南侧,沿奉化三高速连接线(东环路),经下张村东侧,沿金钟路至奉化东升公园附近。远期考虑延伸至宁海县,列车运行可采用较高的速度。

(三)加快客运枢纽及物流中心等交通节点建设

1. 加快推进综合客运枢纽建设

根据城市空间形态、旅客出行等特征,合理布局不同层次、不同功能的客运枢纽。按照"零距离换乘"的要求,将城市轨道交通、地面公共交通、市域铁路、私人交通等设施与干线铁路、城际铁路、干线公路、机场等紧密衔接,建立主要单体枢纽之间的快速直接连接,使各种运输方式有机衔接。鼓励采取开放式、立体化方式建设枢纽,尽可能实现同站换乘,优化换乘流程,缩短换乘距离。高速铁路、城际铁路和市郊铁路应在城市中心城区设站,并同站建设城市轨道交通、有轨电车、公共汽(电)车等城市公共交通设施。尽可能同站建设长途汽车站、城市航站楼等设施。民用运输机场应尽可能连接城际铁路或市郊铁路、高速铁路,并同站建设城市公共交通设施和城市轨道交通。公路客运站应同站建设城市公共交通设施,尽可能同站建设城市轨道交通。今后几年,要加快建成宁波南站综合客运枢纽、宁海综合客运枢纽、慈溪综合客运枢纽,要加快推进宁波邱隘综合客运枢纽与地铁的同步建成运作。要加大城市公共交通场站建设力度,保障公交场站建设用地计划指标,落实场站建设"五同步",允许公交场站进行综合开发。

2. 加快启动大型物流中心及配送中心建设

统筹货运枢纽与产业园区、物流园区等的空间布局。按照货运"无缝化衔接"的要求,强化货运枢纽的集疏运功能,提高货物换装的便捷性、兼容性和安全性,降低物流成本。铁路货运站应建设布局合理、能力匹配、衔接顺畅的公路集疏运网络,并同站建设铁路与公路的换装设施。港口应重点加强铁路集疏运设施建设,大幅提高铁路集疏运比重;积极发展内河集疏运设施。集装箱干线港应配套建设疏港铁路和高速公路,滚装码头应建设与之相连的高等级公路。公路货运站应配套建设能力匹配的集疏运公路系统,切实发挥公路货运站功能。

三、加快环保基础设施的全域覆盖

根据全域都市化的发展导向,经济社会与生态环境和谐发展,城乡居民享有优质化的生活。这显然需要在全域都市化的进程中,坚持"绿色化"的发展理念,加大环保基础设施的建设力度,着力实现设施的城乡高标准全域覆盖。

(一)推进"五水共治"强化城镇水治理及利用

以"五水共治"为契机,深入推进治污水、防洪水、保供水、排涝水、抓节水攻坚战。治污水,主要是抓好清三河、两覆盖、两转型。清三河,就是通过重点整治黑河、臭河、垃圾河,基本达到水体不黑不臭、水面不油不污、水质无毒无害、水中能够游泳。两覆盖,就是力争到 2016 年实现城镇截污纳管基本覆盖、农村污水处理和生活垃圾处理基本覆盖。两转型,就是抓好工业转型、农业转型。防洪水,重点是推进强库、固堤、扩排等工程建设,治理洪水之患。保供水,重点是推进开源、引调、提升等工程建设,保障饮水之源。排涝水,重点是要强库堤、疏通道、攻强排,打通断头河,着力消除易淹易涝区。抓节水,重点是抓好水资源的合理利用,形成全社会亲水、爱水、节水的良好习惯。

推进城镇生活污水及再生利用设施建设,新城区基础设施开发必须同步建设生活污水收集设施和再生水回用管网。推进污水处理厂无害化处理和资源化利用,统筹布局建设污泥处理设施。推进污水处理设施建设,基本建成"县县建有污水处理厂、镇镇建有污水处理设施"的生活污水处理体系。

提升农村供水水平。按照"城乡统筹、资源共享和集中与分散相结合"

的原则,以城镇建成区和中心村为重点,因地制宜地构建集中与分散相结合的区域供排水设施网络体系,全面保证城乡居民喝上安全卫生的饮用水,实现城镇生产生活污水达标排放,基本实现农村生产生活污水无害化处理。完善供水设施建设,合理确定供水模式,扩大乡镇水厂供水能力,改善农村供水条件,逐步实现市域农村水利与城市水务的一体发展。加强城镇水源地保护与建设和供水设施改造与建设,确保城镇供水安全。加强防洪设施建设,完善城市排水与暴雨外洪内涝防治体系,提高应对极端天气能力。

(二)完善农村垃圾三级处理模式

按照生态功能区和垃圾处理网络体系建设要求,坚持"减量化、资源化、无害化"原则,实施综合利用和无害化处置相互补充的处理模式,合理配置区内垃圾处理设施,实行垃圾多元化处理,完善生活垃圾无害化处置系统。要规范居民区垃圾收集设施配备,推行垃圾分类回收。要规范建设垃圾压缩中转站、普通中转站及运输队伍,提高垃圾收集、中转运输和无害化处理能力。

完善农村垃圾三级处理模式,加大生活垃圾减量化、资源化、无害化处理力度,推广生态处理模式,实现"村收集、镇转运、县处理"的生活垃圾收运体系。

(三)加大土壤及空气污染治理

保护土壤环境,防止和减少土壤污染、保障农产品质量安全,建设良好人居环境。要严格保护耕地和集中式饮用水水源地土壤环境,加强土壤污染物来源控制,严格管控受污染土壤的环境风险,开展土壤污染治理与修复,提升土壤环境监测能力。要着力构建依法治污、多元投入和责任管理的工作机制,发动群众、上下同心,营造"人人参与、人人监督、人人有责、人人受益"的良好社会氛围。

优化能源利用结构。依据区域环境总量,确定原煤消费总量"红线",坚决贯彻"环境优化"原则,对临港大项目有所取、有所弃;大力开发利用清洁能源,统筹优化能源消费结构,要将开发引进天然气能源作为宁波未来能源供应的一个战略选择,加快奉化、宁海、象山天然气管道建设,同时,充分利用农林废弃物开发生物质固体成型燃料,适度加大对风能、太阳能开发的投入。

实施污染物协同控制。针对各种锅炉，区分大中小、市县镇，分别采取强制脱硫脱硝、集中供热覆盖、清洁能源替代等对策措施。加强机动车排气污染防治，严格控制废气排放总量。加大节能减排设施推广应用。

四、推进基础设施同城化的体制机制创新

基础设施建设涉及多个建设主体，涉及规划、建设、运营、管理等多个环节。这就要求在推进基础设施同城化的过程中，不仅要加大投入，更要通过改革创新来理顺体制机制，统一建设导向，完善建设机制，健全运营管理机制。

（一）建立基础设施同城化的规划机制

基础设施同城化必须以科学的、高瞻远瞩的规划为指导，把两个（或多个）城市或一个城市区域内的城市、农村作为一个整体来考虑，统一总体规划、统一技术标准、统一责任主体、统一管理运营、统一费用保障、统一监督考核。打破城乡规划分割的局面，构建全域一体的基础设施规划管理体系。

制定同城化发展规划要以促进城市内部和城市之间协调发展为主要目的，发展规划中主要针对影响同城化发展较突出的问题，如城市政府在一体化进程中的权利和义务、区域产业分工与合作、区域环境治理、区域基础设施建设、区域土地开发等方面做出明确规定，并以地方法律形式予以固定，使同城化发展规划有法可依，更为重要的是将同城化发展区域的建设和管理纳入法制轨道。

合理安排年度土地和围填海用地指标，全域都市化重点区域、重点项目用地用海优先纳入当年土地和围填海年度计划。

（二）建立基础设施同城化的建设机制

完善项目建设机制。农村基础设施涉及农业、林业、牧业、水利、国土资源、交通、通信、电力、规划、财政、环保、扶贫开发等众多部门，是一项复杂的系统工程。抓好农村基础设施建设，必须完善农村基础设施建设运行机制。首先改革供需表达机制。将目前农村基础设施建设"自上而下"的供给模式改革为"自下而上"的需求表达模式，除了涉及国家长远利益的项目外，应根

据农村经济发展的不平衡性,采取问卷调查等统计手段,广泛地听取广大农民的意见,对农民急需的公共产品优先供给,避免脱离农村实际和要求的"面子工程"、"形象工程"和"政绩工程"。其次开放基础设施建设权。在服从乡村统一规划的前提下,允许农民投资兴办各类基础设施建设,以公开拍卖等方式将原有的集体财产的管理权、使用权卖给农民,允许其自主经营,有偿服务。在基础设施建设上,实施市场准入,实行谁投资、谁建设、谁受益的原则。吸引民间资金介入,弥补政府投资不足,改革产权制度,降低管理成本,对个人投资实行政府补贴,调动广大农民投资的积极性。最后完善"一事一议"制度。改变目前无论所议事项涉及全体村民利益还是只涉及部分村民利益均要全体村民评议的状况。涉及全体村民利益的,可以按照原来的规定来执行;涉及部分村民的,只要涉及范围内的农户通过自身筹资,就可以付诸实施。

建立项目推进机制。建立健全重大基础设施建设推进机制,打破城乡二元结构,统筹城乡交通、水利、环保等重大基础设施建设,加快城乡基础设施建设标准一体化,重点推进城乡道路、水电管网、环保设施的"无缝对接"。

加大基础设施项目资金投入。加大对重点镇基础设施建设投入力度。市本级每年安排政府投资总额的一定比例,用于支持乡镇道路、供水、供电、供气、环保等基础设施项目建设,重点支持"多节点"(包括余姚泗门镇、慈溪观海卫镇、奉化溪口镇、宁海西店镇、象山石浦镇、鄞州集士港镇、江北慈城镇)等重点镇建设项目。各区、县(市)政府按市本级政府投资 1∶1 的比例进行配套。

(三)健全基础设施同城化的运管机制

建立重大基础设施运营、管理、维护机制,推进重大基础设施的可持续性发展。首先建立健全农村公路管养责任机制。国办发〔2005〕49 号、浙政办发〔2008〕4 号明确"县级人民政府是农村公路管理养护的责任主体","乡镇人民政府有关农村公路管理、养护、保护以及养护资金筹措等方面的具体职责,由县级人民政府结合当地实际确定"。因此,农村公路的管理养护应实行"统一领导、分级负责"的管理养护责任机制,市政府统一领导全市农村公路管理和养护工作。县级公路管理段具体承担县道公路的管理养护工作及乡道、村道公路的行业管理、路政管理;镇人民政府(街道办事处)负责所辖行政区域内乡道、村道公路的管理和养护工作。同时,建立健全农村公路养护运行机制，县道小修保养工程由县级公路管理段负责，乡道、村道小修保养工程的养护方式，可以通过招投标方式选择养护作业单位，也可以采用委托养护或农户个人分段承包等方式进行养护。其次建立健全农村生活垃圾回收和处理机制。

稳步拓展城市公共交通服务网络，逐步实现城市公共交通在城市城区和郊区范围内的全覆盖。首先建立以政府为主导的公共交通投入机制。实施公交优先战略，加大政府对公共交通投入力度，重点支持公交基础设施、车辆更新等配套设施建设，缩小城乡公共交通服务设施差距，推进农村客运与城市公交享受同等待遇。其次建设城乡一体化公共交通网络。充分利用城市公交、城际客运和农村客运的各种服务设施，统一规划布局合理、层次分明、资源共享的公共交通服务网络。加大公共交通枢纽站、停车场等基础设施建设，扩展快速公交网络，建设快速公交系统（BRT）线路。对全市县域内农村客运线路逐步实行公交化改造，建立中心城市与各城市组团、各中心乡镇、行政村之间的城乡一体化公交客运网络。

第七章　特定群体民生权益保障

城市化的过程实际上是人们追求民生改善和发展的过程。民生权益保障体现了新型城市化"以人为本"的核心理念。特定群体的民生权益保障要求在全域都市化的过程中更加关注弱势群体，让全体市民分享发展成果；如果没有对特定群体的"兜底"保障，就偏离了全域都市化的价值导向。着力研究解决失地农民、外来人口、失独家庭等特定群体的民生权益，必须在宁波全域都市化过程中予以高度关注。

一、全域都市化进程中的民生权益

特定群体民生权益保障最能体现社会的公平和文明程度。宁波推进以全域都市化为目标导向的新型城市化，必须民生为先，尤其要注重保障失地农民、外来人口等特定群体的民生权益。

(一)特定群体民生权益保障的内涵与意义

1. 民生权益的内涵

民生概念有广义和狭义之分。广义上来说，凡是同居民有关的，包括直接相关和间接相关的事情都属于民生范围内的事情。这个概念的优点是充分强调民生问题的高度重要性和高度综合性，但其明显的不足在于概念范围太大。狭义上的民生概念主要是从社会层面上着眼的。从这个角度看，所谓民生，主要是指民众的基本生存和生活状态，以及民众的基本发展机会、基本发展能力和基本权益保护的状况，等等。如今社会上流行的说法一般是狭义上说的，例如要"加快以改善民生为重点的社会建设"一语中的"民生"，就是从社会层面上着眼的。

民生问题就是指与广大人民群众生存和发展直接相关的问题，这些问题是广大人民群众最关心、最直接、最现实的问题，包括食、衣、住、行等基本需要，具体内容包括，老有所终（人人享有养老保险）、壮有所用（有充分的就业机会）、幼有所长（少年儿童都有基本的生活保障和享受基础的义务教育）、鳏寡孤独废疾者有所养（对无保户、残疾人等丧失劳动能力的群体实施社会救济）等。不论在什么社会形态下的政府，对这些民生问题都必须首先予以重视和解决，否则就会导致社会动荡和政权更迭。从上述民生问题出发，各级政府应当是解决民生问题的主体，有责任保障广大人民群众的基本生存和生活状态以及基本的发展机会、基本的发展能力、基本的权益等。[1]

2. 特定群体界定

民生权益中民生主体具有多样性。本章所称的特定群体特指宁波在推进全域都市化过程中需要特别关注的失地农民、外来人口、失独家庭等三类主体。

一是失地农民。失地农民是中国城市化的必然产物。在中国改革开放前，城市扩展比较缓慢，而且土地所有权和使用权属于集体而并非农民个体家庭，因此，城市的缓慢扩展并没有产生大量的失地农民。改革开放后，一方面，农村土地的集体所有制性质虽然并没有变化，但农村土地承包制使得土地的使用权属于家庭所有；另一方面，改革开放后城市化的快速推进，城市的扩展导致城郊土地大量被征用，于是产生了大量所谓的失地农民。同样，改革开放后，宁波城市化快速推进，近年来，宁波市每年征收集体所有土地在 3000～4000 公顷之间，于是在城郊产生了大量失地农民。而且根据城市发展的诺瑟姆曲线（城市化率在 30％～70％之间是城市化发展最快的时期），至少在未来十几年，宁波依然会处于城市化快速推进期，因此城郊失地农民的数量将会进一步快速增加。

二是外来人口。外来人口是中国户籍制度与城市化推进的必然产物。城市的扩展、经济的发展，既需要外来人口作为建设者，也欢迎外来人口成

---

① 吕勇：《"民生"概念应有准确界定》，《中国经济时报》2008 年 12 月 22 日。

为市民。宁波城市化导致大量外来人口(这里所称的外来人口,是指在宁波市居住的非本市区、县(市)户籍的人员)。根据统计数据,2000 年以来,宁波户籍人口大概每年增加 3 万左右,而宁波外来人口每年以超过 30 万的速度增加,截至 2013 年底,宁波外来人口已超过 500 万。根据宁波城市化发展速度以及宁波的产业结构等因素,未来依然会有大量的外来人口进入宁波,外来人口数量将进一步增加。

三是失独家庭。失独家庭指独生子女遭意外亡故或伤残的家庭,尤指女方 49 周岁以上的夫妇组成的已经没有再生育可能的家庭。在 20 世纪 80 年代他们执行独生子女政策,人到中年遭遇独子夭折,在承受了巨大悲痛之后,他们还要在日渐年老的过程中面对多重问题。截至 2013 年,宁波有 49 岁以上的失独家庭人数 3200 余人,其中,60 岁以上的达到 2600 余人。可以肯定,未来随着生育独生子女的人口逐渐进入老年期,宁波的失独老年人群体必然日益庞大。

3. 特定群体民生权益保障的重要意义

保障特定群体民生权益,是保障人的生存权和发展权中的最基础环节,不仅对于这些特定群体的个体生存和发展意义重大,而且对于整个社会的稳定发展也极其重要。

一是新的历史条件下巩固党的执政基础之必需。中国共产党从成立之日起,就把中国人民的根本利益放在首位。一部中国共产党的历史就是为了中国的民族富强、为了人民的利益而不懈奋斗的历史。在"执政"和"建设"时期,中国共产党必须给中国人民带来实惠、带来实际的利益。换言之,必须大幅度地改善民生。只有这样,我们党赖以执政的基础才能够得到保持和增强。无论是革命时期还是建设时期,以农民为主体的上述三类特定群体始终是党的依靠力量,充分关注特定群体民生权益保障更能体现党的执政为民理念。

二是推动经济持续健康发展之必需。重视并改善民生问题,可以为经济发展提供一种最有效的动力。民生具体状况如何,对于一个社会的内需拉动有着直接的重要影响。一个收入结构呈"两头小中间大"状态的橄榄形的社会结构亦即中等收入人群占主导位置的社会结构,对于内需的拉动力是最强的;相反,在一个民生状态不容乐观亦即低收入群体占据主导位置的金字塔形的社会当中,其内需拉动力是最弱的。失地农民、外来人口、失独家庭这三类,总体上处于社会底层,收入较低,重视并努力改善这三类特定群体的民生,可以减少贫困人口数量并使低收入者的收入普遍提高,可以增大中等收入者的比例。这样一来,更多的社会成员的购买力就会明显提升,经济就会得到有效持续的拉动。

三是实现社会安全运行之必需。随着改革发展进程的深入,我国进入发展的关键时期,经济体制深刻变革,社会结构深刻变动,利益格局深刻调整,思想观念深刻变化。这种空前的社会变革,给我国发展进步带来巨大的活力,也必然带来这样那样的矛盾和问题。例如,不少失地农民没有社会保障,没有生活依靠,徘徊在城市的边缘,成为种田无地、就业无岗、低保无份的"三无农民"。他们游走于城市和乡村的边界,依靠着少得可怜的征地补偿,艰难地生活着。失地农民问题成了影响我国社会的不稳定因素。类似地,假如失独家庭得不到社会关爱,其成员就会茕茕孑立、郁郁寡欢,造成失独家庭与其他家庭之间的无形隔阂,进而呈现失独家庭与社会的关系"断裂",这不利于整体层面的社会和谐。宁波作为我国改革开放前沿地区,已经进入各种社会矛盾凸显期,特别是随着城市化的推进,在失地农民权益保障方面,在外来人口社会保障与居住权益保障方面依然面临很多问题,迫切需要解决。

(二)宁波特定群体民生权益保障的现状评价

1. 失地农民民生权益保障现状评价

近年来,宁波每年支付被征地村集体与农民补偿安置费用 48 亿元左右,对被征地农民合法权益保护的基本做法如下:

一是全面实施征地区片综合价。征地区片综合价格包括土地补偿与安置补助费。宁波市于 2009 年调整区片综合价,征收耕地(非耕地减半计算),最高级别为 144.75 万元/公顷,全市平均价格为 87 万元/公顷。2014 年,宁波上调区片综合价,最高为 157.5 万元/公顷,全市平均价格为 97.5 万元/公顷。[①] 各地在提高区片综合价同时,还相应确定了土地补偿与安置补助标准比例标准,其中安置补助费标准有了较大幅度的提高。

二是提高青苗及地上附着物补偿标准。青苗及地上附着物补偿是征地价格的一个部分。其中北仑等 7 个县(市、区)专门对普遍出现的地上附着物补偿的每项内容与标准予以明确规定,而对于特殊性地上附着物采用专

---

① 俞慧丽、谢建定:《宁波市维护被征地农民合法权益的基本做法》,《浙江国土资源》2014 年第 9 期。

业单位评估做法,评估价格的基础来源于市场信息价格。

三是实施失地农民养老保障政策。截至2013年,宁波市累计实行养老保障59万余人。对被征地人员实行社会保障制度,所需资金按照政府、集体和个人三方合理负担的原则解决;政府承担的费用从土地出让收益中列支。养老保障待遇视经济发展和城镇居民生活水平情况适时调整。全市已建成一个完整的被征地农民养老保障体系,做到了被征地农民应保即保和即征即保。在上述基础上,部分县(市、区)的符合条件享受养老保障的被征地农民,还可选择参加职工基本养老保险或城乡居民基本养老保险政策,城乡职工与农民在养老保障待遇上的差距逐渐缩小。

尽管如此,宁波失地农民的有关权益依然未得到很好保障,存在的主要问题包括:现有的征地补偿标准偏低,落后于经济发展水平,土地补偿内容市场化运作程度低,部分土地补偿金不到位;失地农民就业机会不大,又缺乏自谋新门路的资本;失地农民在城市化以后,相应的医疗保障、教育体系没有很好建立,医疗、教育支出多,不堪重负。另外,有些地方政府只强调征地具有强制性,不注意听取群众意见,不尊重农民的合法权益,粗暴对待,既严重影响了失地农民的生存权、发展权,又降低了政府威信,加剧了群众的对立情绪。

2. 外来人口民生权益保障现状评价

宁波已经出台了20余个相关配套政策,优先解决外来人口最关心、最现实、最直接的民生问题,努力使他们在宁波工作安心、生活舒心。

在民生服务方面,公共就业、技能培训、子女教育、公共卫生、计划生育、居住条件等公共服务体系不断完善,成效日益呈现。为新增外来劳动力提供全程免费职业推介和引导培训服务;实施"百万职工技能培训计划",让外来务工人员接受在岗培训和市民教育,10余万名外来务工人员取得初、中、高级工技能等级证书;中小学校接纳外来务工人员子女,并减免学杂费;外来流动儿童享有了本地儿童一样的11种疫苗免费接种服务;为外来已婚育龄妇女落实"五同五联五免费"的计划生育市民化服务;为外来务工人员建设各类集中居住点和外来务工人员服务管理站,并配备综合服务管理员。

在社会保险方面,出台了《宁波市外来务工人员社会保险暂行办法》,率先推出了符合企业实际情况和外来务工人员特点,全覆盖、低费率、可选择、能衔接的"五险合一"的外来务工人员社会保险政策,规定用人单位按月缴纳178元,外来务工人员不用出一分钱就可以享受工伤、大病医疗、养老、失业、生育保险,得到外来务工人员和企业的广泛欢迎。

在权益维护方面,宁波通过全天候"追薪热线"、"维权绿色通道"、工伤保险、"春雨行动"、建筑企业工资支付担保制度、欠薪应急周转制度"六项保险",保障农民工合法权益。宁波市海曙、江东、江北三区建筑业实现无欠薪目标,积极为外来务工人员提供法律援助服务。

然而,尽管近几年宁波外来人口的民生权益得到很大改善,但总体上看,宁波户籍人口与外来人口二元结构的民生权益依然严重存在。宁波外来人口的民生权益保障不足,特别表现在对外来人口的技能培训权益保障与居住权益保障等方面。

3. 失独家庭民生权益保障现状评价

2007年8月,国家出台独生子女伤残死亡家庭扶助制度。宁波市也有了对失独家庭一定生活补助的规定,从2008年开始,49周岁到59周岁的失独夫妇每人每月可领取生活补助150元,待满60周岁以后,享受城镇职工社会养老保险金的对象补助标准仍为每人每月150元,其他对象标准提高到每人每月360元。2013年,宁波出台《宁波市人民政府办公厅关于完善计划生育特殊家庭扶助制度的实施意见》,规定年满49周岁到59周岁的失独夫妇每人每月补助400元,待满60周岁以后,享受城镇职工社会养老保险金的对象补助标准仍是每人每月400元,其他对象标准提高到每人每月800元。同时,该制度还规定"计划生育特殊家庭老人要求进机构养老的,公办养老机构要优先接收"①。

应该说,宁波对失独家庭的经济扶助力度较大,但失独老人优先进入公办养老机构的制度难以很好执行,对失独老人的日常养老服务、精神慰藉仍然比较缺失。主要表现在:一是日常生活无人照料。失独老人日常衣食住行缺少照顾,特别是在患病期间。目前宁波养老机构在床位布局、机构性质等方面存在比较突出的结构性矛盾,中心城区特别是公办养老机构的床位供不应求,出现"一床难求",结果,宁波虽有失独老人优先进入公办养老机构的制度安排,但依然无法满足需要,致使不少失独老人难以及时进入养老机构,日常生活缺少照护。二是失独家庭老人心理孤独甚至自我封闭现象十分突出。不少家庭在失独后,搬离原住区,与原邻居失去联系,与新邻居

---

① 《宁波市人民政府办公厅关于完善计划生育特殊家庭扶助制度的实施意见》,甬政办发〔2013〕251号。

又没建立联系,孤独生活现象十分普遍。三是担忧老人临终事项。中国传统家庭讲究子女养老送终,但现在因为自己失去子女,子女送终是不可能的。那么他们的后事怎么办? 对此,失独老人均十分担忧,这成为他们难以解开的心结。

(三)特定群体民生权益保障的总体思路

要充分认识特定群体民生权益保障的迫切性和重要性。失地农民是城市扩展的产物,城市的扩展和良性循环发展离不开失地农民的支持,如果城市发展以失地农民的民生权益损失为代价,那就偏离了城市发展"以人为本"的根本目的。外来人口是城市建设和发展的重要支撑,外来人口的民生权益是民生权益的重要组成部分,一个城市对外来人口权益的重视与保障程度体现了一个城市的胸襟,反映了一个城市的公正与平等程度。失独家庭虽然在总人口中所占比例很低,但这些人因为失独而导致的内心痛苦无法言表,社会必须对这些家庭有特殊的权益保障措施,一个社会对失独家庭的关怀程度一定程度上体现着社会的文明程度。

为加强宁波特定群体民生权益保障,应当按照宁波全域都市化的要求,以减少或消除城市居民与农村居民、户籍人口与外来人口二元结构的民生权益保障问题为目标,以确保失地农民的土地权益、外来人口的劳动培训与居住权益、失独家庭的养老保障权益等为重点,按照逐渐推进、统筹兼顾、量力而行的原则,逐步建立相对公平、市域一体的民生权益保障体制机制,促进民生权益保障横向比较相对公平、纵向比较不断提高。

二、失地农民土地权益保障

农民作为一个特殊的群体,除享有最基本的公民权利以外,还应当就其所依附的土地享有一系列的权利。农民的土地合法权益主要由以下几个方面构成:土地使用权,土地被征收后的取得赔偿权,附着在土地上的就业、社保等权益,以及对征收目的、征收对象、征收补偿及程序和补偿标准等方面的知情权、参与权和监督权。随着宁波城市化进程的不断加快,农村土地被大面积征用,失地农民的数量急剧上升,失地农民权益保障成为必须面对的一个重要问题。

(一)严格征地范围和征地用途管理

近几年来,建设占用土地数量大幅增加。一方面,这是经济持续快速发展的必然结果;另一方面,征地范围过宽,建设占地又控制不严,造成了目前包括一般经营性用地,都可以征收农村集体土地。"有占必征",既违背了市场经济规律,又不能有效保护农民利益。宁波有的地方脱离实情和项目实际需要,盲目占用土地,征多用少,既违反了土地利用总体规划,擅自扩大规模,又导致了大量土地征而不用,长期闲置抛荒,人为加剧了建设用地供需矛盾,增大了被征地农民的补偿安置压力。

一是改革征地制度,防止滥占土地。征地是政府行为,这要求政府加快职能转变,尽可能地减少自由裁量权。征地权不能滥用,更不能损害农民合法权益,不能剥夺农民的生存权、财产权、发展权。要严格而清晰地界定"公共利益",防止滥用"公共利益"的名义圈占耕地的行为;要严格界定征地范围,"公益性用地"和"经营性用地",要通过不同方式取得土地。除国家机关和军事设施用地,城市基础设施和公共事业用地、国家重点扶持的能源、交通、水利等重点工程,由各级政府组织实施征用外,其他建设用地,应充分发挥市场机制的作用,一律要通过有偿方式取得。国家也明文规定了对商业、旅游、娱乐、房地产开发四类经营性用地一律纳入招标拍卖挂牌出让的范围。显然,在国家已有相关规定的情况下,宁波作为地方政府关键在于严格执行国家的上述有关规定。

二是严格征地用途管理,严格按土地利用总体规划控制用地规模和范围。任何单位和个人都不得违反土地利用总体规划,擅自扩大用地规模,坚持按项目、按产业政策、按建设用地指标、按投资强度提供用地,不断提高土地的集约利用水平,杜绝盲目圈地造成土地闲置、抛荒。

(二)进一步提高征地补偿标准

尽管经过多轮征地补偿标准的调整,宁波征地补偿水平有了大幅度的提高,但相对于保证农民基本生活消费水平而言补偿还是过低。在目前物价水平下,按照宁波农村居民平均年人均实际生活消费支出计算,这样的补偿水平只够维持基本生活消费五六年左右,难以维持长久生计。而且,现行补偿标准远远不及城市国有土地的出让价格,没有体现土地的市场价值和日后的升值潜力。一亩地征地补偿几万元,转手却有几百万元,这让农民心理不平衡。城乡巨大的地价悬殊是对农民土地权益的严重侵犯,也成为近年来引发征地矛盾的直接原因。因此,必须建立兼顾国家、集体、个人的土地增值收益分配机制,合理提高农民个人收益。

一是扩大对失地农民损失的间接补偿。从现行《中华人民共和国土地管理法》规定的土地补偿费、劳动力安置补偿费、地上附着物和青苗补偿费扩大到土地承包经营权(土地使用权的直接体现)损失、残余地损失(土地利用效率低下)、搬迁费及其他必要费用支出的补偿等。

二是及时调整"片区综合价"。土地补偿费方面,宁波实施的"片区综合价"政策,总体上优于"产值倍数法"的计算标准。"片区综合价"政策主要是根据城市发展总体规划,按地段、地类等将城镇土地划分成若干区片,每一区片确定一个相对合理的基准地价,同时结合城镇基准地价对现存的农用地按地段、实际种植作物等因素进行农用地分等定级,作为征地补偿的市场价值,进行定期公布,在统一征地时实行统一的补偿标准。关键是要及时调整"片区综合价"政策,根据居民收入增长情况、居民消费发展的要求、土地地段变化情况、土地市场价格变化情况进行及时调整。

三是探索对失地农民的多样化补偿。根据失地农民对征地后生活方式的不同选择,采取多样化安置补偿,特别注重确保失地农民的社会保障权和收益分享权。如货币补偿可以采取分期或终身制,宁波可以重点推广失地补偿入股分红安置方式等,这样既可以确保失地农民逐渐获得土地收益、逐渐提高消费水平,避免因短时间内获得大量现金收入而产生不合理的高消费,也可以避免因为征地补偿价格前后差异巨大而引起前期补偿较低的失地农民上访、示威等社会动荡。

(三)规范并严格执行征地补偿程序

集体土地征收属于一种行政行为,我国的宪法中虽然规定集体土地征收是依"法律规定"进行,但《中华人民共和国土地管理法》及其实施条例中有关集体土地征收的法定程序规定过于简单,缺乏可操作性,比如存在缺乏对征收目的的合法性审查程序、程序公开性不强、民主参与性极低等问题。因此,必须规范并严格执行征地补偿程序。

一是加强对征收目的的合法性审查,即是否符合法律规定的"公共利益"。要建立专门的独立于政府机构之外的审查机构,在征地之前对其目的进行专项审查。同时,在征地公告中对征地目的的合法性进行专门说明,从而保证公众的知情权。对于各县(市、区)范围内的"公共利益"用地,建议统一由宁波市级政府进行合法性审查。

二是要提高征地程序的公开性,保障失地农民的参与权。公开性要贯穿于集体土地征收程序的全过程,征地前公开拟订的各种集体土地征收实施方案,征地中公开用地审查的过程和结果及征地的每一进程,征地后公开补偿安置的内容和结果。失地农民参与权的保障要真正使农民参与到征地过程中来,在"两审批"程序中引入征地农民的介入程序,给予他们法律程序上的决定权及抗辩权。征地补偿方案必须征求每一个被征地户的意见,并且把被征地农民意见等材料作为征地审批文件的必要组成部分。

三是建立集体土地征用异议制度,对于政府集体土地征用决定有异议的,应当允许行政相对人通过行政复议或行政诉讼寻求救济;加强监督,使征地行为透明化,避免以各种理由和形式截留、挪用、侵占农民的土地补偿费用。

(四)探索农村集体建设用地直接入市

我国土地为国家所有制和集体所有制的二元结构,城市化进程中的土地征收实质上是国家对集体土地征收。故我国的土地征收是指国家为了社会公共利益的需要,依法将农民集体所有的土地变更为国有土地,并依法给予补偿的制度。由国家以相对较低的价格征收,然后按市场价出售。著名学者于建嵘指出,这种征地办法是具有强制性、垄断性的行政占用方式,把农民排斥在土地增值收益分配体系之外,农民既不能决定土地卖与不卖,也不能与买方平等谈判价格,这是导致农民土地权益受损害的根本原因。[①]

解决这个问题的根本办法,首先要明确的就是农民的土地所有权,要从法律上把农民的土地还给农民。然后才考虑用市场手段来解决农地征用问题,探索建立农地直接入市交易等制度。只有农民取得了土地的所有权,成为土地的真正所有者,才有可能拥有在土地关系变更过程中的谈判权,才能改变目前土地征用过程中补偿标准偏低的状况,才能保证农民在进入城市非农部门时能够支付转岗培训成本和社会保障成本。然而,在我国宪法没有改变农村土地集体所有权性质的情况下,要直接采用上述办法是不可能

---

① 于建嵘:《中国城镇化与农民土地权益保障》,http://www.china.com.cn/chinese/jingji/1127514.htm。

的。但是,可以探索集体土地直接入市的办法,让集体土地获得与国有土地一样的市场价格。宁波应当根据党的十八届三中全会提出的"在符合规划和用途管制前提下,允许农村集体经营性建设用地出让、租赁、入股,实行与国有土地同等入市、同权同价"要求,率先积极探索具体的实施办法。

实践证明,在市场经济条件下,要更加有效地配置土地资源,必须充分发挥市场机制的作用。国有土地是这样,集体土地也不例外。在强化用途管制和严格控制总量的前提下,允许集体土地使用权进入有形土地市场进行交易,实行有偿、有限期流转,做到"两种产权、一个市场",统一管理。在农民自愿的前提下,实行以土地入股、租赁等方式,使农民从土地开发中得到长久的收益。这里,还要特别注意合理分配集体土地收益。地方人民政府本着"多予、少取、放活"的原则,确定合理的土地收益分配比例,把绝大部分土地增值收益留给农村集体经济组织,切实维护集体土地所有者、使用者的合法权利,特别是要保护原土地承包者的利益。集体土地流转收益,应主要用于建立农民社会保障体系,改善农村经济发展面貌,以保护农民的长远利益。

三、失独家庭群体的人文关怀与养老权益保障

宁波应当通过政府主导、部门支持、社会参与,帮助失独家庭实现"老有所养、老有所依、老有所医、老有所乐、老有所终"的目标,使失独家庭在社会上有关怀、精神上有依托、感情上有交流、心理上有疏导、制度上有优待、生活上有照顾。

(一)失独家庭群体的特殊需求与帮扶借鉴

著名社会学家费孝通先生认为,中国的家庭结构是一个三角形,父亲、母亲和孩子分别是三个角,它是最稳固的结构,也是最脆弱的结构。当独生子女不幸离世,失独父母的晚年生活难言幸福。有的失独父母还会产生厌世心理,有的老人说:"我现在最怕晚上睡觉,睡不着,满脑子都是孩子的身影,有时候我就在想,为什么一觉醒了我还在!"失独家庭存在的主要问题是:失去已经抑或即将担负家庭重担的独生子女,许多没有多少生活来源的家庭,生活势必陷入困境;即便有养老储备,失独父母也将长时间陷入失子

痛苦中不能自拔,精神极度萎靡。不仅如此,还会有一些失独家庭成员由于痛苦郁结出现不同程度的心理障碍,这需要专业心理工作者进行心理疏导与心理救济,帮助失独家庭摆脱阴影,回归家庭正常生活的阳光地带。

上海市普陀区对失独家庭群体实施"三式关怀"项目。一是建立健全信息库,分类式关怀。对辖区内第一代独生子女父母中的重点人群进行排摸梳理,形成人群信息库,涵盖家庭基本信息、需求信息、志愿者结对信息、帮扶信息等多项内容。二是承诺式关怀。为全区 602 户独生子女死亡家庭制作《生育关怀行动项目服务关爱卡》,推出承诺开展定期扶助金、住院关爱补贴、"银发无忧"保险、女性安康保险、三大节日关心、社区关爱六大关怀项目,运作统一、全程透明。三是优先式关怀。社区通过成立项目人群助餐点、项目人群就医"绿色通道"及为项目提供免费家政服务、社区学校课程等形式,实现社区资源向计划生育特殊家庭的倾斜。上述做法值得宁波借鉴。

(二)失独家庭群体的人文关怀

要为失独家庭提供以归属感为核心的心理支持。"白发人送黑发人"原本已经是人生的一大不幸,而对于失去独生子女的父母无疑更是雪上加霜,他们内心的那份孤独、绝望与痛苦,是常人难以想象的。相对生活上的困难,失独群体更害怕的是精神上的孤单。外界不经意的刺激常常会勾起他们对逝去孩子的思念,加重他们对失去独生子女的痛苦,一旦长时间沉浸于这种痛苦之中,极易危害他们的身心健康。在传统的精神寄托子女不复存在之后,失独群体亟须寻找精神寄托,排解内心的焦虑感和失落感。在当前政府保障不足的状况下,有些家庭已开始通过网络使失独家庭联系在一起。目前,宁波失独家庭的精神关怀,主要由民间自发的互助团体来承担,但这些团体的发起和延续,都有一定的随机性与不稳定性。有关部门应该多关心失独互助组织,并提供必要扶持和帮助,形成社会支持力量;重视心理社工的培养,充分利用高校、科研院所等组织资源,派专门的心理辅导师,进入失独家庭,帮他们进行心理疏导,帮他们走出心理困境;特别是社区应当为失独老人提高归属感,平时要加倍关心失独家庭。

要动员社会各界力量关心失独家庭,建立失独家庭人文关怀机制。人口计生部门要负责组织开展失独家庭人文关怀服务。依托社区老年健康俱乐部等载体,引导失独家庭成员积极参与丰富多彩的文体活动,充实生活,融入社会。通过开辟心理栏目、讲座等方式建立失独家庭交流平台,定期开展心理疏导。通过组建计生协志愿者服务队伍开展"亲情牵手"等志愿服务活动,经常性地进行入户探访,及时了解失独家庭的生活情况和服务需求;通过发送祝福短信、上门慰问、组织活动等形式,开展失独家庭节日慰问活动;通过法律援助、维权宣传活动等方式,积极维护失独家庭的合法权益。卫生部门要通过建立社区卫生院对失独家庭健康定期巡访制度,开展医疗机构或医生与失独家庭的一对一结对帮扶等活动,及时有效地为失独家庭开展医疗服务。要充分调动并合理引导社会上具有奉献意愿和奉献能力的群体力量,采取结对形式,一对一进行长期帮扶。例如,可以鼓励一个社会团体、一个行业协会、一个企事业单位、共青团的一支志愿者队伍、大学的一个班级等,根据地域分布和可调配的资源情况,有针对性地对一个失独家庭提供长期的义务帮扶。

要促使失独家庭人文关怀的制度化。为了抚平失独家庭的心灵创伤,让他们回归正常的社会生活,需要建立"特别的爱给特别的你"的社会救助机制。与一般"空巢家庭"的空虚、孤独相比,"失独"的空巢更为清冷和落寞。尽管任何友善都无法取代已逝的父母子女亲情,但社区关爱或许能够不同程度地缓解失独家庭的精神痛苦,至少可以让他们感受到"人间自有真情在"的社会温暖。比如,逢年过节的家访慰问,"沙龙"式的聊天侃山,培植爱好的感情转移,等等。社区可以通过劝解和疏导的方式,千方百计让"失独家庭"正视丧子现实,走出封闭与绝望,鼓起生活的勇气。

此外,要加强失独家庭人文关怀的经费保障。失独家庭全程关爱服务的工作经费通过政府拨款、社会抚养费划拨、计划生育公益金、社会筹资等方式筹集。财政部门要将此项支出列入同级财政预算,并进行严格的监督管理。监察、审计等有关部门应加强对失独家庭扶助的资金配套、资金发放等情况的检查监督。

(三)失独家庭群体的养老保障

失独家庭老人是因为当时响应国家的独生子女政策而导致现在的养老困难的,因此,从公平公正、社会和谐的角度出发,政府应当保障他们的养老,把他们纳入政府"托底"范围之内。只有失独老人的"老有所养"的问题得到了解决,百姓的民生福祉才能够真正实现,幸福和谐才会真正得到落实。

一是加强对失独老人的日常照料。可以通过项目化的运作(例如公益创投项目),由政府对这些项目提供财政资助,对失独老人开展日常照顾、上门义诊、助老陪聊等多元服务。特别要在失独后的关键时期,对老人进行心理辅导、家庭创伤治疗等,在精神慰藉上予以帮助。也可以由医疗、养老、心理等专业人士组成志愿者队伍,政府进行相应的支持。例如,宁波江东区启动开展失独家庭精神救助工作,致力于失独家庭精神救助的老伙伴客厅项目。江东区通过全市社会组织服务民生公益创投项目,确认由"失独助乐园"社会组织承担具体工作,负责对失独家庭的心理疏导。目前,江东区已建立了以心理医生、志愿者等组成的"手牵手"志愿者队伍,帮助进行心理干预。江东区的做法值得宁波其他区域借鉴。

要充分发挥青年志愿者在照护失独老人中的作用。无论中外,青年人是义工的主力军,一则他们精力旺盛,二则他们有专业知识。青年人从事关爱失独老人的义工活动,不仅有助于提高失独老人的生活质量,更有助于提升青年人的道德水平、责任意识。因此,宁波特别要在大学生等青年人中培养义工。虽然近几年宁波青年义工发展在数量、组织方面有进展,但系统性、组织性、持久性仍然较缺乏。因此,宁波的宣传部门、教育部门也要大力宣传义工的重要性、宣传优秀义工事迹等,从而在全社会特别是在年轻人中营造一种"做义工是一个现代公民应尽责任"的氛围。

二是加强失独老人优先入住公办养老机构制度的执行。有人提出:"要建立失独家庭的优先机制。无论是住医院还是进养老院,失独群体一律优先,要一路绿灯,且没有任何借口。"①目前,宁波虽然有失独老人优先入住公办养老机构的制度规定,但由于公办养老机构人满为患,上述制度规定并没有得到很好执行。为加强制度的执行,对那些因失独而陷入养老困境、需要入住养老院时,一方面,政府有关部门应该为其优先提供入住公办养老机构的机会,即不必"排队",费用根据失独家庭的实际情况进行减免;另一方面,政府要授权或委托基层组织履行监护义务,为其顺利进入机构养老提供便利。

三是增加对失独老人的临终关怀。在中国人的一般观念中,养老送终的问题应该由子女解决,所以这也成为失独者最为忧虑的问题。建议政府鼓励社区为失独老人提供临终关怀和善终服务,并按每位老人以一定标准补助社区开展此项服务。温州市通过出台《关于开展失独家庭全程关爱服务的若干意见》,已为失独老人提供终老无偿服务:各级民政部门在基本火葬费、基本生态墓地等服务上,给予失独家庭成员免费服务;司法部门在办

---

① 涂启智:《如何关怀失独家庭回到正常生活》,《深圳特区报》2012 年 10 月 9 日。

理遗嘱公正上,提供法律支持。通过提供终老服务系列措施,尽量让失独家庭无后顾之忧。类似地,宁波海曙区在这方面做了有益探索(按每位老人补助 1 万元),建议宁波在此基础上做相对统一的政策规定。

四是开展试点以房养老政策,扩展养老资金来源。失独家庭群体收入普遍较低,即使养老补贴标准有所提高,但对于失独家庭的支持也很有限,因此需要扩展失独家庭群体经济来源,结合国内外的经验,以房养老是值得借鉴的。广义的以房养老除包括反向抵押贷款模式,还包括大房换小房、售房养老、出租自住房住养老院养老等多种模式,而通常所说的反向抵押贷款模式则是狭义的以房养老。反向抵押贷款或者倒按揭的以房养老,是老年人以拥有产权的住房作为抵押,向银行、保险公司等金融机构进行借贷消费,后者通过综合评估借款人的年龄、生命期望值、房产现有的价值以及预计房主去世时房产的价值等各种因素之后,在特定年限后,每月按时给房主一笔固定的资金,同时房主仍将继续获得房屋的居住权,一直延续到房主去世后,金融机构将其房产出售,所得用来偿还贷款本息。反向抵押贷款模式同其他广义的以房养老最大的区别就是资金的获得不是一次性的,同时家庭仍然可以居住在原先的房间内,每个月获得一定的现金流收入直到去世。目前宁波失独群体虽然经济收入来源有限,但多数城市失独家庭拥有一套价值几十万元甚至上百万元的住房,而且他们也没有子女遗产继承的需求,完全可以通过以房养老模式,增加自身的收入来源,解决未来的养老困境。2013 年,国务院印发《关于加快发展养老服务业的若干意见》提及以房养老试点,宁波完全可以先行试点。

四、外来务工人员的技能培训与居住保障

城市化导致大量外来人口,截至 2013 年底,宁波外来人口已超过 500万。[①] 外来人口的权益包括就业、医疗、社保、教育、居住等方面,但就业权与居住权是人生存的基础,是最核心、最基础的权益。外来人口对宁波的社

---

① 严格意义上说,外来务工人员不等于外来人口,外来人口中除了工作人员以外还包括其不参加工作的父母、子女等家庭成员。但居民权益保障不仅应当包括外来务工人员,还应该包括其家庭成员,因此这里对外来务工人员与外来人口没有做严格区分。

会、经济发展做出了重要贡献,但他们却没有分享到城市发展所带来的成果,就业质量、居住质量一直得不到较快提高,并进一步衍生出社会、经济、社会管理等诸多问题。因此,必须加强宁波外来人口的就业技能培训与居住权益的保障。

(一)外来务工人员的技能培训

1. 充分认识外来务工人员培训的重要性和紧迫性

随着宁波市经济体制转轨、社会结构转型、发展模式转换的加快推进,对外来务工人员整体素质和发展能力的要求日益提高,迫切需要大量能适应经济社会转型发展需要的高素质、高技能人才。但是,当前宁波市外来务工人员总量较大,技能水平和学历水平总体较低的状况已成为宁波经济社会持续发展的瓶颈。加强外来务工人员培训,提高外来务工人员整体素质和技能水平,是缓解宁波市劳动力供求结构性矛盾的有效手段,是加快产业结构转型升级、提高城市竞争力的战略选择,更是在新的历史条件下推动宁波外来务工人员由"生存型"向"发展型"转变的必然要求。

在提高认识的同时,必须加强外来务工人员培训的资金投入。按照统筹规划、集中使用、提高效益的要求,要把外来务工人员职业技能提升、劳动预备制教育、中职教育、成人"双证制"、现代公民素质和人力资源引进合作等培训资金纳入企业职工教育经费统筹和各级政府财政预算。企业要不断加大对员工职业技能培训投入,足额使用职工教育经费,充分运用好失业保险基金支持员工参加技能培训。企业要探索建立职工个人学习与培训账户制度,采取企业、个人共同向账户注资方法,大力支持广大外来务工人员积极参加各类学历教育和技能培训。

2. 突出外来务工人员培训的重点内容

大力实施职业技能提升培训。面向具备一定专业知识技能和工作年限的外来务工人员,以获取一定等级的职业资格证书为目标,鼓励外来务工人员参加相应等级的职业资格培训并通过鉴定获得证书,进一步扩大获证外来务工人员队伍的规模。继续组织实施好企业优秀青工进修培训计划。宁波应当围绕重点产业发展和结构调整方向,着力提升战略性新兴产业、新兴海洋产业等领域的劳动者技能,广泛开展劳动竞赛、技术比武和岗位练兵活动,不断满足发展现代产业的需要。

　　全面开展在岗教育培训。面向在岗的外来务工人员，以提高岗位技能为目标，以企业为主体，全面开展专业知识、操作技能、安全规程和厂规厂纪等岗位知识和技能培训，进一步增强外来务工人员岗位实践能力和操作能力。培训必须充分针对现实需求，可以借鉴和推广宁波市江东区"点题培训"经验，按照"你点题、我培训"的方式，实行"培训、鉴定进企业"，因地制宜地开展企业一线员工职业技能提升培训，精确把握企业培训需求，保证技能培训的针对性和实效性。对从事特种作业、高危行业和特种设备作业的外来务工人员，要强制性进行全员专门培训，按照有关规定持证上岗。

　　实施劳动预备制教育培训。面向外来务工人员子女中未能继续升学并准备在甬务工的应届初中毕业生，以掌握初级以上的职业技能，并取得相应的培训证书或职业资格证书为目标，鼓励和支持他们接受劳动预备制教育培训。要逐步开放中职教育，鼓励全市中等职业学校招收在甬就读初中的外来务工人员子女接受中等职业教育。就业服务机构要把取得劳动预备制培训合格证书、职业学校毕业证书或职业资格证书的劳动预备制培训人员，纳入劳动力信息资源管理系统，根据国家就业方针和劳动力市场需求，组织双向选择，优先推荐就业。

　　积极开展成人"双证制"培训。成人"双证制"教育培训由技能培训和文化课学习两部分组成，其核心是使分散的各类培训系统整合，纳入成人教育中，对技能培训和文化课学习达到一定数量和质量要求的学员颁发相应的成人初中或成人职业高中文凭。宁波应该在前期工作基础上，进一步整合一批高质量、去功利化的培训机构，构建基于成人实际、深入浅出的课程体系，采用"标准＋X"的课程设置，即标准部分按初级国家职业资格培训要求设置课程，"X"部分由行业、企业根据生产岗位规范等实际需要和新技术、新材料、新工艺、新设备的要求，自主设定课程，广泛动员和组织外来务工人员参加"双证制"培训，加快提高外来务工人员的岗位技能和文化水平，提升企业职工队伍的整体素质。

　　3. 创新外来务工人员培训激励引导机制

　　健全外来务工人员培养培训机制。广大企业要牢固树立人力资源是第一资源的观念，充分发挥工会、共青团、妇联等组织的积极作用，引导并帮助外来务工人员尤其是新生代外来务工人员规划个人成长目标和职业发展计划，培养良好的职业精神和职业素质。企业要根据产业转型、岗位需要和员工需求，逐步建立完善激励式、滚动式、梯度式的技能人才培养培训体系，分层次、分类别确定培养目标和培养方式,大力推进外来务工人员教育培训工作。企业要高度重视并大力支持外来务工人员参加各种形式的学文化、学技能和学管理活动,使广大外来务工人员有目标学、有兴趣学和有机会学,着力为企业可持续发展培养和储备技能人才。依托成人学校、职工学校、现代远程教育及社区教育等资源,鼓励外来务工人员积极参加文化知识和各类学历再教育。建立培训机构动态管理机制,对不合格的培训机构定期进行清理整顿。

构建外来务工人员技能提升机制。广泛开展各种形式的立功竞赛、技术比武和岗位练兵活动,发现和选拔一批精通本职业务的专家、岗位技术带头人。充分发挥首席工人、技术能手和金蓝领等技能人才的示范带头作用,深化实施"师傅带徒传艺"、"技师联校联厂"等技术帮扶行动,深入开展技能人才进企业破难题活动。精心组织开展职工技术创新行动,评选推广以职工名字命名的先进操作法和职工技术创新成果,广泛发动外来务工人员投身企业技术革新、工艺改进和发明创造等活动。

完善外来务工人员技能评价激励机制。建立健全以岗位职责要求为基础,以品德、能力和业绩为主要内容的科学化、社会化的技能人才评价体系,引导企业逐步建立完善外来务工人员培训、考核、使用与待遇相结合的工作机制,适时调整提高技术工人起档工资标准,落实好技能人才租住房企业补贴等政策,着力培养和稳定技能人才和熟练员工队伍。坚持以事业留人、感情留人、待遇留人为工作导向,逐步健全以企业为主体、政府支持、社会力量参与的技能人才奖励体系,进一步提高技能型人才的社会地位和经济待遇。加大对在外来务工人员培训工作中做出突出贡献的单位和个人的宣传表彰力度,积极倡导尊重人才、崇尚技能的社会风尚。

(二)外来务工人员的居住权益保障

1. 宁波外来人口的三种居住方式

宁波外来人口主要有三种居住方式:集中居住(外来人口公寓、园区或企业宿舍)、区域聚居(城中村、城市边缘区)、分散居住(与原居民混居租住)。这三类人口的居住方式不同,居住权益保障程度也不同,必须分类解决。这三种方式中,后两种方式基本上是依靠外来人口自行通过市场租房方式解决,政府难以有大的作为。因此,政府主要可以针对第一种方式即集中居住方式来保障外来人口的居住权益,重点是增加集中居住方式的住房供给。

2. 集中居住的方式及优点

外来务工人员的集中居住主要指的是外来务工人员大规模地集体居住在公寓、宿舍中,此类居住方式主要有各类集居公寓和集体租住房。其主要形式有:一是村(社区)营集居公寓。村合作社在经营集居公寓上具有一定的优势,土地与资金都较容易落实。如高桥镇联升村公寓。二是工业园区集居公寓。工业园区内将各企业的员工公寓集中建设,有利于减少厂区的非生产性用地面积、降低建造与配套的成本,改善员工的居住条件。如鄞州区滨海投资创业中心内的滨海社区。三是厂区公寓(企业宿舍)。由企业自建或企业出面租房后统一出租给员工。厂区公寓由于居住地集中,有利于创造一个易于控制的工作和居住环境,受到政府和企业的欢迎。如北仑大港工业区、青峙工业区中的申洲公司、浙江逸盛石化公司等企业,通过建设企业内部职工宿舍的形式,较好地解决员工的居住、生活问题。四是工棚。建筑工地工棚是辛苦劳作的农民工约定俗成的居所,居住和生活条件因建筑单位的不同而不同。宁波城市化速度快、建筑工地多,参加建设、居住工棚的工人数量巨大。

上述几种形式中,除了工棚居住形式以外,其他几种集中居住形式的优点,一是便于加强管理,而且能够降低管理成本。在农民工集宿区可以建立健全各种管理制度,由镇政府派出协管员,以加强集宿区内部治安、环境卫生、计划生育、消防安全等日常管理工作。二是为外来务工人员提供更好的服务。将外来务工人员的集宿区建设纳入城镇建设总体规划,在集宿区同步规划建设配套的医疗卫生、餐饮零售、邮电通信、资金汇兑和文化娱乐等服务设施,可以保障外来人员的日常基本生活需要。三是生活费用相对低廉。集宿区公寓按工业用房标准收费,并且在政策允许范围内应尽量减免收费,从而降低了集宿区建设成本。四是有利于营造良好的经济社会发展环境。集宿化管理能够在一定程度上保障农民工的合法权益,保持社会治安持续稳定,而且也改善了投资环境。"民工公寓"实行集宿化管理,能够实现农民工安居、管理效能提高、社会效益增加的"三效合一",是农民工居住管理的较好方式。

3. 进一步引导和完善集中居住方式

为加强外来务工人员的居住权益保障,宁波未来应当重点加强外来务工人员集中居住,可以考虑的对策措施有以下几种:

一是加强开发面向外来人口的住房政策引导。要引导住宅开发企业在合理规划的基础上,建设面向外来务工人员的住房,向用人单位和务工人员个人出租。市政府应参照经济适用房的有关标准,在土地供应税收等方面给予优惠。政府制定政策引导房地产开发商按比例兴建小套型的低租住宅,主要针对包括流动人口在内的弱势群体,以优惠的价格吸引他们进入小区居住。充分发挥企业激励的主体作用,引导企业根据外来务工人员工作年限、技能水平以及实际贡献等情况,分别对有特殊贡献、优秀、一般等不同类型的外来务工人员,探索建立外来员工统一租房制度及按能力贡献分类提供租房补贴制度。鼓励企业建立外来务工人员住房公积金制度,逐步扩大住房公积金制度保障覆盖面。

二是推行"村企结对"联合服务,坚持优势互补、合作共赢的原则,鼓励有条件的村(社区)和企业建立外来务工人员租住房"村企结对"联合服务模式。要大力引导和支持村(社区)、企业加大经费投入,着力改善出租房屋的安全设施和公共卫生环境,改善居住条件。要充分尊重各方意愿,不断调动多方力量,大力培育发展各具特色的服务品牌,分层次推进外来务工人员租住房"村企结对"联合服务工作。

三是建设一批现有房屋供外来人员居住。结合新农村建设及农房"两改",支持村集体以及社会力量参与多种形式的外来务工人员集中居住点建设。鼓励企业利用闲置厂房等建筑改造低租金住房,对于用工量比较大、以农民工为主的劳动密集型企业,要把员工的公寓建设纳入企业基建、技改项目计划和用地计划。鼓励村镇集体利用原有闲置房改建单身宿舍和单元式住房。房屋要以小户型为主,租赁方式样化,既可多人共同租住,也可由家庭承租。无论是哪一种具体形式,都必须加强公共设施配套和完善,重点是提升水、电、公交、燃气等基础设施和公共服务水平。

四是要防止社会隔离,促进社会融合。外来人口集中居住方式虽然有众多优点,但容易形成社会隔离。特别是工棚居住形式与城市居民缺乏交流,生活圈子相对较为封闭,与城市居民在互动中以业缘关系为主,情感性的互动较少发生。为此,应当把流动人口纳入城市社区管理,促进流动人口的社会认同。要改革城市现有社区管理模式,把流动人口统一纳入当地社会管理和服务之中,按照实有人口数量设置管理和服务机构,配置相应的人员、经费和资源。在现有的社区管理服务组织中吸纳流动人口中热心公益、有威信的人员,更加顺畅、准确地反映流动人口的诉求,用更加适合流动人口特点的方式提供管理和服务。

第八章　农民生活方式市民化

　　农民生活方式市民化既是全域都市化的内在要求,也是全域都市化的重要表征。我国是一个传统的农业大国,农业、农村和农民始终是一个绕不开的重要话题。新型城市化必须走适合国情、市情的道路,即中国城镇化要分老城区、新城区和农村新社区三部分。[①]　由此,从宁波全域都市化的视角来看,除城市社区居民外,还可细分为城郊社区居民、节点城市社区居民和农村社区居民等三种类型。他们的居住环境不同,其市民化程度就有很大的不同,推动他们实现市民化生活方式的重点和方法也必然有所不同。

一、全域都市化进程中的农民生活方式市民化

　　新型城市化本质上是人的城市化,是农民的市民化,是农民的意识、行为方式和生活方式的市民化。在宁波城市化快速推进的过程中,我们看到,农民身份和地域的外在改变远比行为方式和生活方式的内在转变要容易得多。实现农民生活方式的市民化将是一个长期的任务。

(一)农民生活方式市民化是新型城市化的必然结果

　　农民市民化既有外在资格的市民化,又有内在素质的市民化。其中,生活方式市民化是农民内在素质市民化的重要标志,也是宁波实现全域都市

---

①　厉以宁:《中国道路与新城镇化》,商务印书馆 2013 年版,第 1 页。

化的一个重要特征。

1. 农民市民化的含义和特征

一般意义上的农民市民化,是指借助于工业化和城市化的推动,使现有的传统农民在身份、地位、价值观、社会权利以及生产生活方式等各方面向城市市民的转化,以实现城市文明的社会变迁过程。这里包括两层含义:一是农民外在资格的市民化,二是农民内在素质的市民化。农民外在资格市民化,是职业和身份的非农化,其中涉及户口及附带的福利保障,是在形式上变农民为市民的一个结果。农民内在素质市民化,是有关市民生活意识、权利意识的发育及行为的变化等内容,这是一个转化过程。农民市民化必然带来文化的交融,引发行为方式和生活方式的变化,这种变化既有农民转为市民时所表现出来的相应变化,也有市民化了的农民原有的文化冲击老市民而引发的变化。这是一种相互影响的过程。

大量研究表明,农民的市民化过程大概需要经历四个阶段[①]:一是职业的转换,它是个体选择的结果;二是地域的转移,它是市场选择的结果;三是身份的转变,它是制度安排的结果;四是角色转型和再造,它是个人主观选择和外在客观环境共同作用的结果。实际上,如果农民的生产方式、生活方式、价值观念等都没有发生相应的变化,还是原来的那个"人",就不能称之为真正的市民化。只有通过角色转型和再造,才能完成真正意义上的农民市民化,农民市民化的真正难点也就在这个阶段。因此,我们判定市民化包括三个层次的标准:一是"业"的市民化,即原来在农村务农的到城市里务工;二是"居"的市民化,过去生活在农村的现在要生活在城镇,即使仍然生活在农村,其生活设施和质量也大致与城市相当;三是"人"的城镇化,即从农民属性转向市民属性。

2. 生活方式市民化是农民市民化的重要标志

生活方式包括劳动方式、消费方式、社会交往方式、道德价值观念等。它从人们的衣食住行、劳动工作、社会交往、参与的社会群体和文化等方面,通过群体和个人的具体的精神活动和物质活动体现出来。生活方式分为物质消费方式、精神生活方式、人际交往方式以及闲暇生活方式等内容。它通

[①]　文军:《农民市民化更需要角色再造》,news. xinhuanet. com/observation/2010-11/zs/c-12814037. htm。

常反映个人的情趣、爱好和价值取向,具有鲜明的时代性、民族性和区域特征。人的生活方式由社会生产方式决定,受政治、经济、文化等条件的制约。在市民化过程中,农民生活方式与行为方式上的转变主要体现在以下几个方面:生活的散漫性和无序性转变为有节奏性和条理性;生产的季节性观念转变为严格的工作时间观念;以血缘、地缘为主的人际交往转变为以业缘为主的人际交往;以面对面的直接交往为主转变为以间接的通信传媒沟通为主;农业生产的固定性转变为职业角色的易变性。①

当我们考察一个社会、群体或个人的生活方式时,应注意把握以下三个基本要素:一是生活活动主体。生活方式的主体分为个人、群体和社会三个层面。在现代社会,个人的价值选择在生活方式形成中的规范和调节作用日益增强,现代人的生活方式具有明显的主体性。二是生活活动条件。人们的具体劳动条件、经济收入、消费水平、家庭结构、人际关系、教育程度、闲暇时间占有量、住宅和社会服务等条件的差别,使同一社会中不同的阶级、阶层、职业群体以及个人的生活方式形成明显的差异性。三是生活活动形式。生活活动条件和生活活动主体的相互作用,必然外显为一定的生活活动状态、模式及样式,使生活方式具有可见性和固定性。不同的区域特征、职业特征和居住特征等主客观因素所形成的特有的生活模式,必然通过一定典型的、稳定的生活活动形式表现出来。因此,上述三个要素成为我们分析不同社区居民特点的一个重要标志。

3. 农民生活方式市民化是宁波全域都市化的一个重要特征

实现农民生活方式市民化一般要经过三个阶段:一是农民生活方式市民化的认知阶段,即农民对于与市民有关的权利和义务的认识和了解阶段,逐步完成为获得市民角色而进行的各种知识、技能和社会关系的准备;二是农民生活方式市民化的移情阶段,农民不仅在认知水平上而且在情绪水平上具备了市民化的能力,也就是农民完全认知和体验到了市民的含义;三是农民生活方式市民化的行为阶段,这是市民化认知和市民化移情的结果和表现形式。在城市化过程中,农民因其居住地的变化而必然引发其生产生活方式的变化,并进而引发其不同的行为特征:原来生活在城郊的农民,由于城市扩展征地而失去了土地,被迫迅速地进入城市的社区生活;城市的现

---

① 文军:《农民市民化:从农民到市民的角色转型》,《华东师范大学学报》(哲学社会科学版)2004 年第 3 期。

代生产生活方式又深深地吸引着农民,当部分农民在城市找到就业机会之时,他们就成为"离乡没离土"的农民工,在城市社区中过起寓居生活;那些"离土没离乡"农民则在他们祖祖辈辈辛勤耕耘的土地上建起了新的社区,坚守乡土并在那里过着亦工亦农的生活,或随着土地的流转和现代农庄的兴起,或随着城市生活方式向农村的辐射延伸,让他们享受着都市村庄的闲适生活。

(二)宁波农民生活方式市民化现状评价

农村居民生产生活方式的现代化,无疑是制约宁波全域都市化的那块"短板"。随着城市化的快速推进,宁波从实现城乡基本公共服务均等化目标出发,积极开展农村社区建设,努力推动城乡社区一体化发展,依靠政府、社会和村民自身等多方面的资源和力量,引入城市社区管理模式和服务理念,对行政村进行社区化服务和管理,逐步提高农村居民生活质量,为推动农民生活方式市民化做出了有益探索。

1. 统筹推进"一村一社区"建设

2009年5月,宁波市委、市政府出台了《关于加快推进农村社区建设的意见》,统一农村社区建设的指导思想、基本原则和工作内容,将农村社区建设作为新农村建设的一项重要基础性工作,建立健全覆盖全体农村居民的社区化服务和管理机制,到2015年农村社区建设已覆盖宁波全市农村。为此,市民政局将农村社区建设纳入宁波经济社会发展整体规划和新农村建设发展规划,以县(市)、区为单位,按照统筹城乡发展、聚居人口适度、服务半径合理、资源配置有效、功能相对完善等原则,于2011年编制完成了《农村社区建设布局规划(2010—2015)》,因地制宜地推进农村社区建设。对人口规模比较大、村民居住比较集中的行政村,采取"一村一社区"建设模式;对人口规模比较小且地域相近的若干个村采取"多村一社区"建设模式。在先行试点基础上,2007年,宁波市选择农村基础条件较好的慈溪市和镇海区开展农村社区建设试点工作,并于2009年将农村社区建设工作向全市全面推开。截止到2013年12月,宁波已有92.4%的行政村开展了农村社区化服务和管理。同时,坚持典型示范,以点带面,目前已成功创建了500个市级农村社区建设示范村。目前,宁波市有96%的行政村实行了"一村一社区"的建设模式。

2. 政府主导层层落实

在农村社区建设中,宁波坚持政府的主导作用,市、县(市、区)两级成立了城乡社区建设工作领导小组,各乡镇和涉农街道成立了推进农村社区建设工作机构,形成了党委领导、政府负责,一级抓一级、层层抓落实的领导体制。2009 年 5 月和 2010 年 6 月,宁波市委、市政府分别召开了全市农村社区建设工作会议和全市农村社区建设推进现场会,提出具体工作要求,并将农村社区建设纳入了各县(市、区)党委、政府工作目标考核内容,建立了目标考核和群众评价相结合的农村社区建设绩效评估机制。积极拓宽资金筹措渠道,建立了公共财政投入为引导,村集体投入为主体,社会力量投入为补充的多元化投入机制。从 2009 年至 2013 年,市财政共下拨 5000 万元,采取以奖代补的形式资助农村社区建设示范村。市级福利彩票公益金从 2008 起先后投入 2530 万元用于贫困地区的农村社区服务中心建设。各县(市、区)也结合工作需要,建立了农村社区建设财政投入机制。慈溪、江北、镇海、北仑、鄞州等地还建立了农村社区服务运作经费财政补助机制。慈溪市对每个行政村给予一次性 10 万元社区服务设施建设财政补助外,再按每年每户 88 元的标准补助社区服务管理日常工作经费。据不完全统计,宁波开展农村社区建设以来,全市已投入建设资金超过 10 亿元,其中,各级公共财政投入近 3 亿元。在全市农村全面推进融合性社会组织建设,畅通农村群众参与社区建设的渠道。目前,开展社区建设的行政村普遍建立了由村级班子主要领导和驻村企事业单位负责人组成的和谐共建理事会,实行共商共建。同时,在外来务工人员达到 100 人以上的行政村全部建立起"和谐促进会",将外来人员纳入村级社区服务管理范畴,实行与本地村民"同服务、同管理",调动了外来务工人员参与农村社区建设的积极性,形成农村新老居民"融洽、共建、共享"格局。

3. 建立健全村级社区公共服务平台

宁波市始终把建立健全村级社区公共服务平台作为推进工作、提升服务的重要抓手,充分整合利用村里现有的办公用房、礼堂、校舍、库房等资源,采取改建、扩建或新建等方式,建立起集管理、服务、教育、活动等功能于一体的农村社区服务中心。截至 2013 年底,宁波已建成农村社区服务中心 2158 个,服务覆盖 2357 个行政村,占全市行政村的 92.4%。农村社区服务中心普遍设有集中办理窗口,向农村居民提供"一站式"便民服务。加强农村社区工作队伍建设,充分发挥村干部在农村社区服务管理中的主体作用,通过加强教育培训和推行开放式办公,不断提高他们开展社区化管理和服务的能力。镇海、北仑等地还采取向社会招聘的方式,建立农村专职社区工作者队伍,协助村干部开展社区建设。目前,宁波已建立了一支拥有1万多人、以村干部为主、专兼结合的农村社区工作队伍。加强农村社区服务管理制度建设,坚持服务与管理并重,不断建立健全工作制度。在农村社区建设中,创新公共服务提供方式,推行政务代理制,建立了政策咨询、社会保障、社会救助、卫生计生、劳动就业、老龄服务、土管、综治、外口管理、邮电缴费等30多个政务代办代理服务项目,村民"足不出村"就能够办理公共事务。

4. 农村社区建设任重道远

经过几年的实践,宁波农村社区建设成效显著,不仅提升了农村基本公共服务水平,方便了群众办事,而且增强了农村基层干部的服务意识,融洽了干群关系。慈溪市、镇海区、鄞州区、北仑区还成功创建为"全国农村社区建设实验全覆盖示范单位",被民政部命名表彰。当然,农村社区建设仍然存在一些问题,主要表现在:部分农村干部群众思想认识还不够到位,部分乡镇和村干部习惯于传统的农村管理服务模式,部分农村居民认识模糊,片面认为农村社区建设是政府的事,主动参与意识不强;各地农村社区建设推进力度不平衡,各地农村经济社会发展水平和居民群众需求等差异性较大,在经济相对薄弱的农村,因基础条件差、建设成本高,工作进度较慢;农村社区服务管理功能不完善,农村各类公共服务资源和便民服务资源比较缺乏,服务面比较窄,农村社区化服务管理的专业化、规范化水平较低,尚不能很好满足农村群众快速增长和日趋多元化的服务需求;部分农村社区服务管理经费短缺,有相当部分的行政村集体经济薄弱,难以承担起日常工作经费。而一些乡镇由于自身财力有限,也难以对经济薄弱村的社区服务管理工作经费给予基本保障,导致部分地方农村社区建设因经费短缺难以有效、深入地推进。

(三)宁波推进农民生活方式市民化的总体思路

推进农民生活方式市民化,我们既要有积极主动的态度,又要有科学严谨的方法。一方面,农民的生产生活方式是经历了长期的历史积淀而形成的,并非一朝一夕就能轻易改变;另一方面,伴随着农民与生俱来的一些生产生活方式,本身就蕴涵着宝贵而丰富的中华传统文明,而这些正是构建现代城市社区生活共同体所必需的积极基因。从全域都市化来考察农民生活方式的市民化,我们将重点关注生活在宁波城郊社区、节点城市社区和农村社区的农村居民的不同生活方式(见表8-1)。这是因为,人们对于城市社区和进城新市民的研究,可以说早就已经不计其数;而着眼于不同城市层级、不同居住社区居民的不同生活方式,不但少有涉及,而且对于新型城市化中的市民化问题研究,将开启一个全新的视角。

表 8-1 三类不同社区居民生活方式的不同特点

生活方式三要素	城郊社区居民	节点城市社区居民	农村社区居民
生活活动主体	亲缘关系与地缘关系并举	以亲缘为主逐渐走向亲缘、地缘、业缘共存	基于血缘和亲缘宗族关系
生活活动条件	集体收益与社会收益共有	非农经济收益为主体	基础设施逐渐实现城乡一体
生活活动形式	农民生活习性与市民生活样式交错	农民生活习性日渐式微	依然保持传统农耕文明

城郊社区居民大多是最早享受城市化进程红利的农民。他们世俗而不势利、现代而少市侩;他们即使在城市中也属于富有的阶层:不但富有物质,而且富有闲暇。因此,积极引导他们改变消费方式、合理安排闲暇时光,努力实现精神富有,是城郊社区居民完全融入城市生活的主要任务。

节点城市社区居民是宁波全域都市化进程的直接受益者。他们或从乡镇企业起家,或曾亦工亦农,他们是小城市兴起的贡献者,又伴随着小城市的兴起而迈向城市生活。他们迫切需要重构社区生活共同体、重塑生活方式。因此,借鉴城市社区成功有效的治理模式,做出符合节点城市社区管理与服务的制度安排,引导其市民意识的形成和发展,是促使其居民形成市民化生活方式的首要任务。

与城郊和节点城市社区居民不同,生活在广袤农村的社区居民一方面享受着城乡统筹的阳光,另一方面过着千百年来形成的乡村慢节奏简单生活。他们中的许多人既渴望城市人的生活,又有着浓厚的村庄情节。他们将是最后的都市里的乡下人。因此,将基础设施和公共服务及时有效地向农村社区延伸,建设富裕、文明、和谐的美丽乡村,是实现全域都市化的一个重要目标。

二、城郊社区居民生活方式市民化

城市近郊在 20 世纪还处于城市化发展速度相对较慢的时期,近郊居民还一直保持着农耕或种植与城市生活相关的经济作物的生产形态。尽管从生产方式上看农民依托于土地生存,但由于与中心城市存在地缘上的交通关系,因而在生活方式上早已濡染了市民的习惯和心理。随着中心城市空间的扩展、城市改造进程的加快,通过征用土地、修建道路设施、开发新项目、改变土地用途,附着在土地上的农户在签订了一系列的补偿合同之后,身份也就从农民转变为了城镇居民。这是宁波城郊农民市民化具有普遍性的方式。

(一)全面把握城郊社区居民生活方式的特征

在中心城区不断扩大的过程中,城区周边的村庄被整体征用,农民失去土地后往往被集中安置。这些被市场剥夺了农民身份的人们,成了最早被市民化了的"新市民"。尽管在今后相当长的时期内,由于城乡间体制的长期壁垒和政策上的缺陷,土地征用制度的不完善,加上农民自身在思想观念、文化素质、劳动技能等方面的不适应,他们仍将保留他们长久以来所固有的这样那样的生活方式,但毫无疑问,城郊农民是最早融入现代城市文明、享受现代城市生活的人。

1. 亲缘关系与地缘关系并举的生活活动主体

在城郊社区建立最初的那段时间里,特别是在就地拆迁安置的社区,血缘和亲缘关系仍然是一种主要的人际纽带,宗族观念还具有相当的市场。血缘、地缘、业缘各种关系交互混杂,社会关系中以血缘和地缘关系为核心的初级关系还没有完全改变。但随着一些老业主不断迁出,一些新业主、新市民甚至外来务工人员便渐次涌入,传统的亲缘关系被逐步打破,宗族观念受到强烈冲击,这给社区注入了新活力,增添了新气象。

2. 集体收益与社会收益共有的生活活动条件

在城郊农村转化为城市社区过程中,一部分土地收益被作为股权分配给原土地所有人,使他们在成为新市民后能享有稳定的集体收益。而且,城市化虽让他们失去了土地,但住房补偿、稳定的集体收益和多种其他收益,却让他们中的很多人一时间成为城市的富有阶层:他们不仅富有财富,而且富有闲暇;也有一些人则开始了他们新的创业历程。

3. 农民生活习性与市民生活样式交错的生活活动形式

刚刚脱下承包地、宅基地和农民身份"三件衣服"的城郊社区居民,现代城市生活仍然没能让他们完全抛弃农民生活的一些习性。他们虽已身处城市社区,但依然固守熟人社会的封闭和促狭,在诸如绿地保护、宠物养护等问题上,经常与城市公共规则发生这样那样的矛盾和冲突;虽然物质富有、闲暇富有,但却往往少了一种精神、缺了一股动力。

(二)着力培养城郊社区居民的共同价值理念

城郊社区居民特殊的身份烙印和来源的复杂性,使社区这一生活共同体形成共同的价值理念成为一种必需。社区居民的共同价值理念,既是居民个体融入城市生活的重要标志,也是一个社区居民乃至整个社会融为一体的精神纽带。只有从培养城郊社区居民的共同价值理念入手,才能逐步实现城郊社区居民的精神富有。

1. 形成社区价值取向

社区价值认同是形成社区居民的共同价值理念的目标。价值观念形成的基础是人的需要及利益,其实质是人的需要及利益的内化。所谓价值认同就是指价值理想、价值取向和价值标准等方面的一致性和统一性。在社区居民的个体生活中,表现为寻求社区共同生活的归属感、认同感和荣誉感;在社区居民的群体生活中,表现为对社区活动方式的信赖、价值追求的遵循和道德规范的践行。价值认同是社区内部凝聚力的源泉。社区价值认同的形成,可以为完成和谐社区建设的各项任务,提供稳定而持久的精神动力。

城郊社区居民来源的多样性,决定了居民个体的生活、风俗、喜好、行为习惯的差异性;而丰富多彩的多元社会价值取向,又给居民的这种差异性增添了更为复杂的背景。因此,采取简单的一味排斥或一味包容的方法都不行。要善于引导来自不同地区、不同社会群体的人们求大同存小异,要善于调动有着不同生活经历、不同文化背景的人们平等相待,和睦相处。

2. 凝聚社区利益认同

社区之所以被称为社区,首先是因为由居而聚的人们具有相同的利益。如相同的休憩环境、相同的安全保障、相同的物业服务等。尽管在很多情况下,社区居民个人的利益会与其他居民的利益不一致,甚至有时会有冲突和矛盾,但归根到底共同利益是主要的、主流的。利益认同就是指人的物质、精神利益需求方面的一致性和统一性。凝聚社区利益认同就是要把社区共同利益认同作为起点,既尊重、关心居民个体的利益需求,对正当合理的需要加以引导和满足,并注意从根本上帮助其实现好自身的利益;又要引导社区居民认识和体悟到社区共同利益其实就是自己的根本利益,并能体会和认识到不同主体利益之间的一损俱损、一荣俱荣关系。同时,还要让所有社区居民明确,居民个体利益的实现一定要以不损害其他居民正当的共同利益为前提。社区利益认同是社区居民共同价值理念形成的基础。

3. 构筑社区道德共同体

社区道德共同体建设是打造社区居民共同价值理念的最高价值目标。社区居民对于社区道德共同体而言,有共同的价值信念与价值认同,而社区共同体本身的特殊性的价值信念与价值认同,又与整个社会伦理的普遍价值信念与价值认同相统一。因此,城郊社区在构筑道德共同体的过程中,一方面必须把社会主义核心价值作为指导思想,另一方面还有赖于社区居民个体的道德水平来维系。对于社区管理者来说,重要的是将社区道德共同体的主观性要求化为客观的实践活动,建立社区生活的共同行为准则。这种共同行为准则是居民个人必须履行的义务,是有约束力的,谁违犯了准则都要得到及时有效的纠正。只有个人自觉地意识到了义务的必要性,义务才能从他律转化为自律。在城市社区这一伦理实体中,居民之间的相互承认与尊重、平等与友爱是关键性的品行要求,有了这样一些德行,才使社区中的人们能够履行这种共同的、有普遍必然性的伦理要求。

(三)精心打造城郊社区居民文化适应的途径

从城郊社区居民转变为城市社区居民,这仅仅是新市民的外在身份的转变,而要真正融入城市,就必须以文化适应为基础。这里的文化适应主要指乡土文化与城市文化的适应。

1. 社区适应

社区适应就是要不断适应城市社区的生活。实现城郊社区居民的社区适应，一是要不断加快社区重构。经常开展社区文化活动、娱乐活动，增进社区居民的联系，促进社区居民的社区适应。二是要不断引导由邻里团结走向群体团结。随着农村城镇化进程的加快与更多外来租户的嵌入，邻里关系的初级社会群体感情淡化，小区也由同质性向异质性转变，由原来的机械团结变成有机团结。三是要不断适应社区规则。城郊社区的集中居住、小区实行物业管理等是城市化过程中的新制度，这种新的制度和规则与村庄规则不同，必然会更多地制约刚刚脱农入居的新市民的各种行为。

2. 生活适应

生活适应就是要逐步适应城市生活的内容和节奏。帮助城郊社区居民实现生活适应，一是要不断引导市民化行为方式。城郊农民在村改居后，有劳动能力的人大多在私营、外资企业里工作或者自己创业，职业已经向非农化转移，他们的乡土文化与城市文明不断整合，他们会自觉不自觉地以市民为参照样本，不断调适自己的生活方式与行为方式。二是要不断引导社会交往方式。随着日常生活世界的日趋复杂，居民的日常生活由原来单一平面型向网络立体型转变，人际交往方式向开放式、多样式发展，社会活动网络明显扩大、内容更加丰富。三是要不断引导闲暇生活方式。在闲暇时间里，许多人会读书看报、看电视看电影、打麻将打牌、逛街旅游等，闲暇生活有了更多的选择。

3. 观念适应

观念适应就是要尽快树立城市生活观念。帮助城郊社区居民实现观念适应，一是要充分利用地处郊区的区位优势，不断克服小农意识，增强居民的市场意识、法律意识、民主观念等现代意识，增长他们的社会心理的现代性。二是要充分培育权利意识，特别是对市场经济发展中崛起的个体业主群体，他们本身有很强的权利观念，为扩大自身利益，积极引导他们积极参与社区事务，不断克服一些居民向市民转换的积极性不高、市民意识比较淡薄的倾向。三是要不断强化以法治构建新型邻里关系的基础。陌生人社会里的邻里关系，需要法律规范来约束。如《物业管理条例》对物业和业主承担的权利、义务做出了明确规定，《中华人民共和国环境保护法》对噪音也有明文规定，饲养宠物要遵守相关的法规等。

4. 心理适应

心理适应就是要具有健康的城市生活心理。帮助城郊社区居民实现心理适应,一是要正确认识因收入差距和阶层分化带来的心理落差。在市场经济条件下,能力和机遇的不同使得人们的经济和社会地位呈现较大的差异,因此出现的收入过分悬殊、阶层分化是很正常的现象。二是要主动关心、帮助那些因环境变化而感到茫然和无所适从的居民,运用专业社工和专业知识,引导他们减少并渡过内心的焦虑期。应当看到,一些居民出现心理不适是正常的,这是乡土文化与现代文化冲突在其内心的折射,关键是正确地认识并正确对待。

三、节点城市社区居民生活方式市民化

20 世纪 80 年代初开始,由于乡镇企业的发展和大型企业的带动,我国的小城镇以较快速度发展起来。大量的农民在自然村落逐步向城镇聚合或转变是农民市民化的一个重要模式,同时使劳动力资源优势在很大程度上变成了小城镇的优势。随着城市化进程的加快,这些小城镇大多发展成为中心镇,已颇具小城市雏形。从全域都市化的视角看,这些小城市形成了一个个中心城市周边的卫星城市、节点城市。扎实推进节点城市建设,实现节点城市社区居民生活方式市民化,是全域都市化的关键环节。

(一)全面把握节点城市社区居民生活方式的特殊性

节点城市社区相比城郊社区的居民生活方式,更多地保留了其村庄、村民的一些特征。虽然他们更愿意以现代城市生活方式为榜样,但他们的生产生活比城市人少了一些喧嚣,多了一份闲适。

1. 以亲缘为主逐渐走向亲缘、地缘、业缘共存的邻里关系

与城郊社区具有背靠中心城市社区的优异条件不同,节点城市社区是城市化进程中的新晋社区,直接面向广大农村地区。考察宁波市域的节点城市社区,其形成的源头比较典型的有以下四种类型:一是"村改居"社区,即由原小城镇周边的村庄经整体村改居而来;二是商业型社区,即以原小城镇内的商业街、店铺为主形成的商贸区;三是商品房社区,即由于小城镇的

迅速城市化而新建的城市社区;四是工业区社区,即以大量工业企业的集聚而形成的社区。上述四种类型的社区,在总体上形成了节点城市"半熟人"的社会形态,传统的以亲缘为纽带的社会关系已经被打破,呈现出亲缘、地缘和业缘共存的邻里关系特征。

2. 非农经济收益为主体的生活活动条件

无论是上述哪种类型的社区居民,非农收益都已成为他们的主要经济来源。即使是更多地保留着农村特征的"村改居"社区的居民,也已经失去了他们曾赖以生存的土地。如果说这些小城市中的老一辈人或多或少还有那一份恋农情结的话,那么新一代的居民也已大多不谙农事、不以农活为生。因为这里的征地补偿没有城郊那么优厚,所以他们也没有城郊社区居民那样富裕。他们或者成为企业职工,或者从事第三产业,他们的精神状态和生活条件如何,将在很大程度上决定节点城市的未来发展。

3. 农民生活习性日渐式微的生活活动形式

由于居住条件和工作环境等的改变,对于生活工作在节点城市社区中的居民来说,千百年来他们从祖祖辈辈那里传承而来的生活习惯,将不得不做出改变。尽管这样的转变会是缓慢的、渐进的,但这样的趋势是不可逆转的。特别对于小城市中的年轻人,他们不再满足于以家族为舞台的闲暇生活,事实上,他们中的很多人更乐于做出这样的转变,有更多的职业选择、更多的闲暇时光、更多的文娱活动,他们更多地向往时尚而丰富的现代城市生活。

(二)构建节点城市社区的新型治理结构

在探索节点城市社区的新型治理结构的过程中,一方面,宁波具有本土化特征的城市社区治理制度体系,即社区直选制度、选聘分离制度、职业化社区工作者制度需要继续坚持和完善;另一方面,在我国的城市社区治理实践中,也已经形成了许多可供节点城市社区治理借鉴的典型经验,而学习借鉴这种经验又为宁波提供了一条便捷而高效的路径(见表8-2)。

表 8-2　值得学习借鉴的社区治理模式

治理模式	内容和特征	值得学习借鉴之处
上海模式	由行政网络、市场网络、社会网络和党的网络等组成"网格化"系统,以各类社区组织为"节点";政府在社区治理结构中占据主导地位;以经济实力为基础	强化政府在社区治理中的主导作用;适合宁波市域内经济实力较强的节点城市
沈阳模式	明确将社区定位在小于街道办事处、大于原来居委会的层面上;将社区划分为四种主要类型——"板块型社区"、"小区型社区"、"单位型社区"、"功能型社区";建立由决策层、执行层、议事层和领导层构成的社区组织体系	"社区自治、议行分离"符合现代社会基层民主的发展方向,对宁波小城市社区的发展具有借鉴意义
江汉模式	通过转变政府职能实现社区自治:理顺社区居委会与街道、政府部门的关系;政府职能部门面向社区,实现工作重心下移;权随责走、费随事转;责任到人、监督到人	行政调控机制与社区自治机制结合、行政功能与自治功能互补、行政资源与社会资源整合、政府力量与社会力量互动的社区治理模式,值得宁波认真借鉴
罗湖模式	是在推行"安全文明小区建设"的基础上建立起来的,包括三部分的实践内容:居委会与物业管理公司紧密结合的社区服务市场化模式;社区治安联防联动的综治进社区模式;人民调解和治安调解工作有机结合的"警民联调"进社区模式	适合居民来源多样、情况复杂的社区治理结构,有利于提升节点城市社区公共服务的供给质量

1. 上海模式

上海的社区治理结构模式以"网格化"为主要特征,由行政网络、市场网络、社会网络和党的网络等四大网络系统组成。这些网络在地区网格的"节点"就是各类社区组织,包括街道党工委、街道办事处(政务中心)、社区党支部、社区单位、居民委员会、业主委员会、物业公司、社区各类群众性组织等,政府既在社区治理结构中占据主导地位,又直接反映出社区的自治权。上海社区治理结构基本形态的产生是与其强大的经济实力为基础的。由于经济实力强大,政府既有能力支付社区民主改革的成本和协调社区内的各种利益关系,又有能力将其权力直接下沉到社区,确保社区政治经济生活的稳定发展。这种靠经济实力支撑的社区治理结构,适合宁波市域内那些经济实力较为强大的节点城市。

2. 沈阳模式

按沈阳模式建立起来的新型社区组织体系,由决策层、执行层、议事层和领导层四个层级组成。"决策层"为社区成员代表大会,由社区居民和社区单位代表组成,定期讨论决定社区重大事项;"执行层"为社区(管理)委员会,它与规模调整后的居委会实行一套班子、两块牌子,由招选人员、户籍民警、物业管理公司负责人组成,对社区成员代表大会负责并报告工作,其职能是教育、服务、管理和监督;"议事层"为社区协商议事委员会,由社区内人大代表、政协委员、知名人士、居民代表、单位代表等组成,在社区代表大会闭会期间行使对社区事务的协商、议事职能,有权对社区管理委员会的工作进行监督;"领导层"为社区党组织,即根据党章规定,设立社区党委、总支和支部。沈阳模式较好体现了"社区自治、议行分离"的原则,符合现代社会基层民主的发展方向,对宁波小城市社区的发展具有借鉴意义。

3. 江汉模式

武汉市的江汉模式最大特点是通过转变政府职能实现社区自治。其主要做法:一是明确街道办事处与居委会不是行政上下级的关系,是指导与协助、服务与监督的关系,街道负责行政管理,居委会负责社区自治,并有权拒绝不合理的行政摊派工作。二是政府职能部门面向社区实现工作重心下移。政府部门要做到"五个到社区",即工作人员配置到社区,工作任务落实到社区,服务承诺到社区,考评监督到社区,工作经费划拨到社区。三是权随责走,费随事转:政府部门需要社区居委会协助处理"与居民利益有关的"工作时,必须同时为社区组织提供协助所需的权利和必要的经费;政府部门的社会服务性职能向社区转移时,必须同时转移权利和工作经费,做到"谁办事、谁用钱,谁负责、谁有权",保证社区做到"有职、有权、有钱"。江汉模式建立的行政调控机制与社区自治机制结合、行政功能与自治功能互补、行政资源与社会资源整合、政府力量与社会力量互动的社区治理模式,值得宁波认真借鉴。

4. 罗湖模式

深圳的罗湖模式重点解决的是社区公共服务问题。罗湖模式包括三部分的实践内容:一是居委会与物业管理公司紧密结合的社区服务市场化模式,即在一些有条件实行市场化的社区服务领域,引入市场运作机制,把居委会的社会性职能与物业管理公司的商业性运营结合起来,形成一种高度市场化的社区管理模式。二是综治进社区模式，以社区为单位，成立由社区管委会、社区警务室及辖区单位、物业小区组成的社区维护稳定及社区治安综合治理领导小组，负责社区维护稳定及社会治安综合治理日常工作的协调、指导和组织落实，有效整合政府的、企业的、民间的各种治安资源，建立起社区治安联防联动新机制。三是"警民联调"进社区模式，依法将人民调解工作和治安调解有机结合，探索创建的一种新型社区矛盾调解工作机制。罗湖模式是适合居民来源多样、情况复杂的社区治理结构，有利于提升节点城市社区公共服务的供给质量。

（三）推进节点城市社区居民生活方式市民化的制度安排

处于节点城市的农民市民化主要是一种"被市民化"的过程。经济上，他们面临就业安置难、征地补偿费过低和社会保险的缺失；政治上，失地农民并未取得与市民完全同等的公民权利；日常生活中，新市民群体的生活结构会面临一系列的挑战，会出现日常生活成本的增加、邻里交往的阻隔、社会网络的中断、社区认同的丧失等一系列新问题。当然，节点城市也有其生活成本低的特点，能吸引外地农民工生活甚至定居。

1. 户籍制度改革要有新突破

从非农户籍人口的增长看，宁波市 1978 年户籍人口 457.7 万人，其中非农人口只有 63.42 万人；2012 年户籍人口 577.1 万人，其中非农业人口为 211.45 万人，比 1978 年增长了 3.33 倍。[①] 但从宁波城镇化率看，2012年末常住人口已经达到 69.4%，但按本地户籍人口分类的城镇化率只有36.64%。[②] 究其原因，大多数宁波本地农业转移人口在乡镇企业就业，与居住地较近，生活比较方便；而在城区就业需要花很大成本购置住房，宁波城区的高房价对经济收入不多的农民来说难以负担，所以转移的积极性不高。为此，户籍制度改革要有新突破。要充分尊重农业转移人口的意愿，保障他们的城镇市民权益，如果成为城镇户籍，就要享受同等市民待遇；要适度保障农业转移人口的现有农村权益，不因转移而受损，提高他们转移的积

---

① 宁波市统计局、国家统计局宁波调查队：《宁波统计年鉴（2013）》，中国统计年鉴出版社 2013 年版。

② 宁波市统计局、国家统计局宁波调查队：《宁波统计年鉴（2013）》，中国统计年鉴出版社 2013 年版。

极性;要实行异地户籍转移与本地户籍转移相结合的办法,对已在宁波市县(市)区有固定工作和住房的农业转移人口,给予直接落户(异地市民化),对在现居住地城镇有固定工作的农业转移人口给予相应的城镇户籍(本地市民化)。实际工作中,我们应从各节点城市的实际承受能力出发,赋予其更大的自主权,按进城农民的不同类别的具体情况及具体人群,渐次开放户口准入。可试行以公民住房、生活基础(以稳定的职业和收入为依据)为落户标准的户籍迁移办法,以带动节点城市的快速发展。

2. 土地制度改革要有新进展

要让生活在节点城市周边的农民有意愿进入节点城市,成为节点城市居民,这与农村的土地政策直接相关。最终实现农业转移人口市民化,需要彻底摆脱对与土地的依赖和割断联系纽带。在宁波城镇落户政策已基本放开、条件比较优惠、手续也比较简便的情况下,一些已经具备条件和能力甚至在城镇购买了住房的农业转移人口,之所以不愿意将农村户籍转换成城镇户籍,关键是他们不愿放弃农村的土地承包经营权、宅基地权益、村级集体财产收益权。要根据国家的相关土地政策规定,创新一种多方(政府、村集体、农民)共赢的土地承包经营权流转方式、农村宅基地流转方式,确定合理的土地补偿价格,这对于促进农业转移人口市民化具有重要的决定作用。

生活在节点城市的居民,有相当一部分仍然保留有一定数量土地。要建立完善适应农村市场经济发展需要的土地流转制度,除了必须坚持农村土地由农户为主承包经营的制度,至少延长 30 年甚至长期不变以外,应当允许农民对其承包的土地使用权进行转包、出租、继承或有偿转让;或者成为现代农业公司所有人,或者作为资本入股,取得其应有的股权和红利收入。只有这样,才可使那些有可能不再以土地为生的农民逐步告别世代赖以生存的土地,真正变农民为市民。

3. 社会保障水平有新提高

宁波已基本实现社会保障全覆盖,当前存在的主要问题是社会保障制度体系的"双轨制"和城乡社保待遇标准的不平等。对农业转移人口来说,他们工资收入低,社保缴费水平低,享受的社保待遇标准也较低;而且参加社保的时间也短,基金积累不足,如果要享受与城镇居民的同等待遇,需要补缴一定的费用,对他们也是一个不小的压力,导致其社会保障水平相对偏低。解决这一问题,政府需要在公共服务均等化、公民权利平等方面实行根本性的转变,将农业转移人口真正作为市民看待,制定出既能兼顾原市民群体和农业转移人口利益,又能为政府财力所允许的支农、惠农政策、方针和办法,适度提高"土地换保障"的水平,加大财政对社会保障方面的支出。同时,考虑到节点城市政府的财力限制和进城农民在节点城市的生活成本相对较低,可适当增加单位和农民工的社保缴费比例。总之,要让节点城市的所有市民享受同等的社会保障和福利待遇。

四、农村社区居民生活方式市民化

从城市化的历史进程考察中,我们清晰地发现,不管一个国家的城市化如何彻底、一个区域的城市化水平如何高,农业、农村、农民始终是一个无可避免也是不可或缺的重要议题。解决"三农"问题是我国新型城市化的难点,而农村原住民生活方式的市民化更是实现全域都市化的重中之重。在某种意义上我们甚至可以说,没有农村地区原住民生活方式的市民化,就没有全域都市化。在全域都市化的未来宁波,农村社区将成为村容整洁、环境优美、人际和谐的"都市里的村庄",洋溢着乡思和乡愁,充满着活力和希望。

(一)全面把握农村社区居民生活方式的特质

农村社区是指中心城市和节点城市之外的农村地域范围内,以一定规模人口的传统村落为基础、以一定的农业产业为支撑、以地缘和血缘关系为纽带、以满足社区居民基本需求为目标的新型农村社区。

1. 基于血缘和亲缘等宗族关系的生活活动主体

我国传统的农村村落,大多因血缘而生,依血缘、亲缘而发展。在宁波农村,基于血缘和亲缘的宗族关系将依然长期存在。作为中国历史传统的衍生物,宗族现象仍深深地影响着农村社区居民的行为方式。无论是日常生产生活,还是解决外部纠纷,人们把维护家族利益当作自己的责任。在经济活动中,基于族亲和姻亲关系的渊源联系便可以成为获取利益与分享发展机会的重要渠道。在维护乡村人际秩序中,传统的宗族规范还在规制着人们的日常行为。当然,宗族关系的消极作用也是显而易见的。从村民选举的选择看,他们一般会以血缘关系的远近来确定自己的选择对象。宗族关系还会滋生保守观念和依赖思想,抑制创新精神和自我意识,导致农民行为方式上的保守性,造成与现代文明的冲突。

2. 基础设施逐渐实现城乡一体的生活活动条件

农村基础设施的完善,极大地改变了宁波农村社区居民的生活方式。"村村通"的公路网打破了偏僻农村的孤岛效应,极大地延伸了农民的生存和发展空间,扩展了农民的生产生活视野。先进的电力和通信设施,让农民同步享受城市生活的信息,既丰富了农民业余生活,也为提高农民科学文化素养起到了推动作用。随着政府转移支付力度的加大,农村的自来水改造工程、垃圾集中处理工程、污水处理工程、文化和健身设施、医疗卫生设施等逐步完善,金融服务、医疗服务、信息服务等延伸到家家户户。特别是随着农村青壮年劳力以"离土不离乡"的方式向城镇转移,政府以"工业反哺农业"为特征的城乡统筹政策的推动,宁波农村社区居民的生活方式也随之发生了深刻的变化。

3. 依然保持传统农耕文明的生活活动形式

在宁波农村的很多地方,农民的社会生活仍然围绕农作物生长的过程和节律而循环往复地进行,他们生活在远离城市和机器的自然环境中,他们接触的是相对熟悉、数量有限的群体。乡土性造就了农民勤劳、节俭、质朴、忠厚、热情、诚实、守信等许多优良传统,但也容易造成农民狭窄的眼界、松散缓慢的生活节奏和一些封闭落后的不良习俗,同时也造成了农民生活方式的单一性和相对封闭性,因而生活方式纵向传承多,横向改变少。以亲缘、地缘为基础的情感维系,使人际关系比较密切,人们生活在熟人社会中,其相互交往中更注重感情因素,更具人情味,同时也可能形成狭隘的家庭观念、地方观念和宗族观念。原先那种传统的与小生产相适应的生活方式有了根本性的改变,追求科学、文明、健康的现代生活方式,已成为宁波农村社区居民普遍的自觉行动。农民在衣食住行等方面,无论是其消费方式还是其数量和质量,与过去相比都发生了极大的变化。

(二)大力推动市域农村社区居民的社区认同

传统农村经济的生产方式,曾把农民牢牢地束缚在土地上。与此相适应,人们便形成了稳定不变的村居认同。然而,城市化进程正毫不留情地动摇着维系村庄的宗族纽带,农村社区认同正经受着严峻考验。①

1. 扭转因生产方式转变而导致的农村社区认同性降低趋势

社区认同一般指社区居民在主观上对自己、他人及这个社区的感觉。这种感觉包括喜爱、依恋、归属等多种情感,常称之为社区认同感。② 社区认同的核心是不断增强社区成员对社区公共事务的关心和参与。随着市场经济的发展,农民获得了更多的经济自主权,已不再完全依赖土地和村庄而生活,越来越多的农民选择离开村庄到城市务工赚钱。于是,世代相守在村庄中的人们终于出现了分化:一部分农村精英因入学、生意、参军等途径在城市找到了固定职业并在城市定居,尽管他们的家产、亲人还留在农村,但其生活重心已经不在农村,与村庄在经济上的联系日趋薄弱,村庄的发展对他们的影响变得越来越小,导致其对农村社区公共事务的关注度越来越低;另一部分往返于农村和城市的村民们发现,土地和村庄已经不能给他们提供更多的资源和发展机会,死守土地的结果只能是维持温饱,只有走出去才能获得更好的生活,与村庄的离心倾向越来越强。几乎是同时,经济发达的宁波农村,又吸引了许多外地农民纷纷进入村庄,填补因当地人口转向城市而出现的劳动力不足,并带来了各种各样的外地文化。这样一来,传统的村庄体系面临着被解构,新的农村社区认同迫切需要重构。

2. 引导农民逐步适应因生活方式转变带来的社区异质性增强倾向

在村庄内部,城市化进程必然带来农村社区异质性倾向的不断增强。这种异质性的主要根源在于:一是随着城乡统筹政策的推行,城市现代化理念和城市居民的生活方式等很快渗透到农民日常生活的各个层面,使传统生活方式与现代生活方式同处共存,以宗族为基础的乡规民约经常失灵,动摇了传统的农村社会治理基础。二是随着农村社区居民的构成日渐多样化和复杂化,居民在职业、经济条件、受教育程度、社会地位、社会关系等方面开始呈现显著的差异性,导致居民对个人身份认同和阶层认同程度大于对社区的认同,难以形成统一的社区价值取向和社区生活圈的氛围,导致部分村民不愿主动关心邻里之间的互动互助,不愿主动了解和参与社区建设。

---

① 张丽丽:《农村社区认同危机及其应对》,《沈阳农业大学学报》(社会科学版)2012年第2期。

② 袁振龙:《社区认同与社会治安》,《中国人民公安大学学报》(社会科学版)2010年第4期。

三是随着大量"外乡人"的进入和农村社区外部环境的变化,乡村文化日益呈现出多元化、离散性的特征,使农村社区公共文化形成的内生基础不足,导致乡村社区共同体内聚力不强。

3. 采取措施解决因"合村并居"带来的社区居民融合困难问题

在宁波新农村社区建设中,部分采取了"多村一社区"建设模式,在相邻的两个或两个以上的村中,选择中心村或较大的村为单位设立社区。这种建设模式对于整合资源、共享社区服务具有一定作用,但同时也出现了居民的社区认同度低、融合度不高的问题。一是"合村并居"型社区的居民主要还是对自己原来的村落有较高的认同,人际关系仍然局限于原来的血缘或血亲关系之内,居民之间的交往主要是以有亲属关系为限,仍处于"半熟人社会"关系中。二是在"合村并居"的过程中,村集体经济在很大程度上还有所保留,为了维护自己所在集体的经济利益,居民往往只认同原村落的领导、居民等,对合并到同一社区的其他村落的居民有明显的排斥心理。三是许多"合村并居"的农村社区往往吸引了大量外来居民的进入,外来人口大多只愿意与自己同属一地的人往来,他们相互之间的交往也比较少,与当地社区居民的来往也就更少了,因而普遍缺乏作为所在社区居民的主人翁责任感。

(三)积极引导农村社区居民实现市民化生活方式

引导农村社区居民实现市民化生活方式,绝不是要把城市社区居民的生活方式全盘照搬到农村。农村社区应该有自己的特点,农村社区居民的生活方式也应该有自己的特色。农村社区应当既能享受现代公共服务的全面辐射,又是能留得住乡音、乡思、乡愁的理想家园。

1. 积极引导村民参与社区治理

参与社区治理是实现农民生活方式市民化的重要标志。在宁波农村大规模的"村改社区"任务完成后,无论是公共服务向农村延伸的承接,还是动员组织居民广泛参与社区事务管理,都远非换一块牌子那么简单。在农村,"精英治理"模式曾经十分有效,而且将继续发挥它在城市化过程中的作用。但是,在更多的农村社区特别是偏远地区的农村社区,"草根治理"模式应当成为农村社区治理的主流模式。这种"草根治理"模式是一种新型的社区治理组织体系,它由领导层、决策层、执行层、议事层和外围层构成。"领导层"

为社区党组织,即根据党章规定,设立社区党委、总支和支部。"决策层"为社区成员代表大会,由社区居民和社区单位代表组成,定期讨论决定社区重大事项。"执行层"为社区(管理与服务)委员会,它与村委会实行一套班子、两块牌子,对社区成员代表大会负责并报告工作,执行、实施由社区成员代表大会决定的具体事务。"议事层"为社区协商议事委员会,由社区内知名人士(老党员、老干部等)、居民代表、单位代表、专业经济合作组织、社会融合组织负责人以及移居城市的宗亲好友等组成,在社区代表大会闭会期间行使对社区事务的协商、议事职能,有权对社区管理委员会的工作进行监督。"外围层"由妇女会、老年会、融合会以及各种表演队等娱乐和志愿性质的民间组织组成,以丰富社区组织资源,增强治理绩效。对上级政府和有关部门而言,发挥"草根治理"模式在农村社区治理中的作用,还可以完善制度安排,引导已迁出村庄的农村"精英"参与村庄治理;甚至鼓励他们在退休后回村庄居住,进入"领导层"和"决策层",继续为农村社区治理发挥作用。

2. 加强农村社区公共服务供给

不断加强对农村社区公共服务的供给,是推进全域都市化、实现宁波农村社区居民生活方式市民化的关键。一是要深入农村,全面了解农村社区居民日益多样化的服务需求。只有符合需求的供给才是最好的服务。从地域看,宁波北三市(区)农村社区居民与南三县(市)农村社区居民有不同需求,城郊农村社区居民与偏远地区农村社区居民有不同需求,平原地区农村社区居民与山区农村社区居民有不同需求;从内容看,有些农村社区需要整体改造,有些农村社区需要加强社区公共服务基础设施建设,有些农村社区需要农业专业技术服务;从程度看,有些农村社区需要全方位的公共服务供给,而有些农村社区则只需某些公共服务供给。二是要统筹农村社区建设规划,合理安排各类涉农资金和项目,实现政府的公共服务供给与农村社区居民的公共服务需求的有效对接,真正把好事做好。为此,要改变"运动式"、"一刀切"的项目推进做法,在公共服务供给资源有限的情况下,可以给农村社区居民提供服务清单,让农村社区居民自主选择。三是要让政府、社会组织、企业、村民个人等主体都参与其中,构成一个组团式的整体系统。要重视资金投入机制建设,运用市场机制实行有偿服务、实行市场与行政机制相结合的办法、运用自愿和互助机制相结合的措施实行无偿服务,制定鼓励民间资金投入农村社区公共服务的政策。四是在提供公共服务项目的同时,制定严格、科学、规范的项目管理办法,做到资金到位、项目进程管理,重视项目审计,在可能的情况下还要进行项目的绩效评估,确保推出一批项目,造福一方百姓。

3. 重构农村社区乡土文化

农村社区文化不仅可以为农村社区居民提供共建共享的生活方式和行为准则,也有利于促进农村社区居民之间的交往和了解,加强协作与配合,形成农村社区的共同价值观。一是要完善政府供给、民间组织及市场运作的多元建设模式,充分发挥不同主体的各自优势。政府要在农村社区文化建设中发挥主导作用,加大对社区文化事业的物质投入,并建设长效运营机制;民间组织要根据居民多层次、多样化的需求创设不同的文化形式,满足农村社区居民需求;要引入市场化机制,实现社区文化经营形式的多元化,赋予社区文化市场生机和活力。二是要丰富农村社区文化内容,提升社区文化品位。要围绕不同时期的工作中心,开展形式多样的文化活动;要充分挖掘地域特色文化,将传统文化赋予现代气息,将高雅文化赋予地域文化色彩,做到传统文化与现代文化、本土文化和外来文化的有机结合。三是要加强农村社区文化队伍建设。要高度重视对本地文化积极分子的培育,特别是要注意农村特色文化项目的传承和保护,引进高素质的文化艺术人才充实队伍,广泛建立以优秀文化人才为核心的农村社区文化志愿者队伍,吸引更多的居民参与文化活动。内容丰富、形式多样的农村社区文化活动越多,居民就越有认同感和归属感,就越会自觉地维护社区利益。

第九章　核心要素有效供给

资源要素的有效供给是推进全域都市化的物质基础。在新常态下,要素供给约束已经成为城市潜在经济增速降低的最大约束,表现为人口红利衰减,资金、劳动力、土地等生产要素成本和资源价格上升,以及全要素生产效率低下等问题。因此,宁波在全域都市化过程中,要重点推进土地、资金、环境、人才等核心要素的市场化改革进程,有效促进核心要素资源在市域范围内的合理流动和优化配置,为宁波经济社会发展提供可持续的要素支撑。

一、全域都市化进程中的核心要素有效供给

近年来,宁波一直高度重视资源集约利用和环境保护工作,制定实施"三改一拆"、"四换三名"、"五水共治"等专项行动计划,要素利用效率有所提高,但要素使用粗放现象仍未能根本扭转,资源环境制约仍较为突出。在新常态下,宁波应立足于要素供给的现状,明确宁波新型城市化要素供给的总体思路,为新型城市化的可持续发展提供有效支撑。

(一)要素有效供给的基本内涵

要素禀赋理论以要素分布为客观基础,强调各个地区不同要素禀赋和不同商品生产函数的决定性作用,其基本原则是转移可流动要素与不可流动要素的结合,提高各类生产要素的利用效率,该理论包括生产要素供给比例理论和要素价格均等化理论两部分。

要素有效供给是指通过完善财政与事权相匹配的服务制度、运用竞争性的供给机制与工具以及持续改进服务质量等改善供给服务,促使要素资源得到充分利用,保障供给服务高效、优质、准确地输送给需求者,促使要素供给与要素需求相适应。有效供给的核心要素主要包括土地、人才、生态环境以及相关政策等。

(二)宁波新型城市化要素供给的现状评价

1. 土地利用效率不高

当前,宁波土地资源粗放利用现象仍较为突出。企业组织的空间布局比较离散,不少乡(镇)和街道仍热衷于工业的布局,与"产业进园区"的要求还有差距;同时,一些功能区土地资源的闲置与浪费现象较为严重,部分企业存在圈地现象,或圈而不建,或圈而另用,部分项目因违法用地拆除后在一定时期内不能用于翻耕,造成土地资源闲置,损害农民切身利益;招商引资项目用地往往不顾及建设用地指标,由于农保地的严格限制,建设用地指标短缺已成为宁波城市化推进的巨大障碍。目前试点城镇平均农保率达90%以上,土地年度计划指标与实际需求相比仍显不足,而且剩余规划指标严重不足。为提供后备土地资源,宁波正在有序推进滩涂资源开发,累计围垦滩涂面积约2.2万公顷。

2. 资金供求矛盾加剧

目前,宁波城市化建设资金来源主要是通过政府融资平台公司募集,主要有宁波市工业投资集团、宁波市开发投资集团、宁波交通投资控股有限公司、宁波城建投资控股有限公司,县(市、区)投融资平台以及以项目为载体的项目平台公司等。虽然全市有较多金融机构和投融资平台,但由于可供担保的资产较少,城镇建设每年融资额度有限,全市建设项目资金来源相对单一,市级投融资平台的法人治理结构不完善,造血功能弱,融资能力跟不上项目建设的资金需求。目前城市化建设正处于框架构建、功能培育阶段,在供排水、道路、污水和垃圾处理,以及卫生、教育等方面基础建设需要持续资金投入。预计未来几年城镇建设仍处于基础建设和公共服务投入的高峰期,成本更大。特别在农民工市民化过程中,医疗、养老、保障性住房、义务教育、社会管理等基本公共服务需要较大的投入。在资金供给上,宁波在当前信贷规模紧张、融资成本高、政府性债务比较多的环境下,亟须进一步创新投融资模式,拓宽重点项目融资渠道。

3. 人才队伍建设有待提升

近年来宁波实施"人才强市"工程,引进和培育大量人才,人才总量迅速扩大,人才结构不断优化,人才层次明显提高,但高层次专业人才紧缺,已成为制约宁波发展迈向中高端水平的突出问题。目前,建设、规划、环保、海洋等各类专业人才不足致使城市建设面临管理创新的压力。同时,人才队伍整体结构不尽合理。据统计调查,宁波现有各类人才中文化程度本科以上只占54.7%,高中以下有近20%;45岁以上占44.5%,而35岁以下仅占12.1%。

4. 政府作用有待更好发挥

近年来,宁波各级政府为了推进城乡一体化,在行政体制改革方面进行了一些积极探索,法规政策体系不断完善,行政执法体制逐步理顺,市场化运作稳步推进。但是,与全面深化改革和全域都市化的要求相比,还有诸多不适应,主要集中在以下几个方面:一是行政区划不科学。宁波中心城区存在着"小"而"散"的问题,不能在市域发展中充分发挥凝聚辐射作用,无法适应创新驱动发展战略对资源和生产要素优化配置的要求。二是市级统筹机制尚不健全。无论在规划体制、土地管理体制还是建设和管理体制等方面,市六区与下辖县、市之间仍存在不一致,市级综合调控能力相对较弱,影响了全域都市化的协调推进。三是权责划分不合理。作为重要的节点城市,宁波卫星城和中心镇在行政体制上存在着责权划分不到位的问题,事权多、财权少、权责脱节现象严重,执法权限和管理权限缺失,影响了全域都市化的进一步推进。

(三)宁波新型城市化要素供给的总体思路

宁波新型城市化要素供给是围绕新型城市化建设的总体要求,重点在土地、资金、人才和环境保护等方面下功夫。树立高密度、紧凑型发展理念,坚持土地市场化和差异化导向,加快推进资源要素市场化配置改革,高效集约利用土地资源,盘活存量土地,加强"批而未供"建设用地的供地,继续推进滩涂资源开发和海涂围垦,促进建设用地保障;按照财权与事权相匹配原则,加强财政资金保障,健全多元化投融资体制,探索建立城镇化发展基金、投融资平台,搭建银企项目对接平台,建立以财政和国有资产为保障的信贷担保资金,推动民间资本进入信用担保领域,解决企业发展资金难题。加强人才保障,大力提升企业技术人员、管理人员和职工的素质水平,加大人才引进和培养力度,创建一批地方优势产业技术创新研发机构,从政策激励等方面入手不断优化人才工作环境;切实推进行政体制适应性改革,按照市域统筹、权责匹配、强化执行等原则,加快推进规划、考核、行政区划等领域的改革,最终实现市域规划一张图纸、政策一个口径、权责一并理顺。

二、提高建设用地利用效率

新型城市化是资源合理配置、交换和聚集的过程,在这个过程之中,政府应发挥主导作用,加强对城市土地资源配置的宏观调控,提高建设用地利用效率。

(一)明确土地利用指导思想

1. 完善土地利用总体规划

加强政府宏观调控作用,成立完善全市土地利用总体规划领导小组,负责土地利用总体规划。根据市级完善土地利用总体规划工作的要求,按照城乡统筹、保护耕地的要求,立足宁波市情,坚持统筹协调、集约发展、生态协调、以人为本的原则,完善宁波土地利用总体规划编制工作。划定永久基本农田和城镇发展界线,严格保护耕地,提高耕地和基本农田质量,着力优化城镇空间布局,推进城镇建设,努力实现土地高效利用、有效保护耕地和推进城镇化健康发展的有机统一,走宁波特色的城镇化发展道路。积极开展土地利用的专项规划,优先保障重点基础设施和主导产业政策鼓励发展的建设用地需要,积极提供民生项目建设的用地保障,尤其是农村交通、水利、义务教育、医疗保障等方面的基本建设用地。加强土地利用总体规划的监督管理,将土地利用总体规划实施纳入土地执法监察内容,提高规划的公众参与度,通过建设用地预审、规划审查相结合的手段对其进行监督。

2. 构建土地集约利用体制机制

注重土地集约利用的体制机制,树立"亩产论英雄"的发展导向,提高土地资源利用效率,将有效推动宁波城市的可持续发展。以集约利用土地资源为导向建立项目用地控制制度,对新上项目用地项目严格把关,优化土地使用结构,强化以用途管制为核心的新型土地管理制度,完善现行的土地利用规划制度、用地计划制度、土地征用制度、土地登记制度、法律责任制度、土地物权制度等。集约利用土地资源是全面引入市场机制,发挥市场调节功能,以实行多种有偿使用方式满足多种用地需求,利用经济杠杆引导、制约用地需求和调节利益分配。

积极构建"亩产论英雄"的导向机制,营造良好社会氛围。设立"亩产英雄排行榜",定期在新闻媒体上公布,对高"亩产"企业给予表彰奖励和优先供地,土地占用税地方留成部分可适当返还,激发企业家的荣誉感和社会责任感;对"亩产"落后的企业,可采取征收土地闲置费、收回未利用土地或限批新增项目用地等措施,倒逼进行产业结构调整,促进产业集中集聚发展,优化经济发展布局。"亩产英雄排行榜"可先在工业企业节约集约用地方面实施,逐渐从工业向现代服务业、从节约集约用地向节能减排拓展。积极细化土地利用标准,针对部分已建企业投资强度、产出水平等相对较低的状况,合理调整规划技术指标,做好企业厂房"上天、入地"文章,鼓励占地大、产出低的企业通过增加投资、嫁接利用、"腾笼换鸟"等措施,挖掘土地潜力。

3. 更新招商引资用地理念

科学合理使用土地,有效满足经济发展对土地的需求,确保土地资源永续利用。首先,革新招商引资土地配给的理念,关注招商引资的质量及效果,引导干部正确认识招商引资的意义,树立正确的政绩观。同时坚持数量与质量并重的原则,合理配置和使用土地资源,发挥土地资源对促进经济社会发展的重要作用,促使招商引资成为推动经济跨越发展的重要手段,从根本上杜绝违规使用土地情况的发生。

其次,充分发挥市场在土地资源配置中的基础性作用,营造土地出售、出租的竞争氛围。对招商引资中出售和出租的土地,全面实行招拍挂制度,对用地位置、出让方式、合同价格、出让用途等信息进行公示,坚持公开、公平、公正的原则,接受全社会的监督,确保土地出让行为规范有序。对于招商引资过程中的土地优惠政策,应在遵循土地法律法规的基础上,会同国土、规划等部门共同研究,建立一套内部会审、集体决策制度。

再次,重视招商项目土地出让后的跟踪管理,督促投资方严格按照批准的土地用途和土地出让合同约定的土地使用条件进行建设,合理规划,及时开工,科学管理。因投资商自身的原因达不到协议约定造成闲置的土地,应按规定征收闲置费或收回土地使用权,重新合理配置土地资源,促使土地和项目及时发挥效益。因规划调整、政策变化等原因造成的闲置土地,应及时解决存在的问题,为项目地顺利建设创造有利条件。此外,建立部门联合动态监管机制,实现信息共享,做好对项目土地的后续监管和控制。

(二)盘活存量土地资源

1.组织调查存量土地

存量土地泛指城乡建设已占有或使用的土地,狭义上是指具有开发利用潜力的现有城乡建设用地。积极开展全市存量土地调查,是实现经济平稳运行的一项重要措施,目的在于全面掌握全市范围内批而未供、供而未用宗地的权属状况、界址状况和用地现状,掌握此类地块的数量、分布、利用、规划及地块特性,为土地置换及收回储备利用提供翔实可靠准确的数据资料,提高土地的利用效率。一方面,开展批而未供建设用地实地调查,查清各宗地土地利用现状、范围、土地位置、权属、未供面积、未供地原因、土地利用规划状况。在此基础上,对全市批而未供土地情况进行分类统计,制作全市批而未供土地情况统计表册、可置换宗地情况明细表以及相关专题图,并按照标准进行建库工作。另一方面,开展供而未用建设用地调查。以市地形图、影像图、地籍数据库为基础,全面调查市内已供未用闲置土地的位置、面积、权属状况、权属界线、土地利用现状及闲置原因等,并根据标准建立供而未用土地数据库,制作供而未用土地专题图和供而未用土地分类情况统计表。

2.加快低效土地二次开发

完善规划,优化土地利用布局,加大未利用地的开发利用,提高土地利用率和节约集约利用水平。认真研究制定《盘活利用闲置存量建设用地的办法》,发挥政策导向作用,通过行政、经济、法律的综合杠杆盘活存量建设用地。一是引导投资企业盘活存量建设用地。对主动利用自有存量闲置、空闲土地的投资企业项目给予财政扶持,并在税收、城建配套费等方面给予优惠;对通过兼并、收购、转让等方式取得存量出让国有土地使用权的,免收有关规费。二是鼓励企业出租闲置厂房。企业建成的闲置厂房可自主经营或依法出租,厂房租金收入的税收经报批后给予奖励返还。三是重视旧城改造,提高土地利用率。将旧城改造任务与用地指标挂钩,实施土地整理,促进城市土地的内涵性开发,提高城市土地利用的集约化与产出的高效化。

四是实施村庄整理和建设用地复垦。在统一规划下,加大农村居民点的整理力度,利用挂钩周转指标,进行农村存量建设用地置换,推进小村向大村集中,农村向城镇集中。

3. 深化城乡土地制度改革

建立低效工业用地市场化退出机制。探索将土地、水、能耗、排放等投入要素与税收、产值、就业等产出指标挂钩,合理划分不同企业类别,实施相应调控政策。建立低效企业淘汰退出机制。严格执行国家和浙江省有关产业政策和产业结构调整指导目录,完善低效企业关停并转退的配套政策。针对企业兼并重组、淘汰关停、退低进高、腾退土地等不同形式,建立相应的补偿激励机制,盘活存量资源要素;建立城镇低效用地再开发机制。鼓励原国有土地使用权人、各类市场主体、农村集体经济组织等社会各方参与城镇低效用地再开发试点,探索多元运作模式,有效盘活城镇低效用地。建立产业用地节约集约利用评价体系和履约认定制度。建立全市产业用地集约节约利用评价体系,合理设置建设用地注入条件、评价指标和控制标准,以及推进产业用地开发建设履约认证制度的保障措施。

(三)完善用地政策环境

加大土地盘活政策的宣传力度,提高群众依法管地、用地法律意识。坚持严格耕地保护政策,推进土地节约集约利用,深入开展土地开发整理项目,改善农民生产生活环境,营造用地环境的良好氛围。加强土地信息资源平台建设,建立政府与存量土地产权单位、用地单位联动的协调机制。借助土地信息资源平台,可以详细了解存量土地产权单位的土地存量和用地单位的需求状况,实现土地供求的主动对接和信息共享;进而在政府网站对土地面积、位置、规划用途、产业类别等进行信息公示,并通过对拟建项目包装,实现对外招商引资。这样既能促进项目落户,也能有针对性地盘活存量土地。

完善土地承包经营制度。根据国家有关政策和法律法规,结合实际引导土地有序流转的政策意见,制定土地承包经营权抵押、担保方法和配套资产处置机制,探索农民自愿退出承包地的利益补偿机制;进一步深化农村集体资产股份合作制改革,建立集体资产托管中心;建立土地产权流转交易平台,开展城乡统一的土地产权登记,建立县乡两级产权交易平台,制定交易规则和监管方法,加快实施城乡建设用地同权同价交易改革,深入实施土地指标安排挂钩政策。

(四)合理拓展新增用地规模

1. 合理安排建设用地指标

改革新增建设用地指标的分配制度,完善建设用地指标市场化流转机制,探索实行省域内跨区域的耕地占补平衡指标统筹机制。在年度新增建设用地指标中,将各类经营性用地需求的可流转指标、建设用地置换指标、复垦指标等机动指标一并纳入市场化流转,通过市场进行调剂交易,保证重点产业的建设用地,促进宁波经济发展。在筹措建设用地指标的同时,积极探索基本农田置换和基本农田易地有偿代保,控制非农建设占用耕地。一方面严格执行土地用途管制制度,依据土地利用总体规划和年度计划,严格控制新增建设用地,推进节约集约用地,尽可能不占或少占耕地,特别是基本农田。另一方面严格执行占用耕地的补偿制度,对确需占用耕地的建设项目,必须明确补充耕地的责任单位,落实补充耕地方案,如基本农田置换和农田易地有偿代保等,依法补充耕地;因客观条件无法补充的,必须依法依规足额缴纳耕地开垦费,切实做到耕地占补平衡。这样既能实施辖区内基本农田法定保护,又为宁波经济发展筹措必要建设用地,有效解决宁波耕地保护与经济发展两难的问题。

2. 明确存量土地挖掘范围

依据政府主导、因地制宜和尊重农民意愿的原则,有机结合农村土地复垦和城乡建设用地增减挂钩的政策,科学规划农村社区,盘活农村存量建设用地,解决土地供需矛盾。通过集中布局,综合整治田、路、林、村,适度提高农村居民点搬迁的土地补偿和安置补偿标准,将失地农民纳入城镇居民最低生活保障体系,推动农民居住向城镇和社区集中;通过建立全市农村土地复垦置换指标和城乡建设用地增减挂钩新增用地指标统筹配置机制,按照级差地租进行自愿交易和公平补偿,优先将形成的用地指标用于效益最高的地区和项目,推动土地向规模经营集中,工业向园区集中,引导农民向二、三产业转移。着力盘活中心城区存量工业土地。积极改造低效利用的工业用地和淘汰落后产能的工业用地,根据城市规划要求,将原城区工业用地退出用于发展先进制造业、高新技术产业和现代服务业,提高土地节约集约利用水平,解决小微企业用地难问题。

3.积极拓展建设用地空间

通过开展规划修编、推进城乡建设用地增减挂钩、加快用地申报、盘活存量等措施,积极拓宽建设用地空间,增强建设用地保障能力,确保重点项目落地,促进经济社会跨越发展。积极开展全市新一轮土地利用的总体规划修编,通过广泛征求意见,科学划定建设用地预留区、基本农田保护区等重要地类,统筹安排各业用地,将重点项目纳入新一轮规划统筹安排,有效利用海涂围垦建设用地,拓宽建设用地空间。全面实施城乡建设用地增减挂钩,通过安排城乡建设用地增减挂钩周转指标,加大土地供应量,保障宁波各类建设项目用地,保证一批重大基础设施、工业项目落成开工。加快建设项目用地申报,按照市政府出台的节约集约用地指标规定,引导和规划建设项目"布局集中、用地集约、产业集聚"。积极盘活存量土地,通过清查闲置低效利用土地,逐宗制定处置方案,对批而未用土地进行区位调整,并对闲置低效用地采取联营、嫁接等方式进行合资合作经营,盘活现有存量土地和效用低下厂房,拓展用地空间。

4.建立新增项目用地高效利用机制

建立严格的新增项目准入机制。根据国家产业导向,制订符合转型升级要求的产业发展导向目录。建立以投入产出、节能减排、用工绩效等为主要内容的项目承诺准入制度,实施严格的履诺问责机制;建立新增用地弹性出让制度。建立"建设期＋投产期＋剩余年限使用期"的用地弹性出让制度,实行分阶段考核验收,验收未达标即按照合同约定退出,提高土地节约集约利用水平;健全"空间换地"体制机制。健全"亩产倍增行动计划"实施机制,完善城镇低效用地开发、地下空间利用、高标准厂房建设等政策,促进土地资源节约集约利用,释放土地要素最大效益。

三、建立多元化可持续的投融资机制

(一)提高市级全域都市化投融资统筹能力

首先,明确宁波市级政府功能定位,建立全市投融资统筹决策和要素平衡机制。重点完善政府投资决策管理机制,健全政府公共项目和监督制度,为非经营性项目建立稳定、可靠的政府资金供给机制,完善以市场运作为基础的投融资环境。其次,整合政府现有资源,通过搭建统一的政府投融资平台和资金管理平台,对财力相关的负债进行统一归口管理,增强多元化融资能力,吸引战略投资者以及社会资金。再次,按照项目性质,明确投融资主体,增设城镇化建设投融资管理决策委员会和项目评估中心,确保全市城镇化项目建设,强化政府规划和监督机制;按照市场化原则运作项目,增强风险防范与成本控制意识,实现城镇化建设的投融资统筹能力。

(二)积极争取发行地方政府债券

制定宁波地方政府债务管理制度,争取省级发债资金和专项债券融资权限向本市倾斜,将地方政府债务纳入财政预算管理,健全债务偿还机制。编制公开透明的政府资产负债表和第三方机构信用评级报告,建立规范的地方政府举债融资机制,探索发行以财政收支状况和政府信用评级为基础的地方政府债券。同时,建立健全地方政府债券发行管理制度,建立政府债务的风险偿债基金和"自发自还+风险基金"地方政府债融资模式,用足地方政府债自发自还试点政策,做好发行、管理、使用和偿还工作。建立政府债务风险预警管控机制,将各项债务风险指标控制在预警线之内。

(三)引导社会资本参与全域都市化建设

加大推广PPP模式,编制民间资本进入城镇化重点项目引导目录,明确合作方式、回报预期和运营模式。建立健全PPP项目库,加快成立全市PPP政府引导基金,积极鼓励私人企业与政府进行合作,参与公共基础设施建设,充分利用辖内外民营资源的产业化优势,通过政府与民营企业双方合作,共同开发与投资建设,各方共同承担责任、融资风险与共享收益。对于非经营性城镇化建设项目,资金来源以财政投入为主,并配以固定的税种或费种作为资金保障,在具体运作过程中,引入社会资本和竞争机制,最大限度地利用企业的技术、经营等能力,低成本、高质量地提供公共产品。制定实施《宁波城镇基础设施特许经营管理办法》,创新投融资模式。对于城镇化建设中的经营性项目,由于其具有收费机制和稳定的资金流入,可通过项目收益资产证券化为项目融资,以证券化基础资产设立信托,让与作为资产证券化中介机构的信托机构,由其向投资者发行受益券证,如水电、住房、道路、桥梁等城镇化建设中部分基础设施项目。设立城市发展投资基金,引入金融机构和战略投资者,金融机构和战略投资者介入现有平台的重组整合,提供重组整合的过桥资金,并投资于具体城镇化中的建设周期较长项目,其主体要求一般是主板上市公司或上市公司实际控制人等。

(四)鼓励金融机构加大支持力度

研究完善金融机构加大支持力度的措施和方式,切实提高政策实施成效,构建长效机制,解决中小企业融资难。着力改善中小微企业贷款的政策与监管环境,引导和督促银行业等各类金融机构加大改革力度,针对中小微企业集聚区建设和现代服务业发展,开发和丰富适合中小微企业融资特点的金融产品,推进新型农村金融机构试点工作。争取国家开发银行加大金融支持力度,国家开发银行作为开发性金融机构,充分发挥开发性金融的优势,致力于推动中小微企业融资建设,推出针对中小企业的金融产品,这将推进宁波金融机构中小微企业贷款规模的大幅度增加。引导鼓励各商业银行成立中小微企业信贷部,积极开展金融产品创新,加大对中小微企业信贷比重。拓展政府融资渠道,降低政府融资成本。提高政策性金融机构资金、保险资金、社保基金等长期资金比重,扩大短期融资券、中期票据、资产支持证券等直接融资工具使用。

在金融政策方面,增强金融机构化解中小微企业不良资产的能力,帮助中小微企业渡过难关,进一步明确中小微企业和涉农不良贷款处置办法。针对城镇基础设施、农业现代化,实施县(区)域金融机构涉农贷款余额增量奖励试点和新型农村金融机构定向费用补贴政策,探索多种方式引导金融机构加大包括农村中小微企业在内的涉农贷款投放力度,实现增加农村金融服务供给的目标,缓解农村中小企业融资难问题,支持其应对国际金融危机造成的冲击,促进其平稳、健康发展。

在信用担保方面,鼓励担保机构开展中小微企业贷款担保业务。宁波财政在中小微企业发展专项资金中安排专门支出,对信用担保机构围绕中小微企业开展贷款担保业务和降低收费标准进行补助和奖励,即按已实际发生的贷款担保业务给予一定比例的奖补资金,对管理规范、资本实力较强的担保机构开展中小微企业信用担保业务给予资助,以进一步发挥其在缓解中小企业融资难上的积极作用。同时,明确宁波财政中小微企业信用担保业务补助资金用于弥补担保机构代偿损失,有效提升担保机构抵御风险的能力。

(五)深化国有融资平台公司改革

整合现有国有投融资平台。适当归并集中优质国有资产,重点组建市属国有资本投资管理公司,更多专注于资本运作,不再经营和持有实业。具体来说,建议探索组建"金融航母"。即组建宁波市金融控股集团公司,整合部分现有投融资平台资源,并实现市与县(市、区)二级投融资平台母子管理,充分发挥母公司资金池作用。借鉴温州九大集团、重庆八大投等做法,以宁波市工业投资集团、宁波市开发投资集团等基础,以各地区地方性银行、证券、保险、信托公司为依托,对宁波现有较为分散、造血功能不足的融资平台公司进行战略重组,形成金融控股集团公司,实现对宁波政府融资资源的集中控制。积极吸引国内外战略投资者对现有全市城镇化建设的主要平台公司进行整合改制,战略投资者进入领域主要是介入现有平台的重组整合,提供重组整合的过桥资金,以及投资于具体城镇化中的建设周期较长的项目。建议有关部门积极关注组建金融控股型融资平台的最新政策法规动向,研究具体的实施方案,提升全市投融资平台的造血功能。

四、着力用好各类存量人才

存量人才主要是指在一定时期、一定地域和部门现有人才的实际数量。盘活存量人才,提升人才使用效能,不断优化人才发展的良好环境,引导人才集聚,是宁波新型城市化发展的重要前提和保障。

(一)提升各类存量人才水平

1. 加大人才教育培训投资

首先,重视各类人才的教育培训投资,充分认识加强人才投资的紧迫性、必要性。立足于宁波社会经济发展的需要,从人力、物力和财力等方面加大对现有各类人才的教育培训投资力度。宁波现有人才的教育培训投资,要重点定位于高等教育、职业教育(包括职前和职后),以反映宁波产业结构调整、高新技术产业和第三产业优先发展、人才高移化的趋势;宁波人才教育培训投资的管理方式要与国际接轨,体现出宁波特色,发挥投资的最大效益。

其次,人才投资要注重综合性、系统性和投入产出。因为通过投资培养出人才,促使科学技术真正转化为生产力,推动经济社会的发展,还需要各种配套制度的协调配合才能达到。人才投资的投入产出,是转变经济增长方式和企、事业单位追求人才投资效果的要求。

最后,加强人才教育培训投资的科学管理水平,引进市场机制,完善人才投资的经营手段,形成人才投资成本的科学核算方法,加强人才投资的风险管理,以法律形式维护人才投资实施的监督、治理及评估等,降低人才投资的盲目性,保证人才投资主体的权益,发挥出投资的最大效益,以有限的资金投入培养出宁波社会经济发展所必需的人才。

2. 提高各类人才培训效率

鼓励成立专门的公共培训机构,协助企业培养各类管理人才、高技能人才和企业职工,提升各类人才培训效率。做好人才培训的需求分析,管理人才和高技能人才培训主要是对企业一线管理人员和技术人员的培训,职工培训主要针对企业一线操作人员进行专门培训,一方面可以提高职工的操作熟练程度,进而提高生产效率;另一方面增加职工相应岗位的新知识和新技术,更新和丰富原有的知识架构。做好人才培训的评估反馈,人才培训效益如何需要有相应的评估方法和标准,通过问卷调查、面谈调查,以及对受训者的知识和实操考核等手段评估培训效果。同时,做好监督指导工作和培训后的信息反馈,改进相应项目设置,以提高培训效率。

3. 加强各类人才能力建设

制定和完善人才培养规划,分析当前人才的现状及面临的形势,根据各类人才成长特点和事业发展需要,提出各类人才能力建设标准。强化人才专业技能训练,促进人才培养同经济社会协调发展相适应。结合宁波经济社会需求,宁波高校要及时调整专业结构和课程设置,开展与重点产业相关的专业技能培训,充分利用师资、场地、设施设备等有利条件,积极举办与自身优势专业相关的继续教育,促进培养出来的人才具备良好的专业技能,能较好地适应社会发展。加强人才职业技能训练,依托全市高等院校和职业学校,着力打造一批功能完备、设备先进、培训质量高、辐射带动能力强的职业技能培训示范基地,完善人才职业技能培训配套的鉴定补贴办法,促使各类人才通过基地培训提高职业技能。

(二)挖掘现有各类人才潜能

1. 创新人才提拔培养机制

加大各类人才选拔使用方式和选聘力度。积极为各类人才干事创业和实现价值提供机会和条件,促进人岗相适、用当其时、人尽其才,形成有利于各类人才脱颖而出、充分施展才能的选人用人机制,让各类人才创业有机会、发展有前途。对评选出来的科技创新人才重点培养,条件成熟时适时选用,促使他们在工作中发挥骨干作用,有效地发挥典型示范作用。全市形成尊重劳动、尊重知识、尊重人才、尊重创造的良好氛围,为各类人才成长提供发展舞台,不断开创人才辈出、人尽其才的新局面。

2. 建立科学合理的激励机制

加大对突出贡献人才、优秀拔尖技术人才及其单位的表彰奖励力度。建立有突出贡献的科技人才技术岗位津贴制度,根据"一流人才、一流业绩、一流报酬"的原则,提高有突出贡献的科技人才待遇;积极开展优秀拔尖技术人才的表彰工作,除给予荣誉奖励外,给予现金奖励或补贴,并利用多渠道、多方式宣传典型工作。积极推行科研成果奖励制度,对申报科研攻关、技术推广、自主创新项目等科研成果转化到生产经营实际中的进行再奖励。创新技术人才长效激励机制,根据效率优先、兼顾公平和重业绩、重贡献的分配原则,鼓励各类人才以专利、技术、资金、管理等生产要素参与收益分配。对技术骨干、承担重点工程和科研项目的专业技术带头人、科技创新人才及经营管理人才,实行"人才＋项目"的激励模式,为企业创造巨大收益的可给予重奖。

3. 营造人才潜能发挥的环境

积极营造良好的科研环境,搭建促进人才创业创新的服务平台,为人才发挥作用创造条件,以发挥现有各类高层次人才的聪明才智,帮助人才干成事业、创出大业。关爱人才,激发动力。一方面从工作环境、学习环境以及家庭生活等方面给予技术人才全方位的关心和爱护,积极为他们创造宽松的工作环境和提供舒适的生活条件。另一方面适时举行人才座谈会、联谊会,丰富其文化娱乐生活,增进其相互间的交流,增强他们对企业的归属感,激发广大人才干事创业的积极性和主动性。同时,大力引进宁波急需紧缺的国家级领军人才,引进一批带项目、带技术的"千人计划"人才和创新团队,动员他们及其研究团队参与关键技术攻关,提供科技咨询服务,带领宁波现有人才进行科技攻关,发挥创新潜能。

(三)完善留住各类人才的保障政策

1. 确立以人为本的政策导向

制定切实可行的人才政策,落实好人才队伍建设保障措施。宁波要从全局和战略的高度,充分认识人才队伍建设的重要作用,树立"人才资源是第一资源"的科学人才观,进一步完善现有人才政策,尽力打破人才进出不畅的瓶颈,对高端人才既要"引得进"又要"留得住",对引进人才在户籍安排、项目经费、工资福利、住房补贴、家属随迁、子女入学等方面给予待遇,落实各类人才的养老、失业、医疗、工伤、生育保险等政策,推进各类人才社会保障制度整合。

2. 强化人才开发的资金政策

设立人才开发专项资金,建立健全经费保障机制。一方面将人才开发经费列入各级政府财政预算,同时从各级财政各种专项资金中划出一定比例,增加人才开发专项资金规模,专门用于人才引进、人才开发、人才培养和人才奖励等,充分调动和发挥各类人才的创造潜能。另一方面加快建立人才开发的多元化投入体系,鼓励社会各界力量和民间资本进入人才开发领域,特别是加大对重点人才项目的投入;多途径、多渠道积极筹措资金,建立"专业技术人才基金",设立"拔尖人才"、"专家津贴"等奖项,完善人才奖励制度;进一步加大信用担保体系建设,积极发展各类信用担保和再担保机构,为人才开发打造坚实平台。

3. 完善人才创业的政策环境

进一步优化各类人才创业的政策环境,在全市营造尊重人才、尊重知识的社会氛围。积极改善人才工作环境、生活环境和人际环境,解决人才后顾之忧,对于高端人才的引进和创业,要特事特办。加大创业政策扶持力度,降低人才创业门槛,鼓励和支持各类人才在国家没有明令禁止的领域投资创业,加大项目启动初期的政策扶持力度,减免相关费用,吸引鼓励各类人才创业。深化科技成果使用权、处置权和收益权改革。赋予全市高等院校、科研院所对其科技成果使用和处置更大的自主权,行政主管部门和财政部门不再审批;完善科技成果转化"利益共享"分配机制,争取将高等院校、科研院所科技成果转化所获得的收益,全部留归单位,纳入单位预算,实行统一管理,不再上缴国库;大幅提高科研人员职务成果获取利益的分享比例。单位科技成果转化收益应当首先用于对科技成果完成人、为科技成果转化做出重要贡献的人员进行奖励,其余部分统筹用于科研、知识产权管理及相关技术转移工作。有关对人员的奖励比例,争取全市比照宁波新材料科技城的规定执行。

五、推进适应性行政体制改革

行政体制改革是新型城镇的基本动力。适应宁波全域都市化建设的要求,推进行政体制改革是更好发挥政府作用、充分释放市场活力的重大举措。应按照市域统筹、权责匹配、强化执行等原则,加快推进规划、考核、行政区划等领域的改革,最终实现权责一并理、市域规划一张图、政策一个口。

(一)权责一并理

各级政府、各部门间权责难理顺,是造成新型城市化推进缓慢的重要因素。推进适应性行政体制改革,重点就是要将政府、社会、市场三者权力边界厘清,政府要在权力清单范围内依法行政;要理顺各级政府、各部门间的权责,促使责权、事权、财权三者相匹配,在全域都市化的进程中各行其责;要适时推进行政区划调整,重新划定相关行政主体的责权。

1. 理顺政府、社会和市场三者关系

理顺政府与市场、政府与社会三者关系,是转变政府职能的核心,也是宁波在以全域都市化为导向的新型城市化进程中必须妥善解决的问题。为此,一是按照党的十八届三中全会的要求,进一步加快政府权力清单制度的建设,力求建立起标准统一、公开透明的政府权力清单体系,即是包括权力清单、权责清单、职责清单、职能交叉清单构成的体系,比较全面地规范审批职能、交叉审批职能、监管职能,着力实现权力清单在正确和统一基础上的科学性,形成行政权力在权域、权杖、权值上的一致。二是进一步深化行政审批制度改革,尤其是要加强对政府权力存量和增量的制度约束。应当建立健全政府权力设置信用监督体系,制定并实施行政审批制度改革专项检查制度,对各级政府、各部门清理权力存量的情况进行实地检查;同时,要制定并实施政府新设权力报告制度,对政府权力增量的情况进行适时监督制约,一经发现有不公开、不上报的新增权力现象,及时制止。三是通过深入转变政府职能和深化审批制度改革,实现政府向企业和社会组织转移管理职能。在这一过程中,必须明确政府向企业和社会组织转移管理职能,转移的不是行政权力;转移的过程是将过去履行这些职能的行政权力进行取消,而不是将行政权力进行移交;必须根本切断政府部门与企业和各类社会组织尤其是中介机构的各种关系。

2. 理顺行政区和功能区关系

当前,宁波大市域范围内有县(市)区、乡镇等行政区,还有国家级、省级、市级功能区,而这些功能区又坐落在各行政区内,但是与所在行政区往往又是互不统属,难以形成合力。为此,宁波在全域都市化进程中,要着力理顺行政区和功能区的关系,加快产城融合。对于面积较大的功能区块,应探索赋予其城市管理权限,加快发展城市功能,并可将联系紧密的周边区块划入其管辖范围内,力求建成为具有一定规模的节点城市;对于毗邻城镇的功能区,应深化行政管理体制改革,或是将城镇并入功能区,或是将功能区交由城镇管理,由一套班子来理顺产城关系,谋划发展路径;对于一时难以实现融合的功能区和行政区,应通过建立有效的议事制度,加强两者的统筹协调与整体谋划。

3. 适时调整行政区划

从城市首位度来看,宁波中心城区人口首位度约为 5,土地首位度约为6.5,而经济首位度仅为 3.62。宁波中心城区在人口、经济总量、就业规模、社会固定资产投资等许多方面指标方面,占全市比重远低于杭州、苏州等城市,中心城市的高端功能能级不高,生产服务水平不能满足县市经济发展需求。基于此,以做强中心城市辐射带动力为目标的行政区划调整势在必行。

从国家导向来看,鼓励通过行政区划调整建设行政主体,宁波可以通过行政区划调整力争缩减一个行政主体;从调整的方向来看,海曙区应进一步扩大其发展空间,奉化应纳入中心城市的范围中来,鄞州区的区域范围需要做适当调整。宁波应借助行政区划调整的时机,大力推进行政体制管理,理顺大市与各区的权责,特别是县改区的区块,应按照区一级的权限推进改革,力求一步到位;对于一些区保留的县级权限,也应按照权责匹配的原则,进一步理顺。

(二)规划一张图

新型城镇化强调遵循城市发展规律,要求"一张蓝图干到底"。因此,宁波要针对当前多种规划相对分散、缺乏有效衔接的现状,通过深化改革、创新体制,将多种规划统筹衔接起来,确保城市以全域都市化为导向的新型城市化进程中只有一本规划、一张蓝图。

1. 确立市域空间布局一体化理念

进一步树立以中心城市为核心的规划理念。在全域都市化的导向下,各节点城市的功能配置、功能布局,要依据中心城市的发展需要来规划。宁波的各级政府、各部门必须牢固树立这一理念,在制定国民经济和社会发展规划、城乡总体规划、土地利用总体规划、环境保护规划、海域使用规划等规划时,必须立足中心城市、围绕中心城市发展方向来制定,力求在全市形成"一个规划、一张蓝图、一个运行方案"的发展格局。

强化树立以全域都市化为导向的农村规划理念。在全域都市化的导向下,农村发展,尤其是新农村建设应遵循农村人口逐渐向城市转移的发展趋势,围绕周边的节点城市建设来展开,不应当脱离周边节点城市盲目地开展农村大拆大建。宁波的各级政府、相关部门应牢固树立这一理念,要深刻认识新农村建设应当以遵循全域都市化导向下的新型城市化为前提,要遵循城镇化发展规律,量力而行,切勿为"建设"而建设。

强化"以产带城,以城促产"的规划建设导向。各级政府在规划过程中,要强化产城融合的发展导向,要通过产业的集群效益,为城市经济提供发展动力;同时,要根据形成的产业集聚模式,不断完善支撑产业发展的各种配套体系,促进产业提升。此外,各级政府在规划过程中,要充分考虑文化的因素,通过发展文化产业、文化事业,进一步优化城市发展的软环境。

2. 加快推进多规融合

"多规合一"是指统筹衔接城乡规划、经济社会发展、土地利用和生态环境保护等多种规划,在一个城市范围里融合形成统一的建设规划,以实现城乡空间资源的统一安排,解决现有多种规划自成体系、内容冲突、缺乏衔接协调等突出问题。

创新完善城市规划的体制机制。充分发挥城乡规划委员会作为宁波市城乡规划的最高决策机构的作用,确保"一张蓝图绘到底",严格落实公示督查机制；组建由部门领导、专家学者、市民代表组成的城乡规划咨询委员会，提高政府规划决策的科学性和公正性；加强对规划的前瞻性研究，为修编市域一体的规划体系提供依据。

建立健全市域一体的规划体系。以机构改革为契机，积极探索"三规融合"的路径，推进"三规"时限衔接、内容协调，选择若干节点城市开展发改、规划和国土三个部门共同编制规划的试点工作；抓紧启动城市总体规划修编，按照分类实施原则，加强统筹协调，推动中心城区、县（市）区、重点功能区块以及乡村总体规划的修编工作；在"三规"确定的空间框架下，全面整理已有的产业、基础设施、生态环保、公共服务等专项规划，强化与总体规划之间的对接。

3. 确保规划有效实施

确保各类规划的执行落地。维护规划的权威性，尊重规划的法律效力，规划一经批准，必须严格执行，坚持"一张蓝图干到底"，确保城乡规划的连续性和严肃性。规划更改必须事先按程序报批，比如市、县重大建设项目确需调整控制性详细规划的，规划编制机关要对原规划的实施情况进行总结和评估，并向原审批机关提交总结报告，对拟修改和调整的内容做出说明，经原审批机关同意后，方可进行规划修改工作。健全规划实施评估和动态调整机制，适时组织开展规划实施评估，全面分析检查规划实施效果，并根据形势变化进行动态调整；修改涉及规划强制性内容的，要报原审批机关同意后，再编制具体修改方案。建立完善规划监管和协调机制，加强规划实施部门之间的沟通协调，强化监管力度，及时妥善处理规划执行过程之间的矛盾和冲突。

严格执行城乡规划许可程序和权限。对未按规定取得建设项目选址意见书的，相关部门不得批准或核准该项目建设；以出让方式提供国有建设用地使用权的，应先取得用地规划条件通知书，未依法确定规划条件的地块，不得出让国有建设用地使用权；对未取得建设工程规划许可证的建设项目，不予办理施工许可或开工批准手续；对未通过规划验收的，不予工程竣工验收备案，不得办理房屋权属登记。

（三）政策一个口

全域都市化建设是一项宏大的系统工程，需要全市各级政府、各部门群策群力、协力推进。无论是战略目标的确定，还是政策的执行，抑或是考核评价，各级政府、各部门应围绕区域都市化的整体目标同向而行。当前尤其需要引起重视的是全域都市化不应将农村和城市建设割裂开来，不应将各县(市)、区的建设同全市的整体建设割裂开来。

1. 目标战略全市一体

各区域按照全域都市化要求实现政策目标同向。可借鉴广州、杭州等同类城市做法，成立由市委主要领导任组长的宁波推进新型城市化工作领导小组，负责总体设计、统筹协调、整体推进、督促落实。领导小组下设办公室，具体负责新型城市化推进的指导、协调、督促工作。建立市领导牵头负责机制，对新型城市化的重点区域和领域进行逐个分工。

各区域按照全域都市化进程中的功能定位发挥比较优势。中心城市、各节点城市在全域都市化的进程中有着不同的功能定位与产业比较优势。因此，在下一步推进的过程中，应深化改革，优化产业政策的扶持方式，强化政策的针对性。要尽可能从专项资金扶持向产业基金引导的方式改变，突出产业政策对不同区域的针对性，促进产业集聚。

加快推进农民市民化。市级部门，要根据小城市发展规划和承载能力，研究确定年度人口进城指标，有序导入农业转移人口；完善积分落户指标设置，明确高中以上学历作为落户的最低门槛；实施农业转移人口学历、技能、素质培训工程，大面积提高农业转移人口素质；完善有利于农村居民向小城市集聚的新农村建设规划和"农房两改"等政策的利益导向机制，探索农民财产权益可交易流转的改革试点。县(市)各相关部门要强化政策的落地与执行。

2. 制度政策城乡一体

城乡公共服务政策同一。要以城乡公共服务均等化为目标，推进城乡政策的趋同。要通过深化体制改革，改变城乡公共服务政策政出多门的现状，应在均等化的目标下，一并制定城乡公共服务政策，在政策制定上，要力求实现教育、医疗、社保、住房等民生指标大体相当，供水、供气、供电大体平衡，交通设施以及现代通信设施基本具备。

城乡产业扶持政策同一。要打破市域内各区块间扶持优惠政策不同的格局，通过政策梳理，规范大市域内的优惠政策，力求实现在除特殊监管区享受国家赋予的政策外，大市域范围内优惠政策基本趋同，避免内耗。

城乡生态环境政策同一。加快建立城乡环境管理长效机制，可探索成立城乡综合治理委员会,将城管、卫生、环保、农办等相关部门作为成员单位纳入,并根据出台的政策,将任务、职责分解到各成员单位;城乡管委重点对政策实施的成效进行明察暗访和现场考核。

3. 考核机制全市一体

建立全域都市化考核机制。建立全域都市化的考核体系,将其他的考核纳入其中,作为目标考核的主体;同时,要根据宁波各地、各部门的职责进行针对性的分类考核,比如,对生态环境要求不同的区域应适用不同的考核标准。要全面梳理已有的考核项目,改变当前考核过多过繁、工作资源分散的局面,或合并,或简化,或撤销;制定实施宁波推进新型城市化考核办法,将相关考核内容纳入新型城市化考核体系;强化考核结果运用,将考核评价意见和结果录入干部管理信息系统,作为领导班子调整和干部任用、奖惩的重要依据。建立针对性的考核,要根据各地、各部门的职责进行分类考核。

参考文献

[1] Wilson C. The Dictionary of Demography. Oxford：Blackwell Publishers，1986.

[2] 西蒙·库兹涅茨. 现代经济增长. 戴睿，易诚译. 北京：北京经济学院出版社，1989.

[3] 沃纳·赫希. 城市经济学. 刘世庆，李泽民，廖果译. 北京：中国社会科学出版社，1990.

[4] 许学强，朱剑如. 现代城市地理学. 北京：中国建筑工业出版社，1988.

[5] 康就升. 中国城市化道路研究概述. 学术界动态，1990(6).

[6] 宁波市统计局，国家统计局宁波调查队. 宁波统计年鉴(2012). 北京：中国统计出版社，2012.

[7] 宁波市统计局，国家统计局宁波调查队. 宁波统计年鉴(2013). 北京：中国统计出版社，2013.

[8] 宁波市统计局，国家统计局宁波调查队. 宁波统计年鉴(2014). 北京：中国统计出版社，2014.

[9] 杭州市统计局，国家统计局杭州调查队. 杭州统计年鉴(2013). 北京：中国统计出版社，2013.

[10] 苏州市统计局，国家统计局苏州调查队. 苏州统计年鉴(2013). 北京：中国统计出版社，2013.

[11] 陈继松，张文平，周茂新，余建中. 城市基础设施现代化指标体系研究. 浙江省建设厅，浙江省城乡规划设计研究院，2012.

[12] 中共宁波市委关于深入推进新型城市化提升城乡治理水平的决定. 宁

波日报,2014-09-28.

[13] 中共中央,国务院.国家新型城镇化规划(2014—2020 年).2014.

[14] 浙江省统计局.浙江省统计年鉴(2014).北京:中国统计出版社,2014.

[15] 刘畅,李新阳,杭小强.城市新区产城融合发展模式与实施路径.城市
规划学刊,2012(S1).

[16] 王圣学,等.大城市卫星城研究.北京:社会科学文献出版社,2008.

[17] 国务院发展研究中心课题组.中国新型城镇化道路、模式和政策.北
京:中国发展出版社,2014.

[18] 方创琳.中国新型城镇化发展报告.北京:科学出版社,2014.

[19] 张捷.新城规划与建设概论.天津:天津出版社,2009.

[20] 阿瑟·奥沙利文.城市经济学.周京奎译.北京:北京出版社,2008.

[21] 宁波市发展和改革委员会.奋力推进"六个加快"的行动纲领——宁波
市及各县(市)区国民经济和社会发展第十二个五年规划纲要汇
编,2011.

[22] 宁波市交通运输委员会.关于加快推进新型城市化 提升城乡交通统
筹发展水平的实施意见,2014.

[23] 宁波市交通运输委员会.宁波市高速公路网规划(2013—2030
年),2014.

[24] 俞慧丽,谢建定.宁波市维护被征地农民合法权益的基本做法.浙江国
土资源,2014(9).

[25] 宁波市人民政府办公厅.宁波市人民政府办公厅关于完善计划生育特
殊家庭扶助制度的实施意见(甬政办发〔2013〕251 号),2013.

[26] 于建嵘.中国城镇化与农民土地权益保障.http://www.china.com.
cn/chinese/jingji/1127514.htm.

[27] 吕勇."民生"概念应有准确界定.中国经济时报,2008-12-22.

[28] 中央党校邓小平理论和"三个代表"重要思想研究中心.改善民生的战
略意义.光明日报,2008-09-02.

[29] 方飞虎.浙江失地农民的生存问题与权益保障.西部科教论坛,2010
(8).

[30] 厉以宁.中国道路与新城镇化.北京:商务印书馆,2013.

[31] 文军.农民市民化更需要角色再造.http://news.xinhuanet.com/ob-
servation/2010-11/25/c_12814037_2.htm.

［32］文军.农民市民化：从农民到市民的角色转型.华东师范大学学报（哲学社会科学版），2004（3）.

［33］张丽丽.农村社区认同危机及其应对.沈阳农业大学学报（社会科学版），2012（2）.

［34］袁振龙.社区认同与社会治安.中国人民公安大学学报（社会科学版），2010（4）.

［35］宁波市财政局.宁波市政府购买服务指导性目录（甬财政发〔2015〕133号），2015.

［36］宁波市发展改革委员会.贯彻落实扩内需拓市场促调整保增长决策部署进一步加强政府采购和政府（国有）投资管理工作意见，2009.

索　引

后　　记

　　2006 年，浙江省在全国率先提出"走资源节约、环境友好、经济高效、社会和谐、大中小城市和小城镇协调发展、城乡互促共进"的新型城市化道路。这一理念得到了全国其他地区的广泛认同，并掀起一股推进新型城市化的实践热潮。党的十八大提出了"促进新型工业化、信息化、城镇化、农业现代化同步发展"的目标要求，党的十八届三中全会又提出要"坚持走中国特色新型城镇化道路"。在国家全面推进新型城镇化的历史条件下，宁波应如何抓住国家新型城镇化综合试点的契机，突破人口、资源、环境等要素的多重制约，加快地方政府改革步伐，探索出一条符合宁波实际的新型城市化发展道路？

　　为此，自 2013 年秋冬始，我们组织院内外研究人员成立了"推进宁波新型城市化发展对策研究"课题组，对宁波新型城市化进行了系统梳理和深入研究。课题组历时近两年，反复研讨修改，数易其稿，终于完成了《全域都市化：宁波新型城市化的战略选择》书稿。我们认为，宁波应进一步将新型城市化提升为城市发展的重大战略，走全域都市化发展道路。因为，全域都市化目标导向的新型城市化道路是顺应城市发展规律的宁波选择，也是破解宁波发展难题的有效途径，更是推动宁波新一轮发展的现实动力。

　　近些年来，宁波市委、市政府十分重视推进宁波的新型城市化建设工作。2014 年 7 月 24 日，宁波市委十二届七次全体（扩大）会议审议通过了《中共宁波市委关于深入推进新型城市化提升城乡治理水平的决定》。在我们完成《全域都市化：宁波新型城市化的战略选择》书稿并即将付梓之际，浙江省委常委、宁波市委书记刘奇同志欣然同意将其《在宁波市委十二届七次全体(扩大)会议上的讲话》的核心内容作为本书的"代序",为本著作极大地增色,也着实让我们感动!

本著作由宁波市社科院(市社科联)党组副书记、副院长林崇建研究员,宁波市社科院(市社科联)党组成员、副巡视员俞建文研究员等提出研究框架、审定写作提纲,主持书稿的修改会议,并最终统稿和审定。宁波市社科院(市社科联)经济研究所副所长(主持工作)宋炳林、宁波市社科院(市社科联)科研管理处副处长吴伟强等全程参与了全书的修改和审稿,并做了大量组织协调工作。全书共分九章,在写法上有总有分。前三章为总写,主要解决宁波新型城市化为什么要选择全域都市化的目标导向、宁波全域都市化现状评价和总体思路,分别由吴向鹏(第一章)、宋炳林(第二章)、谢国光(第三章)执笔;后六章为分写,主要研究宁波全域都市化进程中需要重点突破的若干问题,分别由林崇建、徐兆丰(第四章)、吴伟强(第五章)、戴东升(第六章)、俞海山(第七章)、俞建文(第八章)、李伟庆和邢孟军(第九章)执笔。

从课题研究到完成本著作,宁波市社科院(市社科联)党组书记、院长何伟同志和宁波市社科院两任原院长黄志明、詹鑫华同志,都提供了大力支持和亲切指导,在此深表感谢!在本著作撰写过程中,参考了国内外学者的大量有关研究成果,其中有的成果未能一一列出,在此谨对作者表示真诚的感谢和歉意!

缘于在区域新型城市化中选择全域都市化的目标导向尚属崭新的研究课题,并且限于学识和水平,本著作肯定存在这样那样的问题。为此,我们期待着专家学者的批评指正!

作　者

2015 年 9 月 27 日

图书在版编目(CIP)数据

全域都市化:宁波新型城市化的战略选择 / 林崇建
等著. —杭州:浙江大学出版社,2015.12
ISBN 978-7-308-15192-4

Ⅰ.①全… Ⅱ.①林… Ⅲ.①城市发展战略－研究－
宁波市 Ⅳ.①F299.275.53

中国版本图书馆 CIP 数据核字(2015)第 232453 号

全域都市化:宁波新型城市化的战略选择

林崇建　俞建文　等著

责任编辑	吴伟伟 weiweiwu@zju.edu.cn	
责任校对	杨利军　董凌芳	
封面设计	春天书装	
出版发行	浙江大学出版社	
	(杭州市天目山路 148 号　邮政编码 310007)	
	(网址:http://www.zjupress.com)	
排　　版	浙江时代出版服务有限公司	
印　　刷	杭州日报报业集团盛元印务有限公司	
开　　本	710mm×1000mm　1/16	
印　　张	13.5	
字　　数	235 千	
版 印 次	2015 年 12 月第 1 版　2015 年 12 月第 1 次印刷	
书　　号	ISBN 978-7-308-15192-4	
定　　价	42.00 元	

版权所有　翻印必究　　印装差错　负责调换

浙江大学出版社发行部联系方式　(0571)88925591;http://zjdxcbs.tmall.com